中宣部2022年主题出版重点出版物

"十四五"国家重点图书出版规划项目

纪录小康工程

全面建成小康社会

江西全景录
JIANGXI QUANJINGLU

本书编写组

出版总监：张德意　梁　菁
项目协调：余　晖　李月华
责任编辑：吴信根　李鉴和　赖健平
封面设计：石笑梦　章雷　游珑
版式设计：周方亚　章雷
责任印制：潘　璐
封面摄影：左　立

图书在版编目（CIP）数据

全面建成小康社会江西全景录/《全面建成小康社会江西全景录》编写组编. —南昌：江西人民出版社，2022.10
（"纪录小康工程"地方丛书）
ISBN 978-7-210-13995-9

Ⅰ.①全… Ⅱ.①全… Ⅲ.①小康建设—成就—江西 Ⅳ.① F127.56

中国版本图书馆 CIP 数据核字（2022）第 097442 号

全面建成小康社会江西全景录

QUANMIAN JIANCHENG XIAOKANG SHEHUI JIANGXI QUANJINGLU

本书编写组

江西人民出版社　出版发行
（330006　江西省南昌市三经路 47 号附 1 号）

南昌市红星印刷有限公司印刷　新华书店经销

2022 年 10 月第 1 版　2022 年 10 月南昌第 1 次印刷
开本：710 毫米 × 1000 毫米 1/16　印张：20.5
字数：250 千字

ISBN 978-7-210-13995-9　定价：70.00 元

邮购地址 330006　江西省南昌市三经路 47 号附 1 号
江西人民出版社发行部　电话：（0791）86898815

版权所有·侵权必究
赣版权登字 -01-2022-259
凡购买本社图书，如有印制质量问题，我社负责调换。
服务电话：（0791）86898820

总　序
为民族复兴修史　为伟大时代立传

小康，是中华民族孜孜以求的梦想和夙愿。千百年来，中国人民一直对小康怀有割舍不断的情愫，祖祖辈辈为过上幸福美好生活劳苦奋斗。"民亦劳止，汔可小康""久困于穷，冀以小康""安得广厦千万间，大庇天下寒士俱欢颜"……都寄托着中国人民对小康社会的恒久期盼。然而，这些朴素而美好的愿望在历史上却从来没有变成现实。中国共产党自成立那天起，就把为中国人民谋幸福、为中华民族谋复兴作为初心使命，团结带领亿万中国人民拼搏奋斗，为过上幸福生活胼手胝足、砥砺前行。夺取新民主主义革命伟大胜利，完成社会主义革命和推进社会主义建设，进行改革开放和社会主义现代化建设，开创中国特色社会主义新时代，经过百年不懈奋斗，无数中国人摆脱贫困，过上衣食无忧的好日子。

特别是党的十八大以来，以习近平同志为核心的党中央统揽中华民族伟大复兴战略全局和世界百年未有之大变局，团结带领全党全国各族人民统筹推进"五位一体"总体布局、协调推进"四个全面"战略布局，万众一心战贫困、促改革、抗疫情、谋发展，党和国家事业取得历史性成就、发生历史性变革。在庆祝中国共产党成立100周年大会上，习近平总书记庄严宣告："经过全党全国各族人民持续奋斗，我们实现了第一个百年奋斗目标，在中华大地上全面建成了小康社会，历史性地解决了绝对贫困问题，正在意气风发向着全面建成社会主义现代化强国的第二个百年奋斗目标迈进。"

这是中华民族、中国人民、中国共产党的伟大光荣！这是百姓的福祉、国家的进步、民族的骄傲！

全面小康，让梦想的阳光照进现实、照亮生活。从推翻"三座大山"到"人民当家作主"，从"小康之家"到"小康社会"，从"总体小康"到"全面小康"，从"全面建设"到"全面建成"，中国人民牢牢把命运掌握在自己手上，人民群众的生活越来越红火。"人民对美好生活的向往，就是我们的奋斗目标。"在习近平总书记坚强领导、亲自指挥下，我国脱贫攻坚取得重大历史性成就，现行标准下9899万农村贫困人口全部脱贫，建成世界上规模最大的社会保障体系，居民人均预期寿命提高到78.2岁，人民精神文化生活极大丰富，生态环境得到明显改善，公平正义的阳光普照大地。今天的中国人民，生活殷实、安居乐业，获得感、幸福感、安全感显著增强，道路自信、理论自信、制度自信、文化自信更加坚定，对创造更加美好的生活充满信心。

全面小康，让社会主义中国焕发出蓬勃生机活力。经过长期努力特别是党的十八大以来伟大实践,我国经济实力、科技实力、国防实力、综合国力跃上新的大台阶,成为世界第二大经济体、第一大工业国、第一大货物贸易国、第一大外汇储备国,国内生产总值从1952年的679亿元跃升至2021年的114万亿元,人均国内生产总值从1952年的几十美元跃升至2021年的超过1.2万美元。把握新发展阶段、贯彻新发展理念、构建新发展格局,推动高质量发展,全面建设社会主义现代化国家,我们的物质基础、制度基础更加坚实、更加牢靠。全面建成小康社会的伟大成就充分说明,在中华大地上生气勃勃的创造性的社会主义实践造福了人民、改变了中国、影响了时代,世界范围内社会主义和资本主义两种社会制度的历史演进及其较量发生了有利于社会主义的重大转变,社会主义制度优势得到极大彰显,中国特色社会主义道路越走越宽广。

全面小康,让中华民族自信自强屹立于世界民族之林。中华民族有五千多年的文明历史,创造了灿烂的中华文明,为人类文明进步作出了卓越贡献。近代以来,中华民族遭受的苦难之重、付出的牺牲之大,世所罕见。中国共产党带领中国人民从沉沦中觉醒、从灾难中奋起,前赴后继、百折不挠,战胜各种艰难险阻,取得一个个伟大胜利,创造一个个发展奇迹,用鲜血和汗水书写了中华民族几千年历史上最恢宏的史诗。全面建成小康社会,见证了中华民族强大的创造力、坚韧力、爆发力,见证了中华民族自信自强、守正创新精神气质的锻造与激扬,实现中华民族伟大复兴有了更为主动的精神力量,进入不可逆转的历史进程。今天，我们比历史上任何时期都更接近、更有信心和能力实现中华民族伟大复兴的目标，中国人民的志气、骨气、底气极大增强，奋进新征程、建功新时代有着前所未有的历史主动精神、历史创造精神。

全面小康，在人类社会发展史上写就了不可磨灭的光辉篇章。中华民族素有和合共生、兼济天下的价值追求，中国共产党立志于为人类谋进步、为世界谋大同。中国的发展，使世界五分之一的人口整体摆脱贫困，提前十年实现联合国2030年可持续发展议程确定的目标，谱写了彪炳世界发展史的减贫奇迹，创造了中国式现代化道路与人类文明新形态。这份光荣的胜利，属于中国，也属于世界。事实雄辩地证明，人类通往美好生活的道路不止一条，各国实现现代化的道路不止一条。全面建成小康社会的中国，始终站在历史正确的一边，站在人类进步的一边，国际影响力、感召力、塑造力显著提升，负责任大国形象充分彰显，以更加开放包容的姿态拥抱世界，必将为推动构建人类命运共同体、弘扬全人类共同价值、建设更加美好的世界作出新的更大贡献。

回望全面建成小康社会的历史，伟大历程何其艰苦卓绝，伟大胜利何其光辉炳耀，伟大精神何其气壮山河！

这是中华民族发展史上矗立起的又一座历史丰碑、精神丰碑！这座丰碑，凝结着中国共产党人矢志不渝的坚持坚守、博大深沉的情怀胸襟，辉映着科学理论的思想穿透力、时代引领力、实践推动力，镌刻着中国人民的奋发奋斗、牺牲奉献，彰显着中国特色社会主义制度的强大生命力、显著优越性。

因为感动，所以纪录；因为壮丽，所以丰厚。恢宏的历史伟业，必将留下深沉的历史印记，竖起闪耀的历史地标。

中央宣传部牵头，中央有关部门和宣传文化单位，省、市、县各级宣传部门共同参与组织实施"纪录小康工程"，以为民族复兴修史、为伟大时代立传为宗旨，以"存史资政、教化育人"为目的，形成了数据库、大事记、系列丛书和主题纪录片4方面主要成果。目前已建成内容全面、分类有序的4级数据库，编纂完成各级各类全面小康、脱贫攻坚大事记，出版"纪录小康工程"丛书，摄制完成纪录片《纪录小康》。

"纪录小康工程"丛书包括中央系列和地方系列。中央系列分为"擘画领航""经天纬地""航海梯山""踔厉奋发""彪炳史册"5个主题，由中央有关部门精选内容组织编撰；地方系列分为"全景录""大事记""变迁志""奋斗者""影像记"5个板块，由各省（区、市）和新疆生产建设兵团结合各地实际情况推出主题图书。丛书忠实纪录习近平总书记的小康情怀、扶贫足迹，反映党中央关于全面建成小康社会重大决策、重大部署的历史过程，展现通过不懈奋斗取得全面建成小康社会伟大胜利的光辉历程，讲述在决战脱贫攻坚、决胜全面小康进程中涌现的先进个人、先进集体和典型事迹，揭示辉煌成就和历史巨变背后的制度优势和经验启示。这是对全面建成小康社会伟大成就的历史巡礼，是对中国共产党和中国人民奋斗精神的深情礼赞。

历史昭示未来，明天更加美好。全面建成小康社会，带给中国人民的是温暖、是力量、是坚定、是信心。让我们时时回望小康历程，深入学习贯彻习近平新时代中国特色社会主义思想，深刻理解中国共产党为什么能、马克思主义为什么行、中国特色社会主义为什么好，深刻把握"两个确立"的决定性意义，增强"四个意识"、坚定"四个自信"、做到"两个维护"，以坚如磐石的定力、敢打必胜的信念，集中精力办好自己的事情，向着实现第二个百年奋斗目标、创造中国人民更加幸福美好生活勇毅前行。

目　录

一、恢宏史诗耀春秋 ... 1
（一）1949—1978：美好生活初探索 ... 2
（二）1978—2012：改革开放筑强基 ... 7
（三）2012—2020：全面小康留青史 ... 12

二、革故鼎新谋发展 ... 27
（一）与时俱进：经济体制改革持续深入 ... 28
（二）提质增效：产业发展稳步推进 ... 33
（三）科学谋划：对外开放成绩斐然 ... 43
（四）做大做强：财政收入稳步增长 ... 50
（五）收入增长：居民消费日益提升 ... 52

三、赣风鄱韵勇争辉 ... 56
（一）价值引导：先进文化凝聚人心 ... 57
（二）惠民育民：文化事业走向繁荣 ... 66
（三）创新提速：文化产业蓬勃发展 ... 79
（四）向上向善：文艺创作成果丰硕 ... 89

四、真情实意惠民生 ... 97
（一）脱贫攻坚：让乡亲们的日子越过越好 ... 97
（二）教育优先：办人民满意的教育 ... 111
（三）充分就业：为人民群众"造饭碗" ... 121
（四）兜底保障：筑牢人民生活"安全网" ... 126
（五）病有所医：撑起人民健康保护伞 ... 136

五、绿色崛起走前列 ... 146
（一）厚植优势：擦亮绿色发展的底色 ... 147
（二）治山理水：扎实做好生态大文章 ... 153
（三）攻坚克难：打赢污染防治攻坚战 ... 162
（四）先行示范：创建国家生态文明试验区 ... 171

六、共建共享交答卷 ... 183
（一）协调发展：破解发展不平衡难题 ... 184
（二）创新治理：打造社会"安全港" ... 197
（三）援建帮扶：民族团结谱新曲 ... 204

七、党的领导绘蓝图 ... 218
（一）思想引领：小康建设的指南针 ... 219
（二）战略谋划：小康建设的定盘星 ... 227
（三）党的建设：小康建设的压舱石 ... 248

八、全面小康闯新路 ... 259
- （一）毫不动摇：坚持党的全面领导 ... 260
- （二）坚持不懈：扭住发展第一要务 ... 264
- （三）久久为功：用足用好关键一招 ... 267
- （四）不忘初心：始终坚持人民至上 ... 270
- （五）求真务实：坚持立足省情谋发展 ... 274

九、奋楫扬帆谋新篇 ... 279
- （一）创新江西：点燃跨越发展"新引擎" ... 280
- （二）富裕江西：小康生活成色更足 ... 289
- （三）美丽江西：打造美丽中国"江西样板" ... 291
- （四）幸福江西：满足人民对美好生活的向往 ... 296
- （五）和谐江西：小康江西行稳致远 ... 301
- （六）勤廉江西：红土圣地风清气正 ... 305

主要参考文献 ... 309

后　记 ... 311

一、恢宏史诗耀春秋

1949年以来,在中国共产党的坚强领导下,江西人民传承红色基因,赓续红色血脉,筚路蓝缕,攻坚克难,接续奋斗,到2020年取得了消除绝对贫困、全面建成小康社会的伟大成就,谱写了一部光耀千秋的恢宏史诗。

1949年至1956年,中国共产党领导江西人民建立人民政权,医治战争创伤,完成三大改造,与全国同步进入了社会主义。对美好生活的向往是江西人民的不懈追求,在社会主义建设探索时期,江西农业稳定发展,工业发展基础初步夯实,取得了基本扫除文盲、建立覆盖城乡的卫生服务体系、交通邮电事业快速发展等旧中国难以想象的成绩。1978年12月,党的十一届三中全会拉开了中国改革开放的大幕。江西深入推进经济体制改革,1984年完成农村家庭联产承包责任制改革,2009年创造国企改革"江西样本",2011年在全国率先完成集体林权改革。江西不断优化发展思路,积极扩大对外开放,融入全球化,经济实力显著提高,城乡居民生活显著改善。2012年11月,党的十八大提出在建党百年时全面建成小康社会的战略目标。作为经济基础较为薄弱的中部省份,江西要如期实现全面建成小康社会可谓时间紧迫、任务艰巨。巨大的困难并没有吓倒勤劳勇敢的江西老表,在习近平总书记的关心关怀下,全省干部群众发扬革命传统,攻坚克难,深化改革,扩大开放,经济社会加速发展,到2020年底如期打赢了脱贫攻坚战,取得了污染防治攻坚战、新冠肺炎疫情防控战重大胜利,战胜了超历史特大洪灾,取得了与全国同步建成全面小康社会的历史性辉煌成就,踏上了携手书写全面建设社会主义现代化江西精彩华章的新征程。

(一)1949—1978:美好生活初探索

江西省委、省政府带领全省人民先后开展土地改革、三大改造,与全国同步进入了社会主义。对美好生活的向往,是江西人民的不懈追求。1949年至1978年,江西先后建成了一批大中型工业企业,开展了大规模的农田水利建设和基础设施建设,初步建立覆盖城乡的教育体系和卫生体系,在探索建设社会主义的道路上取得了重要成绩。

1. 社会主义制度在江西建立

随着革命形势的发展,1949年江西人民迎来了新的历史时期。5月22日南昌解放。此后,全省各地相继解放。随着解放军的进军步伐,各级党政机关迅速成立。1949年6月6日中共江西省委成立,6月16日江西省人民政府成立。中国共产党开始领导江西人民修复战争创伤,建设新江西。1950年11月,《江西日报》发表社论《充分发动群众,摧毁封建统治,展开土改运动》,拉开了江西土地改革的帷幕。至1953年3月，完成土改复查，取得了全省土地改革的重要胜利。279万多户（占总农户数的73.4%）917万多人口（占总人口的64.5%）的无地和少地农民，平均每户分得5.4亩耕地，人均1.64亩，历史性地实现了"耕者有其田"。1956年江西完成对农业、手工业和资本主义工商业的"三大改造"，与全国同步进入社会主义，开始了建设社会主义的探索。

2.经济建设取得重要成绩

江西省委、省政府成立以后，积极组织发展生产，医治战争创伤。经过努力，全省财政经济得到了根本好转。1952年全省生产总值18.86亿元，财政收入2.29亿元，财政支出1.52亿元，除上缴中央外，当年净结余3690万元。1950年至1952年，江西共上缴中央财政1.86亿元，占3年全省财政收入的38.2%，为国家作出了重要贡献。此后，江西的财政收入逐步增长，到1978年全省实现生产总值87亿元，财政收入12.22亿元。

工业化迈出坚实步伐。1954年7月3日，中华人民共和国制造的第一架飞机初教-5在南昌首飞。根据"一五"计划，在苏联援建的156个重点项目中，国家安排了5个项目在江西，即国营洪都机械厂、大吉山钨矿、西华山钨矿、岿美山钨矿和上犹江水电站。江西省积极支持和配合全省境内的国家重点工程建设。1957年7月1日，江西省第一座现代化炼铁高炉——萍乡炼铁厂40立方米高炉建成投产；同年，江西钢铁厂（后改称南昌钢铁厂）筹建，标志着江西现代化钢铁工业的创建。纺织工业方面，主要有江西纺织厂、兴中纺织厂、新姓纺织厂。此外，江西化工厂、江西造纸厂、赣南造纸厂、江西第一制糖厂、江西火柴厂、江西玻璃厂、

"一五"时期建设的上犹江水电站 （钟芳亿 摄）

景德镇瓷厂、萍乡煤矿、乐平锰矿等也相继建成投产。到1978年又先后建成了英岗岭、八景、大光山、乐平矿务局等重点煤矿，建成了江西光学仪器总厂、江西汽车制造厂、江西轴承厂等大中型骨干企业。这些企业的建立，为江西工业发展奠定了初步基础。1978年，江西完成工业总产值36.18亿元，主要工业品产量较中华人民共和国成立之初有显著增长。但是，因为底子薄、基础弱，江西工业还处于较低水平，如汽车年产991辆，电视机年产0.25万台。

农业稳定发展。1958年至1960年，由省主持修建的袁惠渠、赣抚平原综合水利工程、柘林水库工程和洪门、江口、罗口村、万安等大型水利工程，各地区主持修建的高安上游、玉山七一、鄱阳滨田、丰城紫云山和潘桥、宜春飞剑潭、乐平共产主义等大型水库，以及340多座灌溉万亩以上的水利工程几乎同时上马，灌溉万亩以下的小型水利工程更是遍地开花。在此期间，江西共兴建各类水利工程6.3万座，90%的耕地有了水利设施，为江西农业的发展打下了坚实的基础。随着水利设施的修建、化肥的推广、农业机械的使用，全省农业稳定发展，到1978年主要农产品产量较中华人民共和国成立之初均有大幅提高，粮食年产量达1125.74万吨，不但实现了供应本省有余，而且还能大量支援全国其他省市。

交通邮电事业得到初步发展。1955年2月，鹰（潭）厦（门）铁路正式开工，年底鹰潭至资溪段建成通车。1957年12月，鹰厦铁路全线竣工，开启了赣闽两省通铁路的历史。1953年，旧中国想建而又无力修建的庐山北山登山公路竣工，是全国最早建成的旅游公路之一。1957年元旦，江西第一个民用航空站——南昌航空站成立，开通了第一条省际航线——南昌至上海航线。江西大力发展电信邮政事业，到1957年全省除个别地方外，实现了乡乡通邮、

1957年，鹰厦铁路全线通车。图为1956年12月鹰厦铁路铺轨时的盛况（中国铁路南昌局集团有限公司 提供）

通电话。经过不懈努力，1978年全省铁路运营里程达1184千米，公路通车里程、内河通航里程、电话保有量等均较中华人民共和国成立之初显著增加。

3. 教育卫生事业取得显著进步

教育体系初步建立。1949年江西省政府成立以后，经过调整合并，全省共有高校、中专、中学、小学及幼儿园9897所，在校学生49.64万人，教职工2.98万人。为迅速提高人民文化水平，减少文盲，1964年省教育厅推广宜黄县发展民办小学和清江县（今樟树市）大办多种形式简易小学的经验，在全省农村掀起多种形式发展小学教育的热潮。各地因地制宜，采取灵活多样的形式，兴办半日班、隔日班、早班、午班、晚班、牧童班、耕读班、巡回教育点和季节性小学等，方便农民子女入学。1964年底，全省多种形式办学入学的儿童有45万多人，适龄儿童入学率由1963年的59%提高到75%。1978年，全省有幼儿园2104所，在园人数10.59万人；小学适龄儿童入学率为94.12%，小升初升学率为78.25%；有普通高等学校16所，在校大学生21830人。初步建立起覆盖全省的从幼儿园到大学的较为完整的教育体系。

卫生服务体系初步覆盖城乡。中华人民共和国成立之初，江西仅有94家医院、6个区卫生所、45个诊所、2086张病床，全省卫生队伍只有3560人，医疗机构少，医护人员缺，医疗技术水平低。1950年11月11日，江西省政府发出《关于维护、整顿、建立县卫生院的指示》。到1952年底，全省81个县全部建有卫生院，并建立了708个区卫生所和1400多个联合诊所。20世纪50年代和60年代前期，广大城乡发展起来的半农半医性质的保健员、卫

一、恢宏史诗耀春秋

生员和接生员组成了一支4.53万人的"赤脚医生"队伍。江西十分重视传染病的防治工作，1950年基本控制住鼠疫和霍乱，1955年基本控制住天花等3种烈性传染病的发生流行，

1958年6月30日，《人民日报》刊发《第一面红旗——记江西余江县根本消灭血吸虫病的经过》报道。图为江西省开展血吸虫病防治工作现场（汪伟光 摄）

1956年实现回归热、斑疹伤寒绝迹。1958年，余江县在全国率先消灭血吸虫病，消息传到北京，毛泽东主席十分高兴，连夜作诗《七律二首·送瘟神》以纪念这一重要胜利。此后，婺源县、德兴县、贵溪县、万年县、上高县、奉新县、万安县、泰和县、上犹县、武宁县、安义县等地相继消灭血吸虫病。经过努力，旧中国肆虐江西的天花、鼠疫、霍乱等烈性传染病基本消灭，血吸虫病基本消除。这一时期卫生事业进步显著，1978年全省有医院和卫生院2107家，实现了省、市、县有医院，乡镇有卫生院，村有"赤脚医生"，卫生服务体系初步实现全覆盖。

（二）1978—2012：改革开放筑强基

1978年12月，党的十一届三中全会拉开了中国改革开放的

大幕。1979年1月，江西省委召开常委扩大会议，传达贯彻党的十一届三中全会精神，吹响了江西改革开放的号角，全省经济社会发展进入了一个崭新阶段。1979年至2012年，江西深入推进改革开放，经济社会快速发展，城乡居民生活显著改善，先后跨越了温饱、总体小康、全面建设小康三个台阶，谱写了赣鄱历史的新篇章，为全面建成小康社会打下了坚实的基础。

1. 大力推进改革开放

从"三包一奖"到武宁林权"三定"。1979年初，广昌县长桥公社石田生产队开始实行"三包一奖"（包工、包产、包成本、超产奖励）的生产责任制，并迅速扩展开来。1979年后，吉安地区、赣州地区的一些农村出现"双包"（包产到户、包干到户，后来称为家庭联产承包责任制）形式的生产责任制。到1982年春，全省99.3%的生产队建立了各种形式的生产责任制，形成了多种生产责任制形式并存、以"双包"生产责任制为主要形式的局面。到1984年，全省普遍实行了家庭联产承包责任制。农村税费改革提前完成。从2000年开始，江西省委、省政府开始进行农村税费改革工作，主要做好农村税费改革的前期准备和基础性工作。2001年4月11日，江西省委决定在樟树市、崇义县、余干县开展农村税费改革试点工作。2002年4月，江西全面部署农村税费改革。2005年全面取消农业税，比国家规定的时间提前一年。至此，江西农民"交皇粮国税"的历史正式结束，种地有补贴的时代正式开启。集体林权制度改革作示范。2004年8月27日，江西省委、省政府下发《关于深化林业产权制度改革的意见》，部署林业产权制度改革工作。2006年5月19日，江西省委、省政府部署全省林业配套改革工作，加快培育和完善林业产权市场，深化林业管理机构改革，建立和完善"统分结合"的林业经营管理体制和机制。以"山定权、树定根、人定心"为核心的武宁县林权改革试点得到国务院肯定并在全国推广。2011年，江西在全国率先完成集体林权制度改革。

新钢公司300万吨薄板工程是江西工业史上第一个投资超百亿的重大项目（新钢档案馆 提供）

从"厂长（经理）负责制"到国企改革"江西样本"。1984年4月11日，江西省委、省政府颁布《关于当前经济体制改革若干问题的规定》，对以改革工业企业和流通管理体制为重点的城市改革作出了部署。10月，江西省政府决定在南昌柴油机厂、新余钢铁厂、洪都袜厂等12家企业推行厂长（经理）负责制的试点。此后，实行厂长（经理）负责制的国企改革逐步推广至全省各级国有企业。江西深入实施国企改革，2004年省属国有资本90%以上已经进入股权多元化的行列，江西铜业、新余钢铁实现整体上市。2008年4月，江西省委、省政府作出"两年内基本完成国有工业企业改革任务"的重大战略决策。至2009年底，全省国有工业企业改革全面完成，走出了一条既符合中央要求又切合江西实际的国企改革路子。其进展之迅速、操作之规范、效果之显著、各方面满意度之高超出了改革预期，被新华社称为"江西样本"。

九江港集装箱码头一片繁忙（杨继红 摄）

从"借港出海"到"融入全球化"。党的十一届三中全会以后，江西积极争取对外开放政策落地。1980年4月，九江港被正式确定为一类对外贸易港口，结束了江西"借港出海"的历史。1988年4月，全国两会期间，江西代表团宣布从南北两头进一步打开对外开放大门，"南门北港"的开放格局逐步形成。1992年8月，国务院决定九江为长江沿岸对外开放城市，南昌享受沿海对外开放城市有关政策。2003年7月，江西省委十一届四次全会提出"对接长珠闽，融入全球化，全面提高对外开放水平"。经过30多年的努力，江西对外开放水平逐年提高，实际利用外资、外贸进出口总额逐年提高。2012年实际利用外资68.2亿美元，外贸进出口总额达2108.63亿元。

从"昌九工业走廊"到"主攻工业"。改革开放前，江西工业虽然有一定基础，但始终处于比较落后的水平，表现为生产总值体量小，在国民经济中占比低。1992年6月召开的江西省委九届六次全体会议提出，加快九江、南昌的发展，加快昌九工业走廊、昌九景三角区的开发开放。1992年至1995年是昌九工业走廊建设声势最大、成效最为明显的时期，全省一半左右的基本建设资金都投入在走廊建设上，实际利用外资占全省一半左右，走廊地区生产总值年均增长达22%。为发展工业，壮大地区生产总值，改善人民生活，1994年1月召开的全省经济工作会议明确提出"主攻工业"

的发展思路。此后，江西各地大力承接沿海地区的产业转移，一批工业园区、开发区相继建立。2009年12月12日，国务院正式批复《鄱阳湖生态经济区规划》，标志着鄱阳湖生态经济区建设正式上升为国家战略。发展工业的同时注重生态建设成为江西的特色。至2012年底，《鄱阳湖生态经济区规划实施方案》中确定的405个重大项目累计完成投资7500亿元，占全省经济比重接近六成。

2. 经济实力和人民生活水平显著提高

从百亿元到万亿元。改革开放之初，江西生产总值不足百亿元。经过30多年的接续奋斗，江西生产总值先后突破千亿元、万亿元两个大关。2012年全省生产总值达12807.69亿元，人均地区生产总值达28624元，财政收入达2046.15亿元，三次产业结构比为11.7∶53.8∶34.5。全省主要农产品产值逐年增长，到2012年实现农业总产值1020.74亿元，粮食、棉花、油料、水果、肉类等主要农产品产量均实现了成倍增长。其中，肉类333.91万吨、水果370.28万吨，分别比1978年增加24.75倍、333.91倍。经过改革开放以来的接续奋斗，江西工业取得了长足进步，2012年规模以上工业完成增加值4885.2亿元，棉纱、水泥、钢材、汽车、电视机等主要工业品产量大幅增加，其中，汽车34.35万辆、电视机132.87万台，分别比1978年增长345.62倍、530.48倍。

从实现温饱到全面建设小康。改革开放时期，江西先后实现了从温饱到总体小康、从总体小康到全面建设小康的历史性跨越，城乡居民生活水平显著改善。2012年，城镇居民人均可支配收入20084.64元，农村居民人均可支配收入8103.39元，城乡居民储蓄存款年末余额8471.86亿元。彩电、冰箱、洗衣机等耐用家电基本普及，家用小汽车保有量逐年增加，肉、蛋、奶、水果和水产品的人均消费量逐年提高，家庭饮食开始由"吃饱"向"吃好"转变。居住条件不断改善，2012年，城镇居民人均住宅建筑面积40.1平方米，农村居民人均住房面积47.61平方米。养老、医保、低保等社会保障水平进一步提高，实现了城乡居民社会养老保险全覆盖。全面实施尿毒症免费血透救治，启动贫困家庭重性精神病免费救治工作，白内障、唇腭裂以及儿童白血病、先天性心脏病患者免费救治实现常态化。开展38个贫困县（市、区）扶贫攻坚，3400个贫困村438万贫困人口实现脱贫。通过实施社会主义新农村建设、村庄整治、改水改厕、城市新区建设、城中村改造、老旧小区改造等惠民工程，城乡居民的人居环境显著改善，幸福感显著提高。

（三）2012—2020：全面小康留青史

2012年11月，党的十八大召开，标志着中国特色社会主义进入新时代。江西积极适应这一新形势新要求，坚持以习近平新时代中国特色社会主义思想为指导，深入贯彻落实习近平总书记视察江西重要讲话精神，增强"四个意识"、坚定"四个自信"、做到"两个维护"，立足新发展阶段，贯彻新发展理念，构建新发展格局，坚持稳中求进工作总基调，努力克服新冠肺炎疫情和2020年超历史特大洪水的不利影响，积极落实好"六稳六保"政策，奋力补短板、强弱项，经济社会发展迈出坚实步伐，取得了如期全面建成小康社会的辉煌成就。

一、恢宏史诗耀春秋

1. 习近平总书记关心关怀江西全面建成小康社会

2015年3月6日上午，习近平总书记参加十二届全国人大三次会议江西代表团审议并发表重要讲话。他对江西工作给予了充分肯定，认为江西按照"发展升级、小康提速、绿色崛起、实干兴赣"的发展思路，经济发展稳中有进，结构调整成效显著，粮食连续11年增产，城乡建设步伐加快，人民生活持续改善，反腐败斗争和干部作风建设得到加强。习近平总书记对江西工作提出了"三个着力"的重要要求，即"着力推动老区加快发展、着力推动生态环境保护、着力推动作风建设"。他强调，要着力推动老区特别是原中央苏区加快发展，决不能让老区群众在全面建成小康社会进程中掉队。要立下愚公志，打好攻坚战，让老区人民同全国人民共享全面建成小康社会成果。要着力推动生态环境保护，坚持环境就是民生，青山就是美丽，蓝天也是幸福。要像保护眼睛一样保护生态环境，像对待生命一样对待生态环境。要着力推动作风建设，党要管党丝毫不能松懈，从严治党一刻不能放松。要深入推进反腐败斗争，下大气力拔"烂树"、治"病树"、正"歪树"，使领导干部受到警醒、警示、警戒。同时，希望江西的同志全面贯彻党的十八大和十八届三中、四中全会精神，坚持以邓小平理论、"三个代表"重要思想、科学发展观为指导，坚持稳中求进工作总基调，主动适应和把握经济发展新常态，以提高经济发展质量和效益为中心，锐意进取，攻坚克难，奋力取得新的更大的成绩。

2016年2月1日至3日，习近平总书记视察江西并发表重要讲话。习近平总书记希望江西的同志全面贯彻党的十八大和十八届三中、四中、五中全会精神，坚持以邓小平理论、"三个代表"重要思想、科学发展观为指导，按照"五位一体"总体布局和"四个全面"战略布局，树立和贯彻新发展理念，主动适应经济发展新常态，向改革开放要动力，向创新创业要活力，向特色优势要竞争力，着力加强供给侧结构性改革，着力做好稳增长、调结构、促改革、惠民生、防风险各项工作，努力实现"十三五"时期经济社会发展良好开局。习近平总书记提出了"四个坚持"重要论述，即要求江西坚持用新理念引领发展行动，坚持做好农业农村农民工作，坚持把共享理念落到实处，坚持弘扬井冈山精神。

2019年5月20日至22日，习近平总书记再次视察江西，实地了解革命老区脱贫攻坚和推动中部地区崛起工作进展情况。他强调，不能忘记党的初心和使命，不能忘记革命理想和革命宗旨，要继续高举革命的旗帜，弘扬伟大的长征精神，朝着中华民族伟大复兴的目标奋勇前进。他希望江西全面贯彻落实党中央决策部署，统筹推进"五位一体"总体布局，协调推进"四个全面"战略布局，坚持稳中求进工作总基调，贯彻新发展理念，统筹推进稳增长、促改革、调结构、惠民生、防风险、保稳定各项工作，努力在加快革命老区高质量发展上作示范、在推动中部地区崛起上勇争先，描绘好新时代江西改革发展新画卷。针对江西工作，习近平总书记提出了"五个推进"的重要要求，即推进经济高质量发展、推进改革开放走深走实、推进农业农村现代化、推进社会治理创新、推进红色基因传承。

2. 江西省委深入贯彻落实中央决策部署

2011年，全国全面小康社会的总体进度为83.2%，江西为79.3%，比全国低3.9个百分点。在6个大项指标、23个具体指标中,江西有3个大项指标、10个具体指标落后于全国平均进度。江西要实现与全国同步全面建成小康社会,形势严峻。对此,江西省委、省政府对症下药,团结带领全省人民进行了卓有成效的探索。

2013年7月,江西省委十三届七次全体(扩大)会议召开。会议下达了与全国同步全面建成小康社会的进军令,勾画了赣鄱大地新一轮大开发、

2019年6月28日,鄱阳湖二桥开通,都九高速公路全线通车 (傅建斌 摄)

大发展的路线图。全会提出具有指导意义的"发展升级、小康提速、绿色崛起、实干兴赣"16字工作思路。"发展升级"是基础,"小康提速"是核心,"绿色崛起"是路径,"实干兴赣"是保证,即"三大工作主题"与"一个重要保证"。

2014年7月,江西省委十三届九次全体会议召开。会议提出,强化改革推动,进一步增强责任感和使命感,把各项改革工作抓实、抓细、抓深,为推动发展升级营造良好的体制机制环境。强化开放带动,紧紧抓住"一带一路"、建设长江经济带重要契机,更加积极主动地融入全国乃至全球经济大格局,为发展升级注入强劲动力。强化创新驱动,不断推动全省协同创新取得明显进步。强化集聚拉动,继续坚持走集聚发展之路,扶优扶强、靠大联强、强强

联合，进一步提升江西省产业总体实力和竞争力。强化环境促动，以优化环境推动发展升级，努力打造成本更低、服务更优、效能更高的江西品牌。

2016年11月，江西省第十四次党代会召开。大会聚焦习近平总书记对江西工作"新的希望、三个着力、四个坚持"的重要要求，聚焦习近平总书记提出的"奋力夺取全面建成小康社会决胜阶段新胜利""坚持用新发展理念引领发展行动""坚持弘扬井冈山精神"等殷殷嘱托和亲切指导，提出深入贯彻新发展理念，大力弘扬井冈山精神，为决胜全面建成小康社会、建设富裕美丽幸福江西而奋斗。大会提出了"两成为、三提高"的发展目标。"两成为"，就是要成为长三角、珠三角、闽东南三角区的重要战略腹地和长江经济带的重要战略支撑，成为生态文明建设的领跑者。"三提高"，就是要使人民生活水平和质量普遍提高、社会文明程度明显提高、全面从严治党水平显著提高。

2017年12月，江西省委十四届五次全体会议召开。会议号召全省坚定不移抓发展、改革创新增动力、发挥特色创优势、为民造福促和谐、从严治党强保障，同心同德、团结一心、奋发有为、真抓实干，不断开创决胜全面建成小康社会、建设富裕美丽幸福现代化江西、谱写新时代中国特色社会主义江西篇章新局面。会议提出的"建设富裕美丽幸福现代化江西"奋斗目标，是江西省第十四次党代会提出"建设富裕美丽幸福江西"的升级版，是党的十九大确定的"建成富强民主文明和谐美丽的社会主义现代化强国"的江西行动，是江西坚决用习近平新时代中国特色社会主义思想武装头脑指导实践、推动党的十九大精神在江西落地生根的集中体现。

一、恢宏史诗耀春秋

2018年7月，江西省委十四届六次全体（扩大）会议召开。会议的重要成果是深化和完善了建设富裕美丽幸福现代化江西的战略思路，提出了"创新引领、改革攻坚、开放提升、绿色崛起、担当实干、兴赣富民"的工作思路。

2019年6月，江西省委十四届八次全体（扩大）会议强调，以习近平总书记再次视察为标志，江西发展标定了新方位、站到了新起点。全省上下要坚持稳中求进工作总基调，坚持贯彻新发展理念，聚焦"努力在加快革命老区高质量发展上作示范、在推动中部地区崛起上勇争先"的目标定位和"五个推进"的更高要求，深入实施"创新引领、改革攻坚、开放提升、绿色崛起、担当实干、兴赣富民"工作思路，奋力开启建设富裕美丽幸福现代化江西新征程，感恩奋进描绘好新时代江西改革发展新画卷。

2019年11月，江西省委十四届十次全体（扩大）会议强调，要坚决打好防范化解重大风险、精准脱贫、污染防治三大攻坚战，确保取得突破性进展，加快补齐全面建成小康社会的突出短板。改革开放是江西加快发展、转型升级的关键所在，必须大力弘扬敢为人先的精神，持续推进思想再解放、改革再攻坚、开放再提升、环境再优化，为经济社会发展提供源源不断的动力活力。

2020年7月，江西省委十四届十一次全体（扩大）会议强调，抢抓发展机遇，准确把握决战决胜全面小康的形势任务；坚持问题导向，加大力度补上全面小康的短板弱项；保持定力，坚定不移走好高质量跨越式发展之路；加强党的领导，为全面建成小康社会提供坚强保证。全省上下聚焦"作示范、勇争先"的目标定位和"五个推进"的重要要求，在疫情防控常态化前提下，紧扣全面建成小康社会目标任务，牢牢把握稳中求进工作总基调，深入贯彻新发展理念，落实高质量发展要求，着力补短板、堵漏洞、强弱项，扎实做好"六稳"工作，全面落实"六保"任务，变压力为动力，化危机为生机，坚定信心、保持定力，增强倒计时的紧迫感，提振冲刺跑的精气神，全力以赴夺取全面建成小康社会最后胜利，为开启现代化建设新征程奠定坚实基础。

2020年11月，江西省委十四届十二次全体（扩大）会议指出，2020年是全面建成小康社会和"十三五"规划收官之年，也是极不平凡、极不寻常、极为不易的一年。面对突如其来的新冠肺炎疫情和鄱阳湖流域超历史特大洪水，江西坚持稳中求进工作总基调，全面贯彻新发展理念，落实高质量发展要求，大力弘扬井冈山精神、苏区精神和长征精神，团结带领全省干部群众统筹抗疫情、战洪水、促发展，万众一心、众志成城、担当实干，推动经济社会发展和党的建设各项事业取得新成效。会议审议通过《中共江西省委关于制定全省国民经济和社会发展第十四个五年规划和二〇三五年远景目标的建议》。强调要动员全省上下坚定信心、锐意进取、担当实干，奋力开启全面建设社会主义现代化新征程，描绘好新时代江西改革发展新画卷。

3. 辉煌成就耀千秋

根据党中央部署，在江西省委、省政府的坚强领导下，英雄睿智、勤劳朴实的江西人民聚焦全面建成小康社会战略目标与任务要求，艰苦奋斗，推动全省经济社会平稳较快发展。到2020年，取得脱贫攻坚战重大胜利，江西与全国同步全面建成小康社会，在经济建设、社会民生、文化建设、生态建设等方面成就斐然，创造了江西发展史上的新辉煌。

经济实力实现历史性跨越。改革开放以后,江西经济增长迅猛,尤其是2012年以来,经济增速保持在全国前五、中部第一,稳居全国"第一方阵"。2020年江西省生产总值达25691.5亿元,比1978年增长294.3倍,总量列全国第15位。财政收入大幅提高。1995年、2010年先后突破百亿元和千亿元大关。2020年突破4000亿元,达4048.36亿元,比1978年增长330.29倍,在全国各省排位由长期以来的第21—23位逐步前移到第16位。人均地区生产总值的增速同样迅猛,1978年江西人均地区生产总值仅为276元,2020年达56871元(以美元计算达8245美元)。按照世界银行的划分标准,江西已实现由低收入水平跃升至中等收入水平的行列。三次产业结构比从1978年的41.6∶38∶20.4,到1995年的32∶34.5∶33.5,再到2020年的8.7∶43.2∶48.1,实现了从"一二三"到"三二一"的转变。农业基础性地位不断巩固。随着农业科技进步、农业基础设施完善以及各项惠农措施落地,2020年江西农业再获丰收,粮食产量达2163.9万吨,水果、油料、棉花、肉类、牛奶、水产品等主要农产品均维持了较高产量,部分农产品的产量较2012年实现了较大增长。工业化水平大幅提升。党的十八大以来,江西深入实施工业强省战略,大力推进开发区和工业园区建设,入园企业呈现量多质优的特点,工业经济连年保持高速增长。2020年,水泥、钢材、铜材、汽车、发电量等主要工业品产量均有大幅提高,新兴产业——太阳能电池的产量位居全国前列,达940.9万千瓦。航空、电子信息、装备制造、中医药、新能源、新材料等优势产业加快发展。数字经济、平台经济迅速崛起,移动物联网、VR等新业态从无到有、从小到大、加速发展,产业转型升级加快,高质量发展成效日益显现。

2017年4月,全国首个物联网无人停车场在鹰潭市龙虎山景区启用。车主通过手机可查询停车位,并根据系统推荐的智能路线引导泊车 (杨继红 摄)

社会民生显著改善。随着经济发展,全省城乡居民的收入逐年增高,2020年全省城镇居民人均可支配收入38556元,比1978年增长125.41倍;农村居民人均可支配收入达16981元,比1978年增长119.43倍。城乡居民存款逐年增加,居住条件不断改善,恩格尔系数不断下降,居民消费从温饱型向享受型转变,消费重心进一步向住、行和文化、娱乐升级。城镇化水平逐步提高,2020年城镇化率超过60%,城市人口占比历史性超过60%。城乡居民就业更加充分,城镇登记失业率保持在较低水平。教育事业显著进步。江西各级政府不断加大投入,满足人民日益增长的受教育需求,从幼儿园到大学的教育服务体系不断完善,人民群众受教育程度不断提高。科技成果丰硕。深入实施科教兴国战略,不断加大科技投入,不断优化科研环境,中国科学院赣江创新研究院、国家稀土功能材料创新中心等"中字头""国字号"重大创新平台相继落地。科技进步日新月异,以L-15高级教练机为代表的一批科技成果获国家奖励。卫生健康事业全面进步。江西省委、省政府大力推进健康江西建设,深入推进医疗体制改革,不断加强医疗基础设施建设,医疗技术水平和服务水平不断提高。2020年,面对严峻的新冠肺炎疫情,江西用14天初步遏制住疫情蔓延势头,51天实

一、恢宏史诗耀春秋

2020年1月,江西省援鄂医疗队出征 (杨继红 摄)

现住院病例清零,是全国最早实现全部清零的省份之一。先后派出11批次13支医疗队驰援武汉、随州,派出联合工作组援助乌兹别克斯坦,圆满完成了中央交办的任务,为打赢武汉保卫战、湖北保卫战和全球抗疫作出了江西贡献。社会保障网越织越密。江西各级政府高度重视社会保障体系建设,全省基本医疗保险、基本养老保险实现全覆盖,医保水平不断提升,城乡居民养老金逐年提高,群众满意度、幸福感稳步提升。

脱贫攻坚决战决胜。江西始终坚持以习近平总书记关于扶贫工作的重要论述为根本遵循,聚焦"在脱贫攻坚上领跑"的目标定位,感恩奋进、尽锐出战,全面推进中央脱贫攻坚战略部署落实落细,取得消除区域性整体贫困和绝对贫困的决定性胜利。江西成立了以省直有关单位为成员,党政主要领导任组长的扶贫工作领导小组,全省各级按照尽锐出战、决战决胜的要求,选派政治素质好、作风扎实、年富力强、热爱脱贫攻坚工作的同志担任第一书记和帮扶干部，走村入户，与贫困户结对帮扶。全省上下牢记习近平总书记"不让一个老区群众在全面小康中掉队"的重要嘱托，以只争朝夕的精神，坚持把精准扶贫方略贯穿始终，创新"省负总责、市县抓落实、乡镇推进和实施"的工作机制，强化党政主导、部门齐抓、社会参与、党建引领、镇村联动，构建专项扶贫、行业扶贫、社会扶贫"三位一体"的大扶贫工作格局，按照"核心是精准、关键在落实、实现高质量、确保可持续"总要求，严把精准识别关，严格"七步法""七从严""四甄别""群众评议"等识别程序，对贫困人口建档立卡坚持不设指标、做到应进尽进。同时，摸清每户的致贫原因，一户一策，精准帮扶，并制定脱贫"时间表""路线图"。江西还选派脱贫攻坚督察组常驻11个设区市，推动脱贫攻坚落地见效。通过发展生产、易地搬迁、加强基础设施建设、生态扶贫、教育扶贫、兜底保障、扶贫扶志等方式，实现了贫困人口全部如期清零，走出了一条经济欠发达地区脱贫攻坚"补短板"和"促长效"同步推进的新路子，创造了一批可借鉴、可复制、可推广的经验做法，助推江西脱贫攻坚工作走在全国前列。2020年底，全省25个贫困县全部摘帽，所有农村建档立卡贫困人口全部脱贫，25.58万城镇贫困人口顺利脱困，越来越多的"穷老表"走上了脱贫致富奔小康的道路。长期存在的区域性整体贫困和绝对贫困问题得到历史性解决，江西交出了一份振奋人心的脱贫攻坚时代答卷，补齐了全面建成小康社会的最后一块短板。

  文化建设亮点纷呈。江西是一片充满红色记忆的土地，红色是江西最鲜明的底色。党的十八大以来，江西大力弘扬红色文化，坚定文化自信，完善公共文化服务体系，丰富群众文化生活，繁荣文艺创作，深化文化体制改革，促进文旅融合，文化建设成绩斐然。公共文化服务体系不断完善。党的十八大以来，江西深入实施文化惠民工程，文化场馆建设成果丰硕，覆盖城乡的公共文化服务体系日益完善。深入实施广播电视户户通工程、农村电影放映工程、文化科技卫生"三下乡"等文化惠民工程，不断满足城乡居民日益增长的文化生活需要。文艺创作日益繁荣。深入实施"江西文艺创作与繁荣工程"，每年投入1000万元支持文艺创作。2012年以后，全省文艺发展进入繁荣期，优秀文艺成果不断涌现，一批影视、文学、戏曲、音乐、舞蹈等作品获得全国性奖项，"五个一工程"获奖作品数量居全国第一方阵。江西不断深化文化体制改革，促进文化产业发展。2012年出台《江西省深化国有文艺院团体制改革指导意见》，全省80家国有文艺院团全部实现转企改制。新兴文化产业迅猛发展，主营业务收入实现快速翻番，增速位居全国前列。一批知名文化企业相继组建，江西出版集团连续13届入选"全国文化企业30强"，江西报业集团、江西广电集团、江西文演集团在全国具有较大影响力。文化与旅游产业深度融合。明确提出促进文化与旅游的深度融合，发展新型"文化旅游+"业态，打造出一批精品景区和线路，"江西风景独好"品牌进一步唱响，红色游、古色游深受游客欢迎，旅游接待人数和旅游收入双双位居全国前列。

打造美丽中国"江西样板"。江西忠实践行"绿水青山就是金山银山"理念，大力推进生态文明建设，生态环境质量稳居全国前列。"绿色生态"已成为江西代名词，成为江西最大财富、最大优势、最大品牌。2014年11月，江西成为全国首批全境列入生态文明先行示范区建设的省份之一。2016年8月，江西被成功纳入

吉安市庐陵文化生态园 （刘春生 摄）

首批国家生态文明试验区，打造美丽中国"江西样板"迈出坚实步伐。江西的天更蓝了，2020年全省平均PM2.5浓度30微克/立方米，优良天数比例94.7%，优良率较2012年显著提高。江西的山更绿了，全面建成省市县乡村五级林长管理体系，全省森林覆盖率由20世纪80年代初的35.3%提高到2020年的63.1%，居全国第二位。江西的水更清了，实施长江经济带"共抓大保护"攻坚行动，保护鄱阳湖"一湖清水"，为合力共筑长江中游生态安全屏障贡献江西力量。2020年，全省地表水水质总体良好，11个设区市全部达到Ⅱ类标准，设区城市集中式饮用水水源地水质达标率100%，地表水国考断面水质优良比例96%，全面消灭Ⅴ类和劣Ⅴ类水质断面，长江干流江西段所有水质断面全部达到Ⅱ类标准。全省提前1年实现长江干流、鄱阳湖以及35个水生生物保护区同步实施禁捕。污染防治攻坚战取得明显成效。按照"环境就是民生，青山就是美

丽，蓝天也是幸福"的理念，江西持续打好蓝天、碧水、净土保卫战，"十三五"时期，全省主要污染物减排目标如期完成。2020年，二氧化硫、氮氧化物、化学需氧量、氨氮排放总量较上年分别下降2.4%、1.6%、1.09%、0.9%，主要污染物均完成国家下达的年度减排目标任务；全省单位地区生产总值能耗下降2.12%，累计下降19.4%，超额完成国家下达的能耗"双控"目标任务。人居环境日益改善。美丽城市建设实现新突破，2020年全省城市建成区绿地率全国第二。随着九江、鹰潭成功创建国家森林城市，江西率先实现"国家森林城市""国家园林城市"设区市全覆盖。美丽乡村建设取得新进展，通过大力实施乡村振兴战略，农村人居环境整治三年行动目标基本实现，"厕所革命"三年攻坚任务超额完成。越来越多的城市和乡村变成道路平整、面貌整洁、绿化美观、鸟语花香、人与自然和谐相处的美丽家园。将生态优势逐步转化为发展优

遂川狗牯脑茶驰名中外 （周建强 摄）

势。大力发展生态农业，实施绿色生态农业"十大行动"，启动全国农业可持续发展试验示范区建设，生态农业产业不断壮大，绿色（有机）农产品基地数量稳步增长，面积逐年扩大。绿色农产品品牌影响力进一步扩大，"三品一标"（无公害农产品、绿色食品、有机农产品和农产品地理标志）、"两品一标"（绿色食品、有机农产品、农产品地理标志）产品数量增长迅速，赣南脐橙、南丰蜜橘、遂川狗牯脑茶、泰和乌鸡等享誉全国，"生态鄱阳湖·绿色农产品"品牌知名度日益凸显。全域旅游发展取得新进展，一批市、县（市、区）创建国家全域旅游示范区。风景游、生态游、康养游、乡村游等深受欢迎，2020年全省旅游接待人数5.5亿人次、旅游收入5400多亿元，双双位居全国前列。绿水青山在赣鄱大地正一步步转化为金山银山。

二、革故鼎新谋发展

1949年,伴随着中华人民共和国成立的礼炮声,江西开启了新征程,开始摆脱旧社会一穷二白的经济困境,进行社会主义革命和建设的探索和实践。1978年党的十一届三中全会后,江西进入了改革开放和社会主义现代化建设的新时期。江西省委、省政府紧跟党中央步伐,大力发展经济,江西经济实现了飞跃式发展。党的十八大以来,江西统筹推进"五位一体"总体布局、协调推进"四个全面"战略布局,全面贯彻落实"创新、协调、绿色、开放、共享"的新发展理念,坚持高质量跨越式发展,江西经济实现了历史性跨越。

70多年来,江西持续进行经济体制改革,激发市场活力,努力建设统一开放、竞争有序的现代市场体系。

70多年来,江西创造了农业日益壮大、工业稳步前行、服务业从无到有的辉煌业绩。

70多年来,江西实现了从半封闭到开放的转变,并且正以更大范围、更宽领域、更深层次的对外开放来面向世界。

70多年来,江西人民实现了从贫困到温饱再到小康的历史性飞跃,与全国人民同步进入小康社会。

七十载沧桑巨变,赣鄱大地旧貌换新颜。江西人民用智慧和汗水谱写了"革故鼎新谋发展"的精彩华章!

(一)与时俱进:经济体制改革持续深入

1949年中华人民共和国成立后,江西省委、省政府面临的重要任务就是恢复和发展国民经济。在此情况下,江西省委、省政府通过没收官僚资本、建立国营经济、稳定物价等方式胜利完成了恢复国民经济的任务。

1978年12月党的十一届三中全会之后,江西与全国一道进入了以经济建设为中心、实行改革开放的新时期,经济体制改革在逐渐的探索中日益深入、持续深化。尤其是党的十八大以来,江西省委、省政府坚持社会主义市场经济改革方向,加快建设统一开放、竞争有序的市场体系。同时继续实施科技兴赣,以创新驱动发展的战略,锻造了与时俱进、改革创新的江西品格。

1. 推动农村经济体制改革

1949年中华人民共和国成立后,江西农业发展揭开了新篇章。1950年12月全省开始土地改革,1952年3月底土地改革基本结束。1953年至1957年江西完成了个体农业的社会主义改造,此后直到1978年,省内农村中集体所有制占主导地位,全省农村经济逐步发展。1978年全省农业生产总值由1952年的12.38亿元增至36.18亿元,粮食、棉花、甘蔗、茶叶、蚕茧、肉类等农产品产量也大幅增长。

二、革故鼎新谋发展

1979年初，广昌县长桥公社石田生产队实行"三包一奖"的生产责任制，在全省率先迈出了农村经济体制改革的步伐。1979年10月26日，江西省委召开会议，要求各地坚决贯彻落实党的十一届四中全会通过的《中共中央关于加快农业发展若干问题的决定》，此后全省农业生产责任制迅速发展，这一制度进一步调动了农民的生产积极性，农业生产取得了明显成效。1985年10月，江西省政府制定《关于加快发展农民户办和联户办企业若干问题的暂行规定》，提出农民户办、联户办企业属于社会主义公有制的必要补充，并强调积极引导、大力发展这些企业，这一规定对改善农村产业结构和劳动力结构，发展商品经济具有重要作用。此后，省内乡镇企业开始发展，农村产业结构改革全面展开。1990年5月，江西省政府作出决定，实施科技兴农的"1296"工程，即大面积推广12类先进农业科技成果，抓好9个大型综合开发示范项目，重点组织6个方面农业科技攻关，大力开展科技兴农，提高江西省农业科技水平。20世纪90年代，江西先后出台了一系列政策措施，在继续完善农村基本经营制度的前提下，提出了农业产业化、农业科技化等发展战略，把建设高质、高产、高效农业作为20世纪90年代江西农业发展的方向，全省农业发展形势喜人。进入21世纪，江西省第十一次党代会强调，大力推进农业产业化和农村工业化，江西省政府确立了打造江西"三个基地、一个后花园"的战略定位，明确了江西优质农副产品供应基地的定位，为江西农业产业结构调整升级指明了方向。

党的十八大以来，江西继续巩固和完善农村基本经营制度，根据党中央精神，在保护农户承包权益的基础上，赋予新型经营主体更多的土地经营权，着力构建现代农业产业体系、生产体系和经

黎川县着力打造万亩香榧种植基地 （王武辉 摄）

营体系。"互联网+""智慧农业"等措施，将互联网与农业生产、加工、销售等环节充分融合。运用互联网技术管控整个生产经营过程，在确保产品品质的基础上，打通传统农业隔离的一、二、三产业，形成完备的农业产业链。为江西农业转变发展方式走出一条高效、安全、节约、环保的新型现代化发展道路开辟了新路径。

进入21世纪，面对江西林业大省的现实，江西省委、省政府把林权改革作为农村经济体制改革的重点内容来抓。2004年8月，江西省委、省政府下发《关于深化林业产权制度改革的意见》，9月在全省7个县（市）进行了以完善集体林产权制度为重点的改革试点，在总结试点经验的基础上于2005年4月开始在全省全面推开，2011年江西在全国率先完成了以明晰林业产权为核心、确保"山定权、树定根、人定心"的林权制度改革。

2012年党的十八大召开以后，全省始终把"三农"工作作为重中之重。2017年9月，江西省政府办公厅印发了《关于完善集体林权制度的实施意见》，提出加快构建新型林业经营体系，培育新型林业经营主体和林业集体经济。林权改革大幅度提高了林农收入，使江西林业焕发了生机活力。

2. 推动城市经济体制改革

中华人民共和国成立初期，江西省委、省政府在党中央的领导下，改革旧中国以私有制为基础的经济制度，建立社会主义经济制度，使经济建设逐步纳入计划管理，在计划指导下开展经济建设。

1950年至1978年间，全省建立健全了集中统一的计划经济管理体制。这一经济制度在动员人力、物力、财力，加快重点建设方面发挥了重要作用。

1978年以后，随着农村经济体制改革的进行，经济体制改革开始向城市拓展。1984年10月20日，中共中央作出《关于经济体制改革的决定》，要求全面推进企业内部改革，建立厂长（经理）负责制。为落实这一文件精神，当年，江西首批选择新余钢铁厂、横峰纺织器材厂、江西氨厂、南昌柴油机厂、江西油脂化工厂、洪都袜厂、洪都无线电厂等12家国营企业实行厂长（经理）负责制试点，拉开了以简政放权、搞活企业为重要内容的城市经济体制改革的大幕。

伴随着工业企业的改革，商业、对外贸易、粮食等行业也进行了流通体制改革，与之配套的投资、财政、金融、价格领域也陆续开始改革。1984年，国务院批转国家计委《关于改进计划体制的若干暂行规定》，并通知各地和中央各部委、各直属机构从1985年开始执行该规定。江西根据该规定精神，出台了一系列针对计划管理体制调整和改革的规定，强调要开始由计划经济向社会主义市场经济转变。计划的形式也开始由指令性向指导性转变，为社会主义市场经济建设注入了新的活力。至 1990 年，全省实行厂长（经理）负责制的预算内国营工业企业达到 1175 家，占总数的 94%，1990 年全省预算内工业企业全员劳动生产率比 1987 年增长了 40.14%，职工人均年收入增长了 26.08%，改革成效显著。

3. 推动社会主义市场经济体制改革

1992 年 2 月，江西省委结合江西实际，提出"思想更解放一点，胆子更大一点，放得更开一点，发展更快一点"的"四个一点"，这成为 20 世纪 90 年代江西推进改革、加快发展的新起点。

2001 年 12 月 12 日至 16 日，江西省第十一次党代会召开，会议提出坚持以加快工业化为核心，以大开放为主战略，以体制创新和科技创新为强动力，大力推进农业产业化，全面提升综合竞争力。会议还作出了实现江西在中部地区崛起的战略决策。

党的十八大以来，全省继续深化改革，2013 年 12 月江西省委十三届八次全体会议召开，提出了推动产业升级、绿色崛起的战略。

2018 年 7 月 30 日至 31 日，江西省委十四届六次全体（扩大）会议召开，提出"创新引领、改革攻坚、开放提升、绿色崛起、担当实干、兴赣富民"的工作思路，着力推动江西经济高质量、跨越式发展。

2018 年 8 月 28 日至 29 日，全省工业强省推进大会在赣州举行，强调坚定不移推进工业强省战略，吹响了江西工业经济高质量发展的新号角。

在这一系列改革的促进下，全省经济建设取得了巨大成就，经济总量不断攀升，结构不断优化，基础设施不断完善，乡村振兴不断加快，工业经济高速增长，对外贸易成效显著。据统计，1952

年全省生产总值仅为18.86亿元，1978年达到87亿元，1980年达到111.15亿元，1990年达到428.62亿元。2000年后，全省生产总值大幅攀升，2000年达到2003.07亿元，2010年达到9383.16亿元，2012年达到12807.69亿元。此后，全省生产总值每年跃上一个新台阶，2017年突破2万亿元，2020年达到25691.5亿元。这些数字的背后，是江西人民在江西省委、省政府的领导下，在江西这片红色热土上挥洒汗水、不懈奋斗的身影，是江西人民革故鼎新求发展、励精图治谋幸福的历史，是江西人民勇于创造社会主义新生活的历史。

（二）提质增效：产业发展稳步推进

中华人民共和国成立70多年来，江西人民在江西省委、省政府的领导下，艰苦奋斗，真抓实干，尤其是党的十八大召开以后，江西人民大力弘扬井冈山精神、苏区精神、长征精神，以智慧和汗水使老区经济取得了跨越式发展，为全面建成小康社会提供了经济基础。

1. 农业经济日益壮大

农业经济环境持续改善。1949年以来，全省各级党委、政府不断加大对农业生产基础设施建设的投入和科技兴农力度，全省农业经济环境持续改善。1952年，全省财政支出中，支援农村生产支出187万元，以后逐年增长，1978年该项支出为2.03亿元，2020年全省仅耕地地力保护补贴实际预拨资金就达41.12亿元，良

新余市高标准农田"田成方、渠相通、路相连",构成一幅美不胜收的秋日田园画卷 (赵春亮 摄)

好的农业经济环境促进了全省农业的发展。

农业机械化水平不断提高。1949年至20世纪70年代,省内农业机械化水平很低。1978年后,全省逐年实施农机补贴政策,农业机械化水平不断提高。2018年末全省农业机械总动力达2381.97万千瓦,比1978年增加了2120.27万千瓦。2020年,全省农业机械总动力达2591.4万千瓦,主要农作物耕种收综合机械化率在75%以上。

农业产值持续增长,科技兴农效果显著。1949年,全省农业总产值为9.87亿元,1952年全省农业总产值为15.35亿元。1978年后,江西省委、省政府认真贯彻落实党中央各项方针政策,始终将"三农"工作作为全省重点工作来抓。1978年,全省农业总产值为49.29亿元。1994年江西省政府颁发《江西省实施〈中华人民共和国农业技术推广法〉办法》,全面实施乡镇"农业五站"(农技推广站、畜牧兽医站、水产技术推广站、农机站、农村经营管理站)的"三定"(定性、定编、定员)工作。2001年后,继续实施科教兴农战略,加大对基层农技推广体系改革与建设的力度。特别

二、革故鼎新谋发展

是2012年党的十八大召开以后,江西省委、省政府积极调整"三农"工作思路,出台惠农政策,持续加大"三农"投入力度,农村基础设施明显改善,农民收入快速增长,农业综合生产能力显著提升,全省农业经济持续稳步发展。2020年,全省农业总产值达到3820.74亿元。1949年全省农业产业就业人数为560万人,2020年为455万人,70多年来,全省农业产业人口下降了18.75%,创造的产值提高了386.1%,真正实现了农业经济的量质齐升。在全省农业经济跨越式发展的同时,江西继续保持全国粮食主产区的地位,1952年全省粮食总产量为575.07万吨,1978年达1125.74万吨,2020年增至2163.88万吨。

1949年至20世纪90年代,全省农业产业化水平很低。从20世纪90年代初开始,省内农业产业化率先在奶牛、甘蔗等产业中开展,此后农业产业化发展得越来越快,也越来越好。2011年全省规模以上农业龙头企业2500家,省级农业龙头企业472家,实现销售收入1303亿元。2020年,全省有省级农业龙头企业963家,涵盖粮食和经济作物、林牧渔业生产加工等各行业。

进入21世纪后,尤其是党的十八大召开以后,全省农业产业化、集群化发展的同时,也不断向特色化、品牌化发展,蔬菜、水果、茶叶等优势产业和中草药、盐业、花卉等特色产业发展加快。以自古就有"中国药都"之美誉的樟树市为例,至2020年,该市已经围绕"药都"品牌,建成中药材种植基地45万亩,培育医药企业326家,形成了药地、药企、药市、药会全面开花,生产、加工、销售、科研融合发展的中医药产业集群,成为全省农业产业化的闪亮名片。随着经济的发展,绿色生态农业也成为发展趋势。2016年农业部将江西列为"全国绿色有机农产品示范基地试

享誉全国的农产品品牌——赣南脐橙（选自《赣州年鉴2020》）

点省",绿色生态农业行动不断在全省推进。至2020年底，江西共有"两品一标"产品3482个，其中绿色食品1064个，有机农产品2317个，农产品地理标志101个，绿色（有机）农产品基地54个、面积58.32万公顷，省级绿色有机农产品示范县46个。赣南脐橙、南丰蜜橘、高安大米、庐山云雾茶等已经成为享誉全国的农产品品牌。

2. 工业经济稳步前行

中华人民共和国成立70多年来，在江西省委、省政府的领导下，江西工业从无到有，逐渐发展，1978年实行改革开放后更是一路高歌猛进，取得了令人瞩目的成就。

1949年全省工业生产总值仅2.64亿元，现代工业几乎为零。1978年党的十一届三中全会后，党和国家的工作重点转移到以经济建设为中心的社会主义现代化建设上来，江西进入新的发展阶段。此后至1991年，省内企业活力得以激发，企业参与市场竞争的能力也得到极大提升，商品市场有了较大发展，集体、个私经济得到迅速发展。

1992年以后，全省大力推动国有企业建立现代企业制度，着力调整国有经济布局，非公有制经济实现较快发展。2001年8月，江西省委十届十三次全体（扩大）会议在井冈山召开，会议明确提出坚定不移地实施以工业化为核心的发展战略。2001年12月召开的江西省第十一次党代会提出"以工业化为核心，以大开放为主战略"，全省工业进入新的发展阶段。2006年全省规模以上工业增加值首次突破千亿元。党的十八大以来，全省坚持实施工业强省战略，工业发展进入了快车道。2012年至2015年，全省规模以上工业增加值连续跨越4000亿元、5000亿元、6000亿元和7000亿元大关。2010年全省规模以上工业企业主营业务收入突破1万亿元，2012年突破2万亿元，2014年突破3万亿元。2020年，全省规模以上工业企业实现营业收入37909.2亿元，约为1949年的1.4万倍。

中华人民共和国成立70多年来，全省工业产业结构不断优化。2009年，江西在全国率先发布第一个省级战略性新兴产业发展规划，全省战略性新兴产业兴起，航空、电子信息、新能源、新材料等优势产业发展迅速。2012年以后，新兴产业加速发展。2018年，全省物联网产业规模突破500亿元。2020年，全省战略性新兴产业、高新技术产业、装备制造业增加值占规模以上工业比重分别为22.1%、38.2%、28.5%，工业结构进一步优化。同时开展5G应用试点项目442个，其中"5G+VR"项目40个，"5G+工业互联网"项目107个，创建省级数字经济创新发展试验区4个、试验基地5个。

江西还根据本省实际，发展了一批在全国有影响力的特色产

江铜集团铜箔生产车间 （江铜集团党委宣传部 提供）

业、优势产业。其中铜产业居全国第一，稀土永磁材料产业居全国第二，钨采选和冶炼产能均占全国一半以上，电子信息产业的触控屏出货量占全国 40% 以上。江西还是国内唯一一个具有固定翼和螺旋翼飞机制造能力的省份。

在 70 多年的发展中，全省工业培育了江铜集团、洪都集团、晶能光电、江铃集团等一批著名企业，它们的产品已经成为闪亮的"江西制造"名片。其中，2012 年 12 月 19 日，晶能光电（江西）有限公司"硅衬底氮化镓基 LED 材料及大功率芯片技术"项目被评为 2012 年第十二届信息产业重大技术发明，改变了发达国家垄断 LED 核心技术的局面。2013 年 7 月 8 日，江铜集团入围 2013 年《财富》世界 500 强，结束了世界 500 强无江西本土企业的历史。2009 年 5 月 26 日，洪都集团与中国商飞公司签署了承接国产大飞机前机身和中后机身两个工作包的理解备忘录，成为国产大飞机机体主供应商。2018 年 10 月 27 日，国产大飞机 C919、ARJ21

二、革故鼎新谋发展

"南昌制造"助力国产大飞机 C919 翱翔蓝天 （洪子波 摄）

飞机联合转场南昌瑶湖机场试飞成功。此后，C919 全面开启在瑶湖机场的试飞科目，南昌由此成为国产大飞机的核心试飞基地，江西已经建成从研发、设计、制造、试飞到适航取证全覆盖的较为完整的航空产业体系。

3. 服务业发展势头强劲

中华人民共和国成立初期，全省经济以农业经济为主，产业结构不合理。1978 年实行改革开放以后，全省产业结构逐渐优化，服务业在国民经济中的地位和贡献不断凸显，成为拉动全省经济增长的新动力。

1952 年全省服务业总产值为 4.01 亿元，不足当年全省农业总产值的三分之一。1978 年，全省服务业经济总量达到 17.74 亿元。1978 年后，全省服务业规模不断增长。2015 年，全省服务业增加值突破 6000 亿元，达到 6463.5 亿元。2018 年，全省服务业增加值突破 9000 亿元。2020 年，全省服务业总产值达 12365.08 亿元，为 1949 年的 3083 倍。

服务业的发展，带动了就业、投资和税收的发展，全省服务业已经成为吸纳就业人员、劳动力转移、维护社会稳定的重要行业。2020 年，全省服务业就业人员达到 1042 万人，实现税收收入 1826.2 亿元。

在 70 多年的发展中，全省服务业不仅实现了经济总量的跨越式发展，质量和水平也实现了整体提升。党的十八大以来，全省的新兴服务业快速发展，特别是物流、电子商务等新兴产业蓬勃发展。2020 年，全省网络零售额达 1582.45 亿元，列全国第 14 位。金融、旅游等传统服务产业也实现了提质提速，2015 年，全省旅游接待人数达到 3.86 亿人次，旅游总收入突破 3600 亿元。2019 年，省内旅游总收入 9656.38 亿元。虽然受新冠肺炎疫情影响，2020 年江西旅游产业整体回落，但旅游总收入仍达 5422.7 亿元。"红色旅游""绿色旅游"的品牌效应充分证明了"江西风景独好"。

中华人民共和国成立 70 多年来，省内的公路、铁路、航空、水运等传统支柱型服务业一直稳健运行，为整个江西的经济发展提供了服务支撑。

公路方面：1949 年中华人民共和国成立时，全省公路通车里程 4379 千米。1978 年以后，全省公路建设速度加快。1989 年 7 月 28 日，南昌至九江二级汽车专用公路开工建设。1996 年 1 月 28 日，江西首条高速公路——昌九高速公路全线建成通车，实现了江西高速公路零的突破。1994 年 2 月，兴建南昌—樟树—吉安—赣州—赣粤边境高速公路，全长 580 千米，打通了贯穿江西南北的运输大动脉。2002 年 12 月 28 日，国家重点工程上海至瑞丽国道主干线江西玉山梨园至进贤温家圳高速公路建成通车,与浙江省衢州至窑里高速公路相连,对促进赣浙两省的经济合作起到了重要作用。2003年9月22日,梨温高速与浙江杭金衢高速实现对接,打通了江西第一个出省高速通道。2012年12月31日,赣崇等5条高速公路建成通车,标志着江西省"三纵四横"高速公路主骨架全面建成,全省高速公路通车里程至此突破4000千米,并在全国率先基本建成国家高速公路"7918"网。2014年12月26日,万载至宜春等5条高速公路建成通车,全省县县通高速公路目标实现。2020年,全省公路运营里程达21.06万千米,其中高速公路通车里程6234.1千米,普通国道通车里程7697千米,普通省道通车里程1.09万千米,农村公路总里程18.58万千米。

铁路方面:1949年江西境内有浙赣铁路和南浔铁路,运营里程729.4千米。此后至20世纪80年代陆续建成鹰厦线、皖赣线、武九线(大沙段),1990年末全省铁路运营里程为1642千米。1996年9月,京九铁路全线开通运营。2014年9月16日,江西首条设计时速350千米的高铁——沪昆高铁南昌至长沙段正式开通,江西迈入高铁时代。12月10日,南昌至杭州段通车运营,江西正式纳入全国"四横四纵"高铁网。2015年11月24日,省内开出从南昌横岗站首发的第一列赣欧国际货运班列(南昌—鹿特丹)。2015年12月26日,赣州—瑞金—龙岩铁路开通运营,赣南结束没有动车开行的历史。2020年全省铁路运营里程达4941千米。

航空方面:1999年9月10日,昌北机场正式启用。2003年,昌北机场对外籍飞机开放。2017年昌北国际机场晋升为年旅客吞吐量超千万人次的枢纽机场,同时也是全省首个、全国第31个千万级机场。2017年5月28日,上饶市三清山机场正式通航。江西形成以昌北国际机场为中心，包括赣州黄金机场、吉安井冈山机场、九江庐山机场、景德镇罗家机场、宜春明月山机场、上饶三清山机场，覆盖全省的"一主一次五支"民用运输机场格局。

水运方面：2020年全省拥有港口11个，港区63个。通航里程5716千米，其中Ⅰ级航道156千米，Ⅱ级航道175千米。

4. 园区建设助推江西经济腾飞

江西的工业园区建设起步晚，但发展较快。1991年3月，江西第一个开发区——南昌高新技术产业开发区设立，拉开了省内开发区建设的序幕。1992年12月，经国务院批准，南昌高新技术产业开发区晋升为国家级开发区。2019年8月29日，国务院批复同意南昌、新余、景德镇、鹰潭、抚州、吉安、赣州高新技术产业开发区建设国家自主创新示范区。经过多年持续发展，至2020年，全省有103个省级以上开发区，其中19个国家级开发区、84个省级开发区，数量居中部地区前列。2020年，全省工业园区营业收入突破3.2万亿元，占规模以上工业比重超80%，其中营业收入过3000亿园区1个（南昌高新技术产业开发区2020年营业总收入5090亿元），过1000亿园区6个，过500亿园区21个，过300亿园区32个。工业园区吸引了全省79.41%的外来投资，聚集了约90%的已投产工业企业，贡献了超过80%的工业税收。

随着全省工业的发展进步，工业园区建设已经逐渐成为推进全省产业集群发展和工业转型升级、高质量跨越式发展的重要方式，成为加快全省建设现代产业体系，促进产业迈向中高端的重要战略举措，也成为全省龙头企业培育的强化手段和加快建设公共服务平台的有力推手。

（三）科学谋划：对外开放成绩斐然

实行对外开放是中国发展的必然选择。1978年后，党的对外开放政策不断发展完善，改革开放的步伐越迈越大，江西对外开放的大门也越开越大。尤其是党的十八大之后，在党的带领下，江西积极推动更大范围、更宽领域、更深层次的对外开放，向世界展示了开放包容的精神风貌。

1. 不断打开对外开放大门

（1）"南门北港"的开放布局

1978年6月，景德镇获批正式对外开放，标志着江西对外开放揭开了新篇章。1978年后，全省对外开放的步伐逐渐加快。1980年4月，九江港经国务院批准正式成为国家一类对外贸易港口，江西开始有了自己的出海港口。1985年2月，江西省委、省政府明确提出了"对内更大胆地搞活，对外更大胆地开放"和"经济发展速度略高于全国平均水平"（简称"两个更大胆""一个略高于"）的战略思想，为江西进一步开放奠定了基调。1985年12月，江西提出了充分发挥九江港在对外开放中的作用，同时给予赣州地区更多经济发展自主权的决定，并在1988年4月宣布江西从南北两头进一步打开对外开放的大门，"南门北港"的开放布局正式出台。1992年6月28日，九江港正式对外国籍船舶开放。2014年1月，国务院批复设立赣州综合保税区，继续开放江西南北大门。

（2）建设昌九工业走廊

1992年2月，江西省委、省政府作出了建设昌九工业走廊的

2010年9月20日，中部地区首条城际高铁——昌九城际高铁正式开通运营 （梁振堂 摄）

重大战略举措。1996年京九铁路建成，进一步延伸了江西对外经济的范围，为江西加强对外经济协作创造了有利条件。2005年，中部六省迎来中部崛起的重大机遇，中部六省相继提出建设城市群及产业带，昌九工业走廊再一次被推到了发展的前沿。2008年，江西提出"昌九一体化"，南昌、九江经济全面融合发展。2010年，共青城市成立，和德安、永修共同作为"昌九一体化"重点发展的支点城市。2013年开始，南昌、九江的经济、交通、社会、教育、通信等全面融合。2014年，昌九大道开始建设，昌九一体化进程加快。

（3）深度融入长三角经济带

2001年8月14日，江西省委印发《中共江西省委关于进一步解放思想加快经济发展的若干意见》，提出以推进工业化为战略核心，以大开放为主战略，建设"三个基地、一个后花园"等加快

二、革故鼎新谋发展

经济发展的大致思路。2003年江西省委十一届四次全体会议召开,作出"对接长珠闽,融入全球化"的重大决策,要求抓好与沿海发达地区对接与互动。2012年以后,江西充分发挥"沿海腹地、内地前沿"的区位优势,着力打造南昌、赣州、九江、上饶四大开放门户,推动形成内外并举、全域统筹、量质双高的全面开放新格局。积极推动大南昌都市圈与武汉城市圈、长株潭城市群的交通联网。主动融入粤港澳大湾区,依托赣南承接产业转移,建设配套大湾区产业集群的重要基地和延伸带。2020年10月29日,赣浙边际合作(衢饶)示范区首批重大项目集中开工活动在玉山县举行。示范区总规划面积20平方千米,开工重大项目共15个,总投资80.02亿元;基础设施项目8个,总投资25.52亿元,成为全国跨省边际合作典范。

(4)积极参与"一带一路"建设

党的十八大以来,全省继续推动对外开放走深走实。2015年5月,江西省政府印发《江西省参与丝绸之路经济带与21世纪海上丝绸之路建设实施方案》,明确了三大走向:向西北,经新疆、内蒙古边境口岸,连接中亚、俄罗斯,通达中东欧、欧盟;向西南,经云南、广西边境口岸,通达越南、老挝、泰

2017年6月1日,江西对接"一带一路"首趟中欧双向班列启动仪式在赣州港举行 (郭芷汇 摄)

国、印度等东盟及南亚国家；向东南，经上海、宁波、厦门、深圳等沿海港口，连接海上丝绸之路，通达东盟、南亚，并延伸至南太平洋、非洲、欧洲国家。强调江西将从通道、产业、经贸、交流、平台等方面，全面参与"一带一路"建设。2020年，全省在"一带一路"沿线国家承包工程新签合同额12.71亿美元，营业额11.9亿美元。

（5）内陆开放高地的建设

在江西省委、省政府的领导下，江西人民在对外开放的道路上勇于探索，江西开放的通道越来越畅通。2016年6月，国务院批复同意设立江西赣江新区，赣江新区是中部地区第2个、全国第18个国家级新区。江西的对外开放平台建设取得重大成果。2018年7月召开的江西省委十四届六次全体（扩大）会议提出，"开放提升"是江西发展的关键一招，继续强调对外开放的重要性。2020年4月6日，国务院批复同意设立江西内陆开放型经济试验区（简称江西试验区），这是继宁夏、贵州之后，国务院批准设立的第3个内陆开放型经济试验区。4月25日，国家发改委印发《江西内

夜色下，赣江新区生产繁忙（刘远庆 摄）

陆开放型经济试验区建设总体方案》。5月6日,江西内陆开放型经济试验区建设动员大会召开,会议提出深入实施"一圈引领、两轴驱动、三区协同"的区域发展战略,有力拓展、提升了江西对外开放格局。至2020年,江西已经形成了向东、向南对接21世纪海上丝绸之路沿线国家和地区,面向东南亚、南亚、非洲和欧洲的海上开放通道。在陆港建设上,向北、向西对接中蒙俄经济走廊、新亚欧大陆桥、中国—中亚—西亚经济走廊和中国—中南半岛经济走廊。向南、向东对接粤港澳大湾区、长三角和海西经济区,向西对接长株潭和成渝双城经济圈,向北对接京津冀和雄安新区。

2. 持续进行对外经济活动

（1）开放型经济总量增长

1949年至1965年,对外贸易由国家集中统一领导和管理,江西仅有钨砂出口权。1951年开始有权对港澳直销鲜活商品。1963年开始有权直接对外出口鲜活商品。除此以外,省内国营贸易机构按照国家计划组织收购出口货源,调拨给武汉、上海、广州、天津等口岸外贸公司。1950年全省出口收购额为2000万元。1957年为1.26亿元,1965年为1.7亿元。20世纪50至70年代,江西进口商品依靠国家分配调拨,其中20世纪50年代年均进口量约300万美元,20世纪60至70年代年均进口量约900万美元。

改革开放之初,全省开放型经济总量处于较低水平。1978年,全省商品出口额5088万美元,进口额1969万美元。1988年,随着省内"南门北港"布局形成,全省开放型经济逐步发展,1990年全省商品出口额56147万美元,进口额6971万美元,实际利用外资5141万美元。2001年随着中国加入世界贸易组织,江西积极参与全球贸易。2005年,全省货物贸易进出口总值首次突破40亿美元。2012年党的十八大召开以后,省内开放型经济总量不断创造历史纪录,2014年全省货物进出口贸易总值427.3亿美元,2020年达578.2亿美元。

(2)外资利用成效显著

中华人民共和国成立初期,全省利用外资方面,仅利用苏联贷款兴建了洪都机械厂和赣南钨矿等重点项目。其后因多种因素影响,江西停止了利用外资工作。1978年实行改革开放后,省内利用外资工作得以恢复,但规模较小,一年在3000万美元左右,直到1990年全省实际利用外资才突破5000万美元。此后利用外资规模开始突飞猛进,1995年实际利用外资已达到45356万美元。2001年以后,利用外资规模持续增长,在2003年至2007年间,更是创造了连续5年中部六省实际利用外资金额第一名的好成绩。2012年党的十八大召开以后,全省外资利用规模保持稳定、持续增长,2013年全省外商直接投资使用金额突破70亿美元,2014年突破80亿美元,2020年达146.02亿美元。江西这片红土地已经成为外商投资的热土。

(3)对外贸易质量提升

1949年至1978年,全省外贸基础薄弱,发展较缓慢,全省对外贸易质量不高,规模也较小。1978年,全省直接、自营商品出口值仅0.51亿美元,无自营进口业务。1978年以后,全省外贸业务开始快速发展。2012年党的十八大召开以后更是突飞猛进。

改革开放初期,外商投资主要集中在电子、轻工业、餐饮业等初级加工企业,主要出口商品也是品类比较单一的初级产品。1992年后,外商投资领域向先进制造业、服务业扩展,对高速公

二、革故鼎新谋发展

路、桥梁、水利、电力、通信、能源等基础设施和新兴产业的投资取得突破。2011年以后,外商投资准入放宽,省内工业结构和产业结构优化升级,带动了外商投资领域向机电产品、高新技术产品等高附加值领域扩展,汽车制造业、外资融租赁等行业逐渐成为投资热点。2012年以后,外商投资领域进一步向高端产业升级。2020年,先进制造业、现代服务业利用外资占比分别达到57%、33.5%。其中重点发展的航空、电子信息、装备制造、中医药、新能源、新材料等优势产业,引进省外资金项目936个,实际进资2693.55亿元,占全省的30.8%。全省的出口产品也由初级产品到机电产品、高新技术产品,产品附加值明显提升。

随着投资领域的优化,外贸企业也逐渐发展壮大。至2020年,江西累计引进外商投资企业2万余家,其中世界500强企业133家。到2020年江西有实际业绩外贸企业5386家,同时江西企业在107个国家和地区设立785家境外企业。2020年8月,美国《工程新闻纪录》(ENR)发布"全球最大250家国际承包商"榜单,中国江西国际经济技术合作有限公司、江西中煤建设集团有限公司、江西省水利水电建设有限公司、中鼎国际工程有限责任公司、江联重工集团股份有限公司和江西省建工集团有限责任公司6家上榜。

1949年至20世纪50年代,江西进口物资主要来自苏联和东欧国家,随后转向日本和中国香港市场。1978年江西仅与10多个国家和地区有贸易往来,其后全省积极开拓对外贸易市场,构建面向美、欧、日、韩等发达经济体和俄罗斯、中亚、中东欧、非洲、东南亚等新兴市场的开放体系,贸易伙伴越来越多。2018年,与江西有贸易往来的国家和地区达到了223个。2020年,江西与

227 个国家和地区建立了贸易联系，东盟、美国、欧盟成为主要贸易对象。

（四）做大做强：财政收入稳步增长

财政收入是实现国家职能的直接财力保证，也是财政支出的前提条件。离开了财政收入，发展建设便是无源之水、无本之木，共同富裕的理想也只是空中楼阁。中华人民共和国成立70多年来，江西财政收入在规模增长的同时实现了质量效益的优化提升。

1. 财政收入规模不断增长

1949年至2020年的70多年间，江西财政紧跟经济发展步伐，在深化改革、培植财源、推进财政现代化建设方面取得了长足进步，实现了财政状况改善、财政收入提高的"双丰收"。江西财政的"蛋糕"越做越大。

中华人民共和国成立初期，全省财政收入较少，1950年全省财政收入1.17亿元，1952年全省财政收入2.29亿元，此后财政收入开始小幅度增长，其中，1953年至1957年全省财政收入合计14.74亿元。1978年以后，全省财政收入开始稳步增长，1978年全省财政收入12.22亿元，1980年至1990年，全省财政收入由12.47亿元增加到40.62亿元。1991年至2010年期间，全省财政收入实现跨越式发展，1991年全省财政收入为44.81亿元，1995年为105.2亿元。2000年至2010年间，全省财政收入不断刷新纪录，2001年迈上200亿元台阶，2006年超过500亿元，2010年突破千亿元大关，达1226.24亿元。

2012年党的十八大以来，全省的财政收入实现了大飞跃，2012年全省财政收入首次突破2000亿元，达2046.15亿元，其后每年跃上一个新台阶，2015年全省财政收入突破3000亿元，达3021.83亿元，2020年全省财政收入达4048.36亿元，为全省经济社会实现跨越式发展奠定了坚实基础。

1949年至2010年，全省地方财政增长势头强劲，发展成就令人瞩目。到2010年，南昌、赣州、九江、上饶、宜春5个设区市财政收入迈上百亿元台阶；所有县（市、区）财政收入均超过2亿元，其中，超5亿元的69个，超10亿元的22个，超20亿元的4个。2012年党的十八大召开以后，省内各设区市、县（市、区）纷纷发挥自身的资源优势、区位优势和产业优势，做大做强地方经济，地方经济进入了一个全面提速的新阶段。2020年，全省各设区市的财政收入均有较大增长，其中南昌市经济体量最大，财政收入最高，达到912.01亿元。九江市、赣州市位居第二和第三，财政收入分别为545.29亿元、491.03亿元。宜春市、上饶市、吉安市、抚州市财政收入均超200亿元。2020年，全省共产生44个财政收入超10亿元的县（市），约占全省县（市）总数的62%，其中南昌县、丰城市、樟树市、乐平市、高安市5个县（市）财政收入均超30亿元，南昌县财政收入达76亿元，表现亮眼。

2. 质量效益实现优化提升

中华人民共和国成立70多年来，尤其是改革开放以来，全省财政实力不断壮大的同时，财政收入结构和质量效益不断得到优化提升。1978年至1993年，伴随涉外税收制度的建立，国有企业利改税，税收体系初步得到完善，全省各项税收由1978年的8.28亿元增至1993年的59.5亿元，税收占全省财政收入的比重从67.8%提高到90.6%，逐步显现了税收的经济杠杆作用。

1994年，江西与全国一道开始进行工商税制改革，建立了以增值税、营业税、消费税、所得税为主，其他税种为补的税制体系。这一税制理顺了分配关系，促进了税收收入的增长，2017年江西省税收收入达1515.01亿元。

2018年5月，全国开始实施增值税三项改革，降低增值税税率，将增值税小规模纳税人标准统一调整为年应征增值税销售额500万元及以下。自2018年10月1日起，实施个人所得税第一步改革，提高个人所得税基本减除标准，调整整合所得税率结构，扩大个体工商户经营所得级距。

这一系列政策的出台，促进了全省税收结构的优化。2020年全省税收收入1701.91亿元，其中增值税收入766.4亿元，企业所得税收入232.53亿元，个人所得税收入62.83亿元。全省税收呈现出增值税增长迅速、企业所得税节节攀升、个人所得税稳定增长的良好局面。江西财政收入完成了从单纯依靠企业上缴利润到财政收入多渠道、多层次的转变。

（五）收入增长：居民消费日益提升

中华人民共和国成立70多年来，江西人民在江西省委、省政府的领导下，艰苦奋斗、改革创新、锐意进取，不断朝着共同富裕的目标迈进。城乡居民的收入不断增加，消费不断升级，生活

二、革故鼎新谋发展

水平得到了极大提高。

1. 城乡居民收入不断增长

中华人民共和国成立之初,百废待兴,全省城乡居民生活水平很低,基本在温饱线上挣扎。随着国民经济的发展和综合国力不断增强,全省城乡居民收入也不断迈上新台阶,商品市场也日渐繁荣,呈现出欣欣向荣的局面。中华人民共和国成立70多年来,江西人民实现了从贫困到温饱,再由温饱到全面小康的历史性飞跃。

1949年全省全民所有制职工年平均工资338元,此后至1977年全省职工年平均工资增长缓慢,1977年全省职工年平均工资533元,28年间平均每年增长6.96元。1978年党的十一届三中全会以后,全省职工年平均工资快速增长,1979年突破600元,1980年突破700元,1986年突破1000元。随着工资的增长,全省城镇居民人均可支配收入也不断增长,1978年全省城镇居民人均可支配收入为305元,1990年达1188元,2000年达5116元,2010年达15656元。2012年党的十八大召开以后,随着全省强民、惠民、富民政策的不断完善,全省城镇居民人均收入明显提升,居民收入与经济增长基本同步。2012年全省城镇居民人均可支配收入首次突破20000元,达20085元,此后每年跃上新台阶,2017年突破30000元,达31198元,2020年达38556元。

农村居民收入也随着经济的发展快速增长。1949年至1978年,全省农民收入较低,1978年全省农民人均可支配收入为141元。随着改革开放的持续推进,全省农民的人均可支配收入也持续上涨,尤其是1985年10月,江西省政府发出《关于加快发展农民户办和联户办企业若干问题的暂行规定》，允许农民自理口粮到集镇摆摊设点，进城开店、办厂，兴办商业、运输业，此后全省农民人均可支配收入随着经济的增长而不断上升。1990年全省农民人均可支配收入达670元。2012年党的十八大召开以后，随着农业产业化经营水平不断提升，绿色农业、生态农业的加速推动，农民增收的渠道不断增加，全省农民人均可支配收入更是实现了步步跨越，2012年突破8000元，2013年突破9000元，2014年突破10000元，2015年突破11000元，2016年突破12000元，2017年突破13000元，2018年突破14000元，2019年突破15000元，2020年突破16000元，达到了16981元。2012年以来，每年以超过1000元的幅度增长。

2. 居民消费日益提升

中华人民共和国成立70多年来，全省居民的收入取得了飞跃发展，与此相适应的是，城乡居民的消费能力与消费结构也发生了巨大的变化。中华人民共和国成立之初，全省的消费品市场规模很小，1949年全省社会消费品零售总额为3.8亿元，其后增长较缓，至1956年才突破10亿元，达到10.97亿元。1978年以后，随着经济的发展和居民收入的提高，消费品零售总额有了较快增长。1990年全省消费品零售总额已达到151.95亿元，2000年达到704.87亿元，2010年增至3361.92亿元。2012年以后，全省社会消费品零售总额增长势头强劲，2013年突破5000亿元，2014年突破6000亿元，2016年突破7000亿元，2017年突破8000亿元，2018年突破9000亿元，2019年突破10000亿元，2020年达到10371.8亿元。

消费总量增长的同时，省内的商品市场也在不断发展升级。

二、革故鼎新谋发展

中华人民共和国成立之初,省内商品市场较少,一直到1978年实行改革开放前,省内商品市场主要是百货商场、供销合作社,另外还有一些集市贸易。改革开放后,商业经营模式逐渐变化,消费品市场日趋多元化,大型超市、专卖店、仓储市场、厂家直销中心、商业综合体等市场经营业态逐渐发展起来。随着互联网技术的成熟,电子商务成为新的经营业态。2020年,全省网络零售监测企业4.29万家,监测店铺52.22万家。有淘宝镇54个、淘宝村34个,总量在全国排名分别为第9、第11。

70多年来,省内居民消费结构也在升级。中华人民共和国成立初期至20世纪70年代,居民消费商品以日用必需品为主。20世纪80年代以自行车、手表、缝纫机等工业产品为主。20世纪90年代至21世纪初,以电视机、冰箱、洗衣机等家用电器为主。21世纪开始,全省居民消费商品以住房、汽车、教育、旅游等发展型、享受型商品为主。据统计,2020年全省民用轿车保有量377.6万辆,其中私人轿车363.5万辆。

三、赣风鄱韵勇争辉

全面建成小康社会,核心在于"全面"。大力推进文化小康建设,让人民群众享有更优质的精神文化生活,是全面小康的应有之义。江西文化小康建设,以社会主义先进文化为引领,始终坚持文化为民、文化惠民,挖掘文化基因,繁荣文化事业,提供丰富多样的文化产品,满足人民群众日益增长的精神文化需求,为全面建成

在赣江两岸灯光衬托之下,滕王阁巍然耸立,气势恢宏 (杨继红 摄)

小康社会筑牢文化根基，凝聚起全面建成小康社会的精神力量。

赣鄱大地历史文化悠久、底蕴厚重，红色资源丰富，具有坚实的文化基础。江西人民历史上深受农耕文明与儒家文化影响，抱素怀朴、敦风厉俗。风云变幻，回望峥嵘岁月，在反抗外来侵略、维护国家主权和民族尊严的斗争中，一代代革命先烈、一辈辈英雄人民，铸就了跨越时空、永不过时的井冈山精神、苏区精神、长征精神。中华人民共和国成立之初，满目疮痍的赣鄱大地激荡着人民群众建设美好家园、创造幸福生活的雄心壮志和深切期望。在现代化建设过程中，从"一穷二白"到"全面小康"，深耕细作、勤勉笃行的江西人民不仅仅满足于仓廪实、衣食足，更追求知礼节、明荣辱，在享受经济高速发展带来的丰富的物质生活的同时，不断追求文化滋养、陶冶情操。为满足广大人民群众对更美好生活的需求，全省花大力气持续推进公共文化服务多样化、均等化，建设免费或低价开放的覆盖城乡的公共文化服务设施，弘扬革命文化、江西特色文化，推动文化事业和文化产业发展，创作出一批批以人民为中心的优秀文艺作品，打造了发展迅猛、满足个性化需求的动漫、新媒体、数字出版等文化新业态。物华天宝、人杰地灵的赣鄱大地凝聚起昂扬向上、团结奋进、"作示范、勇争先"的精气神，爱国爱家、相亲相爱、向上向善、共建共享的文明新风焕发出时代新气象。

（一）价值引导：先进文化凝聚人心

文以载道，文以化人。中华民族向来重视"以文教化"，所谓

"观乎天文,以察时变;观乎人文,以化成天下"。一个国家的主流文化可以反映其人民的精气神和精神特质。中华优秀传统文化、革命文化和社会主义先进文化,积淀着中华民族最深沉的精神追求,共同铸就了新时代中国精神、中国价值、中国力量。先进文化引领前进方向,凝聚起全体人民团结一心、奋勇向前的强大精神力量。

1. 意识形态阵地日益巩固

意识形态关乎旗帜、关乎道路、关乎国家政治安全,必须把意识形态工作的领导权、管理权、话语权牢牢掌握在手中。中华人民共和国成立之初,刚刚获得新生的江西,社会很不安定,阶级斗争形势异常复杂。江西的意识形态工作主要是与反动势力作斗争,警惕资产阶级糖衣炮弹的攻击,开展有步骤、大规模的思想教育运动,发动和依靠群众,彻底改变工人和农民的思想认识,启迪最广大人民群众的智慧,巩固社会主义根基。改革开放后,党的工作重心转移到经济建设上来,全球化浪潮带来一系列不良思潮,意识形态工作面临更大、更直接的挑战。江西贯彻落实"一手抓物质文明,一手抓精神文明,两手抓、两手都要硬"的方针,着力于社会主义先进文化建设,构建社会主义核心价值体系。党的十八大以来,江西始终坚持马克思主义在意识形态领域的指导地位,把坚定"四个自信"作为建设社会主义意识形态的关键,持续深化习近平新时代中国特色社会主义思想宣传。2017年10月24日,党的十九大胜利闭幕,将习近平新时代中国特色社会主义思想确立为党必须长期坚持的指导思想,树立了新时代中国共产党人的思想旗帜。全省宣传思想文化战线紧紧围绕学习宣传贯彻党的十九大和十九届历次全会精神，开展形式多样的精神宣讲。2019年11月21日，中共中央对外联络部和江西省委共同举办的"中国共产党的故事——习近平新时代中国特色社会主义思想在江西的实践"专题宣介会在南昌举行。宣介会用江西的生动实践向全世界讲好中国和中国共产党的故事，讲好江西故事，展示江西形象。深入贯彻习近平总书记关于哲学社会科学建设的重要论述，大力推进马克思主义理论研究和建设工程、中国特色社会主义理论体系研究中心、马克思主义学院、报刊网络理论宣传阵地等理论工作"四大平台"建设，实施青年马克思主义者理论研究创新工程，构建了具有江西特色、江西风格、江西气派的哲学社会科学体系。

进入21世纪以后，随着网络和信息技术飞速发展，以互联网、移动互联网为媒介的新媒体传播蓬勃发展，深刻改变着人们的生产生活、思维认知、交往交流方式，网络意识形态领域的斗争比传统领域更加复杂和激烈，意识形态工作面临巨大挑战。习近平总书记深刻指出，互联网已经成为舆论斗争的主战场，在这个战场上，我们能否顶得住、打得赢，直接关系我国意识形态安全和政权安全。江西坚持底线思维，着力提升网络意识形态领域风险防范化解能力，加强网络安全治理。2014年2月28日，江西在全国率先成立省委网络安全和信息化领导小组及其办公室，逐步开展清理网上谣言、打击新闻敲诈和假新闻等系列专项整治行动，使网络空间更加健康清朗，维护风清气正的网络环境。

2. 中国梦和社会主义核心价值观深入人心

全面建成小康社会，不仅仅是物质文明的发展，更是精神文明的提升、人民精神力量的增强。江西向来重视精神文明和公民道德建设，在全省范围坚持开展群众性的社会主义精神文明建设活动，坚持开展以爱国主义、集体主义、社会主义教育为主要内容的思想道德建设，注重家风、社风、民风建设，倡导正确的世界观、人生观和价值观。党的十八大以来，江西持续推进中国梦宣传，培育和践行社会主义核心价值观，中国梦和社会主义核心价值观深入人心。

持续推进中国梦和社会主义核心价值观宣传。2013年5月16日，江西在南昌正式启动中国梦主题宣传教育活动。此活动贯穿全年，分为品读中国梦、感知中国梦、传递中国梦、唱响中国梦、践行中国梦五大系列共27项活动，吸引全省广大群众积极参与、自觉融入实现中国梦的奋斗进程。党的十八大以来，习近平总书记围绕培育和践行社会主义核心价值观作出一系列重要论述。江西把培

国庆前夕，南昌市民来到八一广场巨型花篮前合影留念，庆祝中华人民共和国成立70周年 （梁振堂 摄）

育和践行社会主义核心价值观融入国民教育全过程，开展形式多样的主题实践活动，以公益广告宣传为载体，大力宣传道德模范、"身边好人"，促进立德树人。2018年7月6日，中央深改委第三次会议审议通过《关于建设新时代文明实践中心试点工作的指导意见》。江西高度重视新时代文明实践中心试点建设，全省33个试点县（市、区）建成新时代文明实践中心33个、实践所516个、实践站6899个，实现县乡村三级全覆盖。实践中心创新宣讲形式，用山歌、小品、三句半等形式宣讲党的方针政策、法律法规、文明风尚，用群众语言讲群众关心的事情，将中心建设融入基层党建、乡村振兴、社会治理、文明创建等活动，更好地服务群众、凝聚群众，助推社会主义核心价值观化为群众的思想自觉和行动自觉。

群众性文明创建活动不断提升国民素质和社会文明程度。20世纪80年代初期，江西广泛开展"五讲四美三热爱""全民文明礼貌月"宣传教育活动。20世纪90年代起，开展文明家庭、文明楼院、文明乡镇、文明村、文明集镇等评选活动。2000年以后，广泛开展塑造"江西人新形象"主题教育活动，组织开展思想道德建设"十大道德标兵""十佳创新奖"等评选活动。经过持续的文明创建活动，群众性精神文明程度得到切实提高。天价彩礼作为一种婚嫁陋习，在社会上不断引发广泛讨论。江西各地积极采取措施，加强适婚青年婚育观、家庭观教育引导，遏制高价彩礼、推进移风易俗。2019年8月6日，鹰潭市余江区马鞍岭公园洋溢着喜庆的气氛，由余江区新时代文明实践中心主办的首届"零彩礼"集体婚礼在此举行。32对"零彩礼"新人在大家的共同见证下步入婚姻殿堂，以实际行动抵制天价彩礼，卸下漫漫爱情路上的沉重负担。

2020年,制定出台《江西省关于深入推进移风易俗建设文明乡风的实施意见》,发挥村(居)红白理事会、乡规民约和党员干部及乡贤能人的示范引领作用,破除婚丧喜庆大操大办、高价彩礼、厚葬薄养等陈规陋习。截至 2020 年底,全省村规民约覆盖率达 98%,文明之风吹遍赣鄱大地。

模范榜样引领促进公民道德水平大幅提升。2013 年 9 月 26 日,习近平总书记在会见第四届全国道德模范及提名奖获得者时亲自讲述了甘祖昌、龚全珍的故事,并强调:"我向龚全珍同志致以崇高的敬意。我们要把艰苦奋斗精神一代一代传承下去。"开国将军甘祖昌于 1957 年主动辞去新疆军区后勤部部长职务后,带着家人回到阔别已久的家乡——莲花县坊楼镇沿背村。返乡后,他将大部

龚全珍奶奶为小朋友讲革命故事 (李桂东 摄)

分工资用在家乡的建设上,和乡亲们一起劳动,艰苦奋斗、自力更生。他的妻子龚全珍是中华人民共和国成立前西北大学的高才生,在乡村教师的平凡岗位上几十年如一日地工作着。她在教书育人的同时倾力帮助生活困难的群众。"我忘不了老甘临终前留下的话:'下次领工资,再买化肥,送给贫困户。'人民给了我们荣誉,我们没有理由不为群众谋幸福。只要还能动,还能讲,就要为社会做一点事,永不掉队。"龚全珍继承了甘祖昌的遗志,艰苦奋斗、无私奉献、淡泊名利,初心不改、情怀不变、满怀赤诚造福乡里。截至2020年底,江西省有邱娥国、龚全珍等12人荣获"全国道德模范"称号。这些道德模范、"中国好人"、"江西好人"用实际行动向社会传递着道德的无穷力量,"江西好人群体"现象在全国产生广泛影响。2020年,江西省委、省政府印发《江西省新时代公民道德建设实施方案》,通过强化教育引导、实践养成、制度保障,不断提升公民道德素养,促进人的全面进步。全省大力实施弘扬时代新风行动,广泛开展文明交通、文明餐桌、文明旅游、机动车礼让行人、垃圾分类等活动,整治"乱扔垃圾""随地吐痰""不守秩序乱插队"等不文明行为,凝聚社会新风正气。推广志愿服务工作,动员组织更多的社会成员参与志愿服务。截至2020年底,全省注册志愿者有600余万人,全省志愿服务事业生机勃勃。

3. 红色基因赓续红色血脉

江西是一片充满红色记忆的土地。在萍乡,中国共产党第一次独立领导并取得完全胜利的工人罢工——安源路矿工人大罢工,是中国工人运动史上的一次壮举。在南昌,中国共产党领导

瑞金沙洲坝中华苏维埃共和国临时中央政府大礼堂旧址 （选自《江西年鉴2016》）

的"八一南昌起义"打响了武装反抗国民党反动派的第一枪。在井冈山，老一辈无产阶级革命家为中国革命开创了一条"以农村包围城市，武装夺取政权"的光辉道路，铸就了深邃而丰富的井冈山精神。在瑞金，成立了中华苏维埃共和国临时中央政府。在以瑞金为中心的中央苏区革命实践中，共产党人孕育形成的苏区精神和苏区干部好作风，成为中国共产党红色精神谱系中的重要组成部分。江西有名有姓的烈士近26万人，约占全国总数的六分之一；开国将军325名，约占全国总数的20%，江西无疑是中国最红的地区之一。全省共有不可移动革命文物2960处，国有可移动革命文物47270件。丰富的红色资源是历史的见证，是进行爱国主义教育、传承红色基因的重要载体。

2019年5月，习近平总书记在视察江西时指出，要从红色基因中汲取强大的信仰力量。他强调，井冈山精神和苏区精神，承载着中国共产党人的初心和使命，铸就了中国共产党的伟大革命精神。这些伟大革命精神跨越时空、永不过时，是砥砺我们不忘初心、牢记使命的不竭精神动力。全省牢记习近平总书记嘱托，依托丰富的红色资源，弘扬红色文化，赓续红色血脉，不断坚定理想信念，汲取强大信仰力量。广泛开展井冈山精神研讨会、苏区精神研讨会、纪念长征胜利研讨会、方志敏精神研讨会，举办党史人物纪念活动，加大红色文化宣传和阐释力度。开展红色基因进机关、进农村、进社区、进企业、进学校、进家庭"六进"活动。从 2019 年春季学期起，各级各类学校开设红色文化课程，实现红色文化课程全覆盖，红色文化不断走进人民的日常生产生活。大力发展红色旅游，开展红色教育培训，组织学员现场考察，吃红军饭、走挑粮小道、听红军后代讲故事，寓教于游、寓教于乐，加强对党员干部、青少年以及大众的革命传统教育。全国道德模范毛秉华 1968 年调任井冈山革命博物馆馆长，成为"井冈山精神第一宣传员"，由此开启了长达半个世纪的井冈山精神宣讲之旅。2003 年，毛秉华带头成立了"井冈山精神宣讲团"，2014 年扩充为"毛秉华工作室"，成员超过 60 人，组成了一支特别能宣讲的队伍。50 年来，他义务作井冈山精神宣讲报告 1.5 万余场，平均每年讲课 300 次，覆盖听众达 220 万人次。2019 年，江西印发《江西省红色旅游五好讲解员建设行动方案》，强调要着力培养一批红色基因的坚定传承者、红色文化的模范传播者、红色风尚的有力引领者。

全面建成小康社会　江西全景录

（二）惠民育民：文化事业走向繁荣

　　以文化人、成风化俗，是时代所需，更是群众所盼。中华人民共和国刚刚成立时，江西公共文化事业十分落后，文化机构屈指可数。全省仅有24处民众教育馆、5座公共图书馆、6个电影院、19个剧场、20个职业戏剧班社，1300多万江西老表急需春风化雨的文化滋养。随着国民经济的发展和"为人民服务、为社会主义服务"方向的确立以及"百花齐放、百家争鸣"方针的贯彻，江西的文化事业得到了较为全面迅速的发展。20世纪50年代中期，顺利完成对旧文化的改造，社会主义文化建设呈现欣欣向荣、稳步发展的趋势。改革开放以来，尤其是党的十八大以来，江西文化事业以文化惠民为根本出发点，保障人民文化权益，为小康社会赋能，

为纪念中国人民解放军建军90周年，中央电视台"心连心"艺术团在南昌市慰问演出（朱文标　摄）

为美好生活添彩。全省公共文化服务更加便利,精品图书和优秀文艺作品不断呈现,传统文化掀起国风国潮,"诗和远方"触手可及,全民健身蔚然成风,人民群众精神文化生活日益丰富活跃,获得感、幸福感不断提升。

1. 现代化公共文化服务不断完善

1952年,江西省文化事业管理局成立,此后以群众文化建设为主要内容的公共文化服务建设逐步发展起来。省、地(市)两级设群众艺术馆,县(市、区)设文化馆,乡(镇、场、街道办事处)设文化站,村(居)委会设文化室(俱乐部),加上工人文化宫、青少年宫、老干部活动室,纵横交错的群众文化网极大地丰富了人民群众业余文化生活。党的十一届三中全会以后,作为社会公共文化服务体系重要组成部分的公共图书馆、博物馆(纪念馆)建设走上全新发展轨道。党的十八大以来,江西加快文化服务建设,市、县两级基本建有文化馆、图书馆、博物馆,乡镇综合文化站、文化信息资源共享工程、农家书屋基本实现全覆盖。上线"云游江西""博物江西""江西文旅云"等公共文化云平台,人们足不出户就可以畅享文化盛宴。开展"百姓大舞台"公益展演、"服务农民工"文化志愿行等品牌活动,实施送戏下乡、公益电影放映和群众性文化活动等文化惠民工程,公共文化服务的丰富性、便利性、均等性显著增强,基本建成现代化公共文化服务体系,提质升级的公共文化服务成为小康生活不可或缺的一部分。

公共文化服务设施逐步完善。2020年,全省共有公共图书馆114个,总藏书量2857万册。馆舍总建筑面积56.95万平方米,每万人拥有公共图书馆建筑面积120平方米。阅览座席共4.83万个,

由省图书馆、省博物馆、省科技馆组成的江西省文化中心彰显了江西文化新气象（洪子波 摄）

全年总流通人次达1910.33万人次，年书刊文献外借1208.53万册次。全省有博物馆172个，文物藏品64.2万件，以省级博物馆为龙头、市县级博物馆为主体、非国有博物馆为补充的具有地方特色的博物馆体系加速形成。全省有文化馆120个、美术馆43个、乡镇（街道）文化站1739个、村（社区）综合性文化服务中心20686个，文化馆、公共图书馆覆盖率达100%，乡镇（街道）综合文化站、村（社区）综合性文化服务中心建设实现全覆盖，每万人拥有群众文化设施建筑面积267平方米，主城区和中心镇15分钟、一般村镇20分钟的公共文化服务圈初步建立。由新的省图书馆、省博物馆、省科技馆组成的江西省文化中心，总投资近30亿元，是全省投资最多、规模最大、功能最强、内容最丰富的公共文化设施，能够提供优质丰富的精神食粮，更好地满足群众文化需求。全民健身公共设施不断完善。2020年底，全省体育场地数量

全民健身公共基础设施不断完善。图为吉安市全民健身体育中心 （罗正荣 摄）

合计16.34万个，面积9420.47万平方米，总投资355.78亿元，人均体育场地面积2.08平方米。其中，全民健身路径41494个，面积143.46万平方米；健身步道3255个，长度7044.79千米。全省86%以上的县（市、区）建有全民健身活动中心，城市社区"15分钟健身圈"覆盖率92.24%，行政村农民体育健身工程覆盖率92.64%。

基本公共文化服务标准化、均等化程度提高。1996年起，开展文化、科技、卫生"三下乡"活动，旨在提高农民收入、丰富农民精神生活。实施广播电视户户通工程、农村电影放映工程、农家书屋工程等文化惠民工程，促进基本公共文化服务标准化、均等化，保障人民群众基本文化权益。2017年至2020年，省级财政每年安排30亿元专项资金推进新农村建设，并把乡村文化设施建设列为新农村建设的重要内容，新建（改扩建）综合公共服务平台

0.68万个、农家书屋0.71万个、文体活动场所1.83万个。通过文化下乡扶贫,政府出资、乡镇搭台、农村看戏,推出具有江西特色的"三项活动",即由上级政府安排演出团体在农村进行文

农家书屋涵养乡村文明 (江西画报社 提供)

艺演出、组织电影公司到农村放映电影、乡镇政府部门鼓励农民依托农村公共文化资源开展多种文体活动,进一步满足农民群众的文化生活需求。广泛开展"情暖赣鄱"惠民观影、"书香赣鄱"全民阅读、"乡村阅读"、"脱贫不忘颂党恩 红色经典进万村"重大主题展映、"万名文艺家下基层"等活动,极大地便利和丰富了基层群众文化生活。

2. 新闻出版和广播影视成就斐然

江西的新闻出版和广播电视电影事业,从中华人民共和国成立时的新生到改革开放以后的探索发展,再到21世纪的全面繁荣,围绕信息传播和价值引导,注重内容建设和弘扬主旋律,不断发展壮大。

新闻出版健康发展。1949年6月7日,江西省委机关报《江西日报》创刊,新华社江西分社成立,此后县报、企业报和专业报陆续出现。1951年,组建江西人民通俗出版社,后更名为江西人

民出版社。20世纪80年代以来相继成立江西教育出版社、江西科学技术出版社、江西少年儿童出版社（后更名为二十一世纪出版社）、百花洲文艺出版社、江西美术出版社、江西高校出版社、江西音像出版社等，涌现出《江西社会科学》《农村百事通》等一大批优秀的期刊，江西的新闻出版事业走上新的发展阶段。1990年底，全省有报纸28种，年度总印数5.89亿份；期刊141种，年度总印数2714万册；出版图书1264种，年度总印数1.92亿册。2020年，全省有报纸65种，发行7.44亿份；出版各类期刊165种，发行0.7亿份；全省8家出版社出版图书、音像、电子出版物1.34万种。江西新闻出版坚持以满足人民日益增长的文化需求为出发点，实现量质齐飞。1991年至2020年，江西获国家出版"三大奖"、入选"中国好书"图书近90部。其中，《中国母亲》《画说〈资本论〉》《千古一梦——中国人第一次离开地球的故事》《瓷上中国——China与两个china》等16种图书荣获中宣部精神文明建设"五个一工程"图书奖（不含入选作品奖），获奖数量居全国第五位。"十三五"期间，先后有1800多种优秀出版物获得国家级、省部级荣誉及入选国家级、省部级重点出版规划等。其中，《跃上云端——中国大飞机研制试飞之路》《中国共产党怎样解决贫困问题》等入选中宣部主题出版重点出版物选题；《井冈山的答卷》《初心的力量》《红色家风》等300余种出版物入选全国农家书屋重点出版物推荐目录。

江西省广播事业起步较早，南昌解放后，江西人民广播事业获得新生。按照中共中央关于"发展广播事业"的指示，全省各地以江西人民广播电台为中心，建立起收音站、广播站、转播台、传频台，至1991年初步建成全省中、短波广播，调频广播和有线广播相结合的广播覆盖网。江西电视事业相对于广播事业，起步较晚，江西电视台作为江西第一家电视台直至1970年方建成开播。从1980年起，电视事业发展加速。至1991年，11个地市全部建成地市电视台。相较于电视事业，中华人民共和国成立时江西的电影事业更为薄弱，只有几家破旧的电影院，直到1975年江西才开始独立制片生产。改革开放以后，影视剧创作和发行逐步活跃起来。进入21世纪以后，尤其是党的十八大以来，江西广播电视电影事业加快建设步伐，在现代科学技术发展的推动下，节目制作和播出能力不断提高。2020年，全省共有广播电视台97座，公共广播节目99套，广播节目综合人口覆盖率99.07%。全省有公共电视节目128套，电视剧播出8517部26.85万集，电视节目综合人口覆盖率99.51%。江西有线广播电视用户829.51万户，数字电视节目频道202套，有线广播电视互联网用户50万户，接入能力100Mbps以上，建成通达11个设区市及各个县（市、区）的干线传输网络，乡镇光缆通达率100%。全省有数字影院386家、银幕2161块，电影总票房5.19亿元，观影1514.72万人次。随着广播影视和互联网的发展，文化的传播更为便利，全民随时随地可以享受文化大餐。

3. 优秀传统文化光彩焕发

赣文化源远流长，在中华民族发展史上留下了光辉灿烂的篇章。以陶渊明为代表的文学艺术创作领一代风骚，哲学流派、宗教思想空前活跃，教育事业、书院文化享誉华夏。儒家思想理学化、佛教中国化、道教世俗化，这几大意义深远、铸就中华文明内在品格的重大变革均在江西得以完成。传统赣文化，虽属区域文化系

三、赣风鄱韵勇争辉

2017年9月8日，在外交部江西全球推介活动中，英国驻华大使体验瓷乐的独特魅力 （梁振堂 摄）

统，但博大精深的内涵，使其成为中华民族文化的优秀代表，为中国传统文化的发展、提高、定型作出了重大贡献。"千年瓷都"景德镇，"白如玉、明如镜、薄如纸、声如磬"的制瓷工艺蜚声海内外，是我国陶瓷文化传承创新和对外交流的窗口。宋城赣州，"南抚百越，北望中州"，"江南第一石窟"通天岩，摩崖题刻、龛像琳琅满目。"三千进士冠华夏，文章节义金庐陵"的吉安，孕育了崇文重教、坚守气节、追求卓越的庐陵文化。"才子之乡"临川，文风昌盛，人才辈出，诞生了与莎士比亚比肩的戏剧巨匠汤显祖。中医药资源丰富的樟树，素有"药不到樟树不齐、药不过樟树不灵"之说。

党的十八大以来，习近平总书记多次强调中华优秀传统文化的历史意义及其现代价值，强调要发挥好优秀传统文化的作用，让历史文化和现代生活融为一体。江西深入挖掘临川文化、庐陵文化、陶瓷文化、书院文化、戏曲文化、中医药文化等江西优秀传统文化，实施赣鄱优秀传统文化保护与传承工程，持续开展文化遗产保护工作，注重在保护中传承，在传承中发展，让优秀传统文化成为滋养小康社会的源头活水。传承和发扬中华优秀传统文化，必先做好传统文化资源的挖掘、整理和研究工作。江西赣鄱文化资源挖掘工作起步较早，保护性考古发掘取得了一系列成就，发掘了新干大洋洲商墓青铜文化、以洪州窑和景德镇珠山明清御窑为代表的陶瓷文化、万年仙人洞和吊桶环遗址的稻作文化等。2015年，发掘了中国现存面积最大、保存最好、内涵最丰富的汉代列侯等级墓葬——汉废帝刘贺的墓葬遗址。在惊喜连连的考古发掘面前，传统赣文化研究不断掀起热潮。江西不少高校和科研院所成立赣文化研究机构，研究、弘扬和发展赣文化成为赣文化热的主题。南昌大学成立赣文化研究所，并编辑出版《赣文化研究》。江西师范大学、赣南师范大学、景德镇陶瓷大学等高校也陆续开展江西特色地方历史文化研究，逐渐形成一批各具特色的赣文化研究基地。

陶瓷文化新地标：景德镇御窑博物馆（越峻 摄）

三、赣风鄱韵勇争辉

夏布艺术刺绣是江西刺绣类唯一的国家级"非遗"代表性项目。图为夏布制作前的整经工序（周亮 摄）

江西的文化遗产固态保护主要是对文物、非物质文化遗产（以下简称"非遗"）、历史文化名城等进行保护和维护修缮。江西是文物大省、革命文物强省，"非遗"资源极为丰富。据江西省第三次全国文物普查统计，全省登记在册的不可移动文物总计32829处，其中古遗址1875处、古墓葬1327处、古建筑22022处、石窟寺及石刻358处、近现代重要史迹及代表性建筑7247处，革命旧址和革命纪念地遍布全省。截至2020年，江西有国家级"非遗"代表性项目70项、省级560项，国家级文化生态保护（实验）区3个、国家级"非遗"生产性保护示范基地4个。历年来，江西不断出台文化遗产保护的相关法律法规，加强保护工作。1987年出台《江西省文物保护管理办法》，2006年出台《江西省文物保护条例》，2015年出台《江西省非物质文化遗产条例》，全省文物和"非遗"

保护更加规范化、制度化和法治化。

传承和弘扬优秀传统文化，重在动态传承和创新发展。习近平总书记强调，"让文物说话"，让"丰富馆藏都活起来"。江西持续推进国有博物馆、纪念馆向社会免费开放，吸引更多的参观者走近文物、走进传统文化。江西各博物馆除精心布置基本陈列外，还不断推出专题展览，其中"九派云横——九江历史文化展""惊世大发现——南昌汉代海昏侯国考古成果展""山语——庐山历代石刻陈列""瓷业高峰是此都——景德镇瓷器、瓷业与城市发展史陈列""物华天宝　人杰地灵——江西古代历史文化陈列""红色摇篮——江西革命史陈列"等精品展深受参观者喜爱。除文物展览外，江西还通过举办"非遗"代表性项目展演，开展宣传教育展示活动，增强全社会"非遗"保护意识。组织开展优秀传统文化教育普及活动，越来越多的传统文化正在借助崭新、潮流的载体形式深入校园，走进课堂，点亮小康生活。经典诵读、古礼展演、戏曲鉴

戏曲进校园，弘扬和传承中华优秀传统文化　（江西省文化和旅游厅　提供）

赏、民俗民乐体验、书画歌舞实践，在这些多姿多彩的普及推广浪潮中，学文化、爱文化正悄然成为青年一代的新时尚。

中共中央办公厅、国务院办公厅印发的《关于实施中华优秀传统文化传承发展工程的意见》明确强调："加强党史国史及相关档案编修，做好地方史志编纂工作，巩固中华文明探源成果，正确反映中华民族文明史，推出一批研究成果。"江西是地方志大省，向来重视地方志的编纂。为充分记述江西地域特色、历史文化及社会主义现代化建设的历史进程和辉煌成就，江西共组织编纂两轮省市县三级志书，其中首轮省级志书共88部分志，约6600万字；第二轮《江西省志》共97部分志，近1亿字。

部分已出版的第二轮《江西省志》分志 （江西省地方志研究院 提供）

习近平总书记指出,弘扬中华文化,不仅自己要从中汲取精神力量,而且要积极推动中外文明交流互鉴,讲述好中国故事、传播好中国声音。进入21世纪以来,中华文化进一步向世界展示其博大精深、优美瑰丽,在国际上的亲和力、感召力不断提升。席卷全球的中国文化风潮中,古老的赣文化没有故步自封,而是勇立潮头、走在前列。"十三五"以来,着眼对外开放大局,江西省共组织开展64批次文化交流合作项目,涉及642人次。2018年起,江西省与文旅部合作,在葡萄牙共建里斯本中国文化中心。汤显祖经典剧作《牡丹亭》实体化,以传统建筑的方式落户莎士比亚故乡英国斯特拉福德、柴可夫斯基故乡俄罗斯彼尔姆等城镇,使之成为中华文化在当地的标志性符号。高质量举办景德镇国际陶瓷文化博览会、宜春月亮文化旅游节、龙虎山道教文化旅游节、汤显祖戏剧节暨国际戏剧交流月活动、南昌国际军乐节、世界客属恳亲大会,积极引入国内外重大赛事等大型文化类活动,坚持"引进来"

汤显祖戏剧节暨国际戏剧交流月活动,用戏剧与世界对话 (梁振堂 摄)

与"走出去"相结合,在更大范围、更高层次开展交流合作,传播江西优秀传统文化。

(三)创新提速:文化产业蓬勃发展

大力发展文化产业是满足人民群众多样化精神文化需求、提高人民群众生活品质和幸福感的重要途径。江西的文化产业起步于20世纪80年代文化体制改革,由小到大、从局部到全局,产业结构逐步优化,产业规模快速扩大。2014年,《江西省深化文化体制改革实施方案》出台,伴随着文化体制改革的逐渐深入和文化强省政策的持续推进,全省文化产业综合实力不断增强,行业结构不断完善,市场主体迅速壮大,优势文化产业集群效应日益明显,新兴文化产业迅猛发展。文化产业成为全省经济转型升级、实现跨越式高质量发展的重要引擎,为全面建成小康社会添动能、增活力。

1. 发展态势加速向好

江西文化产业起步较晚,进入21世纪以后,迅速发展壮大,规模持续扩大,增速稳居全国前列,结构日趋优化,新业态势头发展强劲。2020年,江西文化产业克服新冠肺炎疫情影响,坚持创新驱动、特色引领,实现较快发展。全年全省规模以上文化及相关产业营业收入比上年增长13.7%,比全国平均增速高11.5个百分点,增速居全国第二位、中部省份第一位。

文化产业总量和规模不断扩增,持续加速。自2004年起,江西文化产业年均增长速度保持在20%以上,至2014年主营业务收入达 2039.31 亿元，在 2011 年主营业务收入 1020 亿元的基础上，实现三年翻一番。2020 年，文化产业规模再上台阶。与 2019 年相比，全省规模以上文化产业企业 1794 家，增加 199 家，实现营业收入 2383.89 亿元，增长 13.7%。文化相关领域行业实现营业收入 1559.87 亿元，增长 20.3%，增长贡献率高达 91.6%，是文化产业较快增长的主要驱动力。全省文化及相关产业实现增加值 1097.4 亿元，增长 11.2%。文化装备生产增速最快，实现增加值 54.2 亿元，增长 50.6%。全省旅游总收入、旅游收入占全省生产总值比值分别由 1991 年的 4.3 亿元、0.9%，增长到 2019 年的 9656.38 亿元、39%，实现跨越式增长。

夜间经济、假日经济等经济新形态带动文化消费市场持续扩大。2016 年至 2020 年，江西文化消费市场总体呈增长态势。电影、文化演艺等消费规模不断扩大，夜间经济、假日经济等新经济形态激发消费活力。2009 年，春节、"五一"、"十一"假期，全省旅游人数为 1948.5 万人次、旅游收入 66.36 亿元，2019 年增长为 12934.12 万人次、944.76 亿元。截至 2020 年底，全省建设、改造夜间经济街区 100 多个，南昌万寿宫历史文化街区、抚州文昌里历史文化街区、吉安庐陵老街等一批精品夜市，人气火爆，成为网红打卡地。红红火火的夜间经济、假日经济拉动了内需，促进了消费，折射出江西文化产业发展的巨大活力。

2. 改革持续激发动力活力

20 世纪 80 年代文艺表演团体内部的体制改革，拉开了江西文化体制改革的序幕。2000 年以后，江西省委、省政府多次下发文件，深化文化体制改革，明确进一步支持文化产业发展，将文化产业打造成为国民经济支柱性产业。2020年,江西出版集团成为全国唯一一家主导两家上市公司和一家新三板挂牌企业的文化集团,连续12届入选"全国文化企业30强"。江西报业集团、江西广电集团、江西文演集团改革有序推进。通过持续深化文化体制改革,加快文化产业的结构调整与转型升级,不断解放和发展文化生产力,强势激活文化发展动力活力。

1983年5月,全省国有艺术表演团体普遍实行内部改革。2012年,江西省出台《江西省深化国有文艺院团体制改革指导意见》,全省80家国有文艺院团全部实现转企改制。2017年9月,江西省委、省政府以省属国有五大文艺院团(歌舞剧院、京剧团、杂技团、话剧团、木偶剧团)为基础,组建江西文演集团。当年,集团营业收入823万元,亏损1244万元。2018年一举扭亏为盈,营业收入达4161.51万元,较上年增长406%,实现利润301万元。2020年在新冠肺炎疫情严重冲击背景下,营业收入和利润总额分别达到3.73亿元和3010.54万元,实现裂变式翻倍增长。

1993年4月,江西省出版集团公司成立,是全省新闻出版行业规模最大的法人联合体。经数次体制改革,2010年,江西出版集团整合出版全产业链,实现中文天地出版传媒股份有限公司(现更名为中文天地出版传媒集团股份有限公司)成功上市,成为江西省新闻出版广电企业第一家上市公司。江西出版集团的总体经济规模稳居全国同行第一方阵,连续4年位居全国同行第二。2020年,集团出版业务营业收入33.8亿元,位居全国出版集团第三;出版发行业务营业收入合计66.14亿元,位列全国出版集团第六。集团旗下出版品牌综合实力强劲,在全国地方专业类出版社排名中,江西人民出版社、二十一世纪出版社集团、江西美术出版社、红星电子音像出版社综合经济效益位列前茅；江西人民出版社、百花洲文艺出版社、江西美术出版社、江西科学技术出版社入选"2020中国图书海外馆藏影响力百强"；江西新华发行集团总体经济规模位居全国同业第四，成为国内唯一一家蝉联4届"中国出版政府奖先进出版单位奖"的发行企业。二十一世纪出版社集团凭借充分市场化经营，具备较强的竞争力和影响力，在全国青少年文学、少儿科普、动漫、低幼读物等出版领域占据领先地位，连续多年获少儿图书开卷排名第一。

1998年，国务院实施机构改革方案，对广播电视管理体制机制进行部分改革，江西省广播电视播出机构由244座减至131座，形成布局合理、结构优化、效益明显、富有活力的发展格局。2001年，江西省广播电视网络传输有限公司成立。江西省广播电视网络传输有限公司对全省有线电视网络进行整合，完成从行政事业性经营向企业化经营的转变。2012年，全省广播电视改革，实现有线电视"全省一张网"，全省11个市、81个县的广电局和广播电视台全部做到"两台合并""局台分设"。2016年，江西广播电视台明确广电网络新常态，建立现代企业制度。2018年，江西广电传媒集团有限责任公司正式成立。"十三五"期间，江西广播电视台以集团组建、实质运营为契机，坚持"一业为主，多元发展"战略，加快向新型主流传媒集团转型的步伐。集团推动媒体与科技深度融合，新媒体矩阵日益强大，新媒体影响持续扩大，在抖音、今日头条、腾讯等九大平台开设的新闻资讯类短视频账号数量位列全国各省台前列。

2003年，全国开启报业转企改制。2006年，江西日报社注册成立江西日报传媒集团有限公司。2012年，江西省委出台《江西省深化非时政类报刊出版单位体制改革指导意见》，47家非时政类报刊出版单位全部实现转企改制。同年，中国江西网、大江网、江西文明网三网整合，由江西大江传媒网络股份有限公司统一运营。2015年，江西日报传媒集团下属的江西大江传媒网络股份有限公司在新三板挂牌，成为"江西互联网第一股"。江西日报传媒集团在全面推进转型发展的过程中，坚持"以报为主，多元发展"的思路，媒体融合与文化产业发展互相支撑、快速推进，形成以传统媒体、新兴媒体、文化地产、文化金融为支柱的四大产业板块。在中部地区省级党报集团中，江西日报传媒集团综合实力位居前列。

3. 产业布局逐步优化

"十三五"时期，江西确立"三区五板块"的文化产业发展布局，即南昌综合文化产业引领区、赣州特色文化产业聚集区、景德镇国家陶瓷文化传承创新试验区，红色文化产业板块、生态文化旅游产业板块、传统文化传承创新产业板块、数字文化产业板块、内容文化产业板块。全省各地持续发力，至2020年底，"三区五板块"布局加速成型。

"三区"中，南昌是一座集历史文化、红色文化、工业文化、科技文化等元素于一体的活力四射之城，具有建设综合文化产业引领区的先天优势。2020年，南昌规模以上文化法人单位287个，营业收入463.67亿元，位居全省11个设区市之首。赣州红色文化、客家文化、宋城文化、阳明文化等特色文化资源丰厚，特色文化产业聚集区功能日益增强。客家文化（赣南）生态保护实验区于2013年获批设立，对增强赣南客家文化的影响力、辐射力、传承

陶溪川成为传统陶瓷文化年轻态发展的"造梦空间"（吴斌来 摄）

力，推动地域文化繁荣具有深远影响。打造了赣坊1969文化创意产业园、宋城壹号文化创意产业园、上犹油画创意产业园等一批文化创意产业园，使特色文化得到创造性转化、创新性发展。大力发展红色旅游，全力建设红色文化传承创新区和全国著名的红色旅游目的地。2019年赣州市接待红色旅游游客5940.3万人次，红色旅游收入564.8亿元，接待人次、旅游收入实现较大增长。景德镇国家陶瓷文化传承创新试验区于2018年正式获批。建好景德镇国家陶瓷文化传承创新试验区、打造对外文化交流新平台，是党中央、国务院对景德镇的殷切期望。景德镇市委、市政府将陶溪川文创街区作为国家试验区建设的"试验田"和重要平台进行打造，先行先试，取得了良好成效。陶溪川凭借独特优势，传承创新陶瓷文化，打造了一个"景漂"一族的精神家园。

"五板块"中，数字文化产业和内容文化产业欣欣向荣。以数字出版、数字广电、动漫游戏、"VR+文化"等为代表的数字文化业态成为最具成长潜力和最有发展前景的产业。以红、绿、古文化资源为题材，通过创造性转化、创新性发展，重大文艺出版工程和文艺精品创作不断取得新成就，内容产业竞争力显著增强。

红色，是江西最亮丽的底色，红色文化产业的发展热火朝天。1999年，江西首倡"红色旅游"概念，提出把江西建设成为中国红色旅游首选地和红色旅游强省的目标。党的十八大以来，井冈山依托丰富的红色文化资源，大力发展红色文化产业，兴起了"红色+旅游""红色+培训""红色+文创"三种主要文化业态，凭借旧居旧址、文物遗存、革命故事、红色教育培训基地等讲好红色故事、读好红色家书、传承好红色基因，有力带动了红色文化产业的迅速发展，实现了社会效益和经济效益的有机统一。

绿色，是江西固有的底色，生态文化旅游活力盎然。2020年，全省森林覆盖率63.1%，湿地保有量91万公顷，在全国率先实现"国家森林城市""国家园林城市"设区市全覆盖。江西省级森林城市总数达76个，国家森林乡村430个。江西的"一湖清水""绿水青山"，构建了江西人的生态家园。江西旅游景区众多，以"庐山天下悠、三清天下秀、龙虎天下绝"闻名遐迩，有13家国家5A级旅游景区，其中多数为风光秀丽、生态宜人的风景名胜区。

古色，是江西最深沉的底色。古色古香的传统文化在赣鄱大地上焕发出新的活力。2020年，景德镇规模以上陶瓷企业121家，较上年增长17.48%，陶瓷产业保持高速增长。依托于"盱江医学"文化和樟树"药都"文化，江西中医药产业规模走在全国前列，形成南昌小蓝和桑海、宜春樟树和袁州、吉安峡江和永丰等中医药产

中国药都中医药博物馆是传承中医药文化的重要平台 （曾三石 摄）

业集聚区。文旅融合下的传统文化传承创新产业随着国潮的兴起，以文创产品、文艺展演等为载体，迅猛崛起。

4. 新业态势头强劲

随着科技的发展，互联网、大数据、物联网、云计算、人工智能、区块链等不断向文化领域渗透，文化与科技深度融合逐渐发展为文化产业强势崛起的新业态。与此同时，省文化厅和省旅游发展委员会组建省文旅厅，有效破除了文化和旅游产业发展的体制机制障碍，文化和旅游走向深度融合。2020年，全省新业态特征较为明显的16个行业小类实现营业收入669.98亿元，比上年增长55.6%，继续高速增长。

江西大力发展数字技术、动漫游戏、"VR+文化"等新兴文化产业，推动文化装备产业向智能化方向转型升级，加快融媒体建设，构建全省一盘棋、一张网、一体化的媒体融合发展格局。

三、赣风鄱韵勇争辉

2018年10月19日，首届世界VR产业大会在南昌开幕 （林君 摄）

"十三五"期间，江西出版集团大力发展数字出版，2020年，数字出版签约品种1845种，营业收入17.55亿元。江西先后出台《江西动漫产业基地优惠政策》《江西省人民政府动漫奖专项资金管理办法》等重要文件，将动漫产业纳入全省十大战略性新兴产业之一，"动漫赣军"迅速壮大。2020年，江西动漫、游戏数字内容服务，互联网游戏服务，多媒体、游戏动漫和数字出版软件开发，3个与游戏相关的行业实现营业收入98.1亿元，比2017年增长209.46%。南昌市利用世界VR产业大会，打造全球首个城市级VR产业基地。截至2020年底，江西智能文化消费设备制造实现营业收入121.37亿元，增长102.0%，可穿戴智能文化设备制造实现营业收入349.26亿元，增长62.9%。

文化和旅游融合走深走实，旅游业态文化内涵不断丰富。《江西省旅游业"十三五"发展规划》提出，依托丰厚的文化遗存，推进文化与旅游深度融合。2019年，江西出台《江西省旅游产业高

南昌汉代海昏侯国遗址博物馆展出的马蹄金 （李劼 摄）

质量发展三年行动计划（2019—2021年）》等政策措施，发展新型"文化旅游+"业态，探索"非遗+景区""非遗+研学""非遗+节庆""非遗+演艺""非遗+文创""非遗+民宿"等模式，打造精品景区和线路，推进文创旅游商品开发，文旅融合发展取得良好成效。南昌市有序开放海昏侯国遗址公园、万寿宫历史文化街区、绳金塔历史文化街区、象湖—梅湖风景区、百花洲文化艺术街区、滕王阁景区拓展区以及"寻梦滕王阁"实景演艺等文化重点项目，社会效益和经济效益显著。井冈山市入选首批国家全域旅游示范区，由湘赣两省9市24县参与的湘赣边红色旅游共同体成立，推动两省共同打造全国红色旅游融合发展创新区。为适应现代人生活需求及游客年轻化趋势，体育、康养、研学等旅游新业态日益勃兴。婺源县每年承办国家级、省级体育赛事40余项，充分发挥国家体育产业示范基地作用。宜春、九江、赣州等地推进温泉康养度假基地建设，发展潜力巨大。"非遗"与旅游融合步伐不断加快，"江西景德镇：古窑红店让非遗'活'起来"以及"江西婺源：非遗让中国最美乡村更有'味道'"2个案例入选文旅部发布的"2019非遗与旅游融合优秀案例"。2020年，全省新签约文化和旅游项目

文化和旅游深度融合。图为九江市濂溪区山村舞龙灯庆元宵 （周继根 摄）

231 个，新开工项目 177 个，续建项目 345 个，新竣工项目 134 个，总投资额 7195.17 亿元，实际完成投资额 1389 亿元。

（四）向上向善：文艺创作成果丰硕

江西自古以来就是人文荟萃之地，东晋田园诗人陶渊明、北宋文坛领袖欧阳修、北宋词人晏殊父子、明代戏曲家汤显祖等文化名人的故里都在江西。江西文艺创作有着优良的历史传统和深厚的文化基因。中华人民共和国成立以后，在社会主义的春天里，江西文艺吹响时代号角，坚持"二为"方向、"双百"方针，在这片红色土地上继续开疆拓土，不断为全面建成小康社会、实现中华民族的伟大复兴提供强大精神力量。2008 年，江西省开始实施"江西文艺创作与繁荣工程"，省财政厅出台《江西省文艺创作与繁荣工程专项资金管理暂行办法》，由省财政每年投入 1000 万元，扶持江西文艺创作与繁荣工程，其中 600 万元用于重点支持面向基层、面向农村、面向群众的本土性、原创性剧（节）目。2016 年江西出台《中共江西省委关于繁荣发展社会主义文艺的实施意见》，全省社会主义文艺迸发出新的活力。江西始终坚持以更好满足新时代人民群众的精神文化需求为出发点，大力实施精神文明建设"五个一工程"、优秀舞台剧艺术工程、重大主题文艺创作工程等，弘扬先进文化、唱响主旋律，以优秀的作品鼓舞人心、振奋精神。1992 年，中宣部颁发首届精神文明建设"五个一工程"奖，江西 2 部作品获奖。至 2019 年，江西获得"五个一工程"奖作品共计 79 种，其中戏剧类作品 21 部，电影、电视剧（片）作品 27 部，歌曲 7 首，图书 16 部，理论文章 8 篇。全省创办有《百花洲》《星火》《创作评谭》《心声歌刊》《微型小说选刊》《声屏世界》《影剧新作》等文艺期刊，为文艺工作者搭建展示平台，向广大读者提供向上向善的文艺作品。

1. 文学创作为时代和人民鼓与呼

文学力量是中国文化软实力的重要组成部分。中华人民共和国成立后，江西文学蓬勃发展。一批批优秀作家关注社会发展问题、关心人民群众的成长，讴歌革命、抗美援朝、改革开放以及社会主义现代化强国建设，创作出大量能够影响人、感染人、激励人的文学作品。中华人民共和国成立伊始，革命斗争回忆录的写作出现热潮，较有影响力的作品有《红色赣粤边》《两条半枪闹革命》《方志敏战斗的一生》《潘虎》等，其中《潘虎》入选当时的语文课本，向青年学生进行革命传统教育。描写抗美援朝期间中朝军民战斗和生活的长篇小说《剑》，多次再版和重印，在社会上产生广泛反响。以井冈山为题材的诗歌创作也比较突出，出版了《井冈山诗钞》《井冈山颂》等诗集。进入 21 世纪以后，江西的文艺创作者始终坚持为人民服务、为社会主义服务，贴近实际、贴近生活、贴近群众，努力创作为大众所喜爱的文艺精品。江西作家的创作主要集中在革命历史题材、现实生活题材、地域文化题材等，在小说、诗歌、散文、报告文学、儿童文学等方面接续出现了有代表性的作家和作品。2009 年，《江西六十年文学精选（1949—2009）》出版，共计 15 卷约 800 万字。2020 年，江西省作家协会编纂大型丛书《新世纪江西文学精品选（2000—2019）》，收录了 21 世纪头 20 年江西优秀的小说、散文、儿童文学、纪实文学、文学评论、诗歌等作品。入选两部丛书的作品，以不同视角凸显家国情怀、乡土情思，回望、审视江西历史和地域文化，描摹现实生活、提炼时代精神，尽情书写人民幸福生活以及对更美好生活的追求。

革命历史题材、江西本土文化题材的文学创作不断激发着人民的家国情怀。描写中央苏区几名女红军战士成长经历的长篇小说《红翻天》获 2009 年中宣部第十一届精神文明建设"五个一工程"奖。《夜如年》《凤凰洲》等以江西本土文化为题材的长篇小说引起广大读者共鸣，其中《夜如年》被拍成电视剧《围屋里的女人》，受到广泛好评。反映社会变迁的文学创作，讴歌了改革开放以来社会主义现代化强国建设的伟大成就。中篇小说《镶神小传》获第四届全国优秀中篇小说奖。报告文学《世界大串连——中国出国潮纪实》《在人的另一片世界——中国残疾人福利基金会纪事》《跨越死亡地带》（中国第一部以血防工作为题材的长篇报告文学），准确把握了时代的脉搏，真实记录了社会变迁。一些反映脱贫攻坚、全面建成小康社会的文学作品真实记录了中国共产党带领人民创造美好生活的历程。脱贫攻坚是当代中国最伟大的"中国故事",2020年出版的脱贫攻坚题材长篇小说《琵琶围》,描绘了赣南山区的一个小山村脱贫致富的全过程。《井冈山的答卷》《新长征 再出发》《风吹蒿莱——驻村笔记》《脱贫脱贫》《扶贫路上的追梦少年》《花桥纪事——驻村第一书记扶贫手记》等报告文学作品,展现脱贫致富、走向振兴的乡村及其生活图景,记录了红土地上正在发生的乡村巨变。

随着社会的变迁,个体意识逐渐觉醒,越来越多的文学作品开始关注现实,抒发着各自的理想与情怀。短篇小说《酒干倘卖无》,中篇小说《鱼肠剑》(获第十四届百花文学奖)、《子在川上》(获第十五届百花文学奖)、《直立行走》以及长篇小说《师母》(获第十七届百花文学奖)等作品,以日常生活为主要表现对象,把普通人的日常生活变成美学,抒发着人民对美好生活的向往。

相对于小说,诗歌、散文侧重于叙写作者的生活感受,长于抒发作家感情、理想与情怀。江西在诗歌、散文创作上氤氲着明显的地域特色。1962年首届谷雨诗会后,江西省每年举办谷雨诗会。2001年,《创作评谭》推出南昌、上饶、赣南三大诗群的作品。从2002年始,《江西日报》和《创作评谭》联合推出"江西诗群",使江西诗歌以集体的力量兴起于诗坛。2014年,新江西诗派(江西诗群)在21世纪中国现代诗群流派评选中入选"12家影响力现代诗群流派"。此外,江西女性诗群逐渐崛起,《在垫江谈美》获首届"牡丹诗歌奖"全国诗歌大赛一等奖,《你有没有看见过一只斑鸠》获2019年第七届扬子江诗学奖。散文创作更是呈现"江西散文现象"。江西散文作家们在主流刊物上发表了海量散文作品,散文集《高路入云端》获第四届冰心散文奖,《北京"的哥"》获第四届老舍散文奖,《哲学课》获第五届老舍散文奖,《暗房》获 2014 年度华文最佳散文奖,《亲爱的花朵》获 2013—2014 年度新经验散文奖、《北京文学》2013—2014 年度重点优秀作品奖,《每一种植物都有神的面孔》获第十八届百花文学奖。

少年强则国强,少年儿童的健康成长和全面发展关乎民族未来。江西作家群体较早地关注儿童成长问题,对儿童个体成长书写和观照的儿童文学佳作连连。《狐狸艾克》《吃耳朵的妖精》《树怪巴克夏》《浮桥边的汤木》分获第一届、第二届、第三届、第十届全国优秀儿童文学奖。《腰门》入选"2007—2008 年度全国最美少儿图书"、《中华读书报》"2008 年度百佳图书"、原新闻出版总署 2009 年向全国青少年推荐的百种优秀图书,获中宣部第十一届精神文明建设"五个一工程"奖。《怪孩子树米》获第四届宋庆龄儿童文学奖,《冰蜡烛》获第二届"周庄杯"全国儿童文学短篇小说大赛特等奖,《一根头发和十座金矿》获全国童话名家邀请赛金冠奖。

进入 21 世纪,随着网络的兴起,网络文学异军突起。21 世纪头 20 年,江西网络文学创作大军逐渐走进大众视野。2017 年,新余学院设立"江西网络文学基地"。基地由江西省作家协会、新余学院文学与传媒学院、新余市文学艺术界联合会三方联合主办,通过对江西网络文学的引导、宣传、培养、交流、研究,共同推动江西网络文学创作繁荣发展。

2. 戏剧艺术从传统走向新生

江西戏剧文化发达。江西作为弋阳腔的发源地,早在南宋时期就有了戏剧活动,有"戏曲之乡"的美誉。江西源发剧种就有二三十种,其中以赣剧、采茶戏影响最大。特色比较突出的还有傩戏,万载傩戏、萍乡傩戏、南丰跳傩、广昌孟戏、婺源鬼舞戏在新时代得到了很好的传承和发展。中华人民共和国成立以后,江西广大戏剧工作者对传统剧目表演艺术进行了整理、改革和创新,一批传统剧目经过推陈出新重新在舞台上大放光彩。

改革开放以来,江西戏剧艺术融合现代音乐和舞蹈,取得了可喜成绩,从传统到现代,在保护中传承、在振兴中发展。20世纪90年代起,赣剧《荆钗记》《还魂后记》《詹天佑》,舞剧《长长的红背带》《路》《瓷魂》,歌舞剧《井冈山》《赣风》,赣南采茶歌舞剧《山歌情》,采茶戏《榨油坊风情》《木乡长》《远山》《快乐标兵》,广播剧《袁庭钰的故事》《正气歌》《神羊峰》《铁窗英魂》《大禹的传说》《马克思的一天》《三个人的学校》《重返鄱阳湖》,话剧《古井巷》(又名《小巷民警》)等戏剧艺术精品脱颖而出。门类众多的戏剧竞相绽放,一批批优秀剧目为江西戏剧艺术增光添彩,繁荣景象被戏剧界誉为戏剧舞台的"江西现象"。

党的十八大以来,江西聚焦实现中国梦时代主题,围绕党和国家的重大纪念活动,突出江西地域特色,创作出一批有理想、有温度的精品力作。采茶歌舞剧《八子参军》,采茶戏《永远的歌谣》,广播剧《大法官梅汝璈》《本色》《反腐第一枪》,歌剧《回家》等获中宣部精神文明建设"五个一工程"奖。2020年上映的话剧《支部建在连上》,创造了当年创排、当年演出100场、当年回收成本的话剧界奇迹。采茶畲歌戏《热血山哈》获第五届全国少数民族文艺会演银奖。《我的母亲曾志》获第十四届中国广播剧专家奖金奖。赣剧《瓷·心》、赣南采茶戏《一个人的长征》、话剧《哭之笑之》、宜春采茶戏《月照山乡》等一批原创剧目入选国家级舞台艺术扶持项目。

3. 影视创作全力唱响主旋律

江西的影视剧创作从20世纪80年代起逐渐走上银幕。关注社会的阿满喜剧系列片是中国最长的喜剧电影系列片，几乎家喻户晓。电视剧《一生中的九秒》获1989年中国电视剧"飞天奖"。高安采茶戏电视剧《孙成打酒》获1994年中国电视剧"飞天奖"戏曲电视剧二等奖。

江西的一山一水、一草一木，有太多的初心印记和信仰者的革命足迹，革命历史题材一直是江西影视创作的亮点与特色。从20世纪的《铁血共和》《井冈山》《毛泽东与斯诺》《朱德上井冈》，到21世纪的《领袖》《建军大业》《信仰者》《八子》等，以红色历史题材为依托，以军旅题材为主打，红色精品力作不断涌现。2016年摄制完成的青春热血巨制《建军大业》，是对中国人民解放军建军90周年的一份庄重礼赞。2018年上映的《信仰者》，展示了方志敏作为一个共产党人的坚定信仰和高尚人格。而2019年播出的《可爱的中国》，同样以方志敏为主角，讲述了他投身革命，始终不忘初心、牢记使命，为中国人民解放事业无私奉献一生的故事。在第一届至第十五届中宣部精神文明建设"五个一工程"奖评选中，江西获奖影视剧有27部，分别是电影《井冈山》《夫唱妻和》《毛泽东与斯诺》《东京审判》《从头再来》《可爱的中国》《洋妞到我家》《建军大业》《老阿姨》《信仰者》，电视剧（片）《铁血共和》《天缘》《京九情》《大京九》《黑天鹅》《沈鸿》《朱德上井冈》《共和国之魂》《兵哥兵妹》《共和国摇篮》《红领章》《沙场点兵》《井冈山》《地下地上》《红色摇篮》《领袖》《可爱的中国》，其中革命历史题材和军旅题材约占获奖作品的70%。江西还创作了文献纪录片《从瑞金出发》、电影《三湾改编》、电视剧《井冈山儿女》等革命历史题材文艺作品，观众通过这些影片可以直观感受到革命者坚定不移的信仰和矢志不渝求真理的精神追求。江西以革命历史题材为主的影视剧创作，弘扬革命文化、传承红色基因、唱响主旋律，为全面建成小康社会、实现中华民族伟大复兴的中国梦提供强大的价值引导力、文化凝聚力和精神推动力。

2019赣州第四届文化惠民周开幕式 （江西画报社 提供）

四、真情实意惠民生

全面小康,以人为本,民生为先。保障和改善民生是全面建成小康社会的核心要义所在。为了"不让一个老区群众在全面建成小康社会进程中掉队",江西不仅交出了一份脱贫攻坚的漂亮答卷,而且在教育、就业、医疗、社会保障等影响百姓日常生活的"关键小事"上下苦功夫、花大力气,着力补齐民生短板,推进民生领域供给侧结构性改革,让一个个民生痛点变成撬动社会进步的支点,推进社会建设迈上新台阶,让经济增长更有温度,让老区人民共享社会发展成果。

(一)脱贫攻坚:让乡亲们的日子越过越好

小康不小康,关键看老乡,全面建成小康社会最艰巨最繁重的任务在农村特别是在贫困地区。由于地缘、历史等原因,江西的区域性整体贫困问题比较突出。打赢脱贫攻坚战,不让一个贫困群众在全面小康路上掉队,是党和国家的庄严承诺。对于江西这片承载着中国共产党革命初心的圣地,习近平总书记寄予了脱贫攻坚

井冈山市神山村新貌 （康莉 摄）

的厚望。4500多万赣鄱儿女奋斗拼搏，取得脱贫攻坚战全面胜利。2017年井冈山市在全国率先宣布脱贫摘帽，2019年底全省3058个"十三五"贫困村全部出列，2020年4月剩余的7个贫困县脱贫退出，标志着全省25个贫困县全部摘帽，2020年底所有建档立卡贫困人口全部脱贫，区域性整体贫困和群众绝对贫困问题得到历史性解决，江西交出了一份振奋人心的脱贫攻坚时代答卷。

1. 方式转变：从"救济式"扶贫到"开发式"扶贫

中华人民共和国成立初期，全省农村赤贫户有100多万户，占当时农户总数的三分之一。由于贫困人口数量庞大、财政紧张，扶贫工作面临着巨大的挑战，广大农村普遍存在着生存性贫困，农民温饱难以保障。20世纪80年代以前，江西主要采用小规模的救济式扶贫方式，依靠民政救济系统，对一些落后边远地区、因灾致贫及战争伤残人口实施生活救济，保证贫困人口的临界生存需要，但是难以提高贫困人口自我发展能力，贫困人口不能从根本上摆脱困境。

党的十一届三中全会后，党和国家的工作重心转移到经济建设的轨道上来，家庭联产承包责任制和统分结合双层经营体制极大地解放了生产力，在农村进行的农产品价格逐步放开、大力发展

四、真情实意惠民生

乡镇企业等多项改革，也为解决农村贫困问题打开了出路，农村贫困现象明显缓解。据统计，江西省粮食总产量从1978年的1125.74万吨增加到1984年的1549.18万吨，人均粮食占有量从1978年的169.5千克增加到1984年的215.9千克；农村家庭人均纯收入从1978年的141元增加到1984年的377元；江西省农村绝对贫困人口由1978年的1000万人减少到1985年的620万人。

从1985年开始，江西省委、省政府开始转变扶贫思路，变单纯救济为扶助发展商品生产，变单纯靠民政部门抓为全党全社会抓，变单一的项目扶助为全面综合治理，变封闭为开放搞活，确立了"自力更生，多方联合，国家支持，共谋振兴"的方针，把脱贫致富的基点放在依靠群众自力更生上。

1986年，国家开始在全国正式开展有组织、有计划、大规模的开发式扶贫工作，其标志是从中央至地方政府官方农村扶贫机构的成立。同年，江西省扶贫开发领导小组办公室正式挂牌成立，标志着江西老区扶贫工作完成了由"救济式"扶贫向经济"开发式"扶贫的转变，提出了"扶持一个点（经济实体）、安置一批人（贫困户劳动力）、保障一批人（特困群体）、带动一大片（周边农民）"的战略。

1986年，中央政府首次确定国定贫困县标准，将331个贫困县列入国家重点扶持范围。从此，以县为单位使用扶贫资源、开展具体扶贫工作成了中国扶贫开发政策的重要特点。1994年，国务院制定并颁布《国家八七扶贫攻坚计划》。同年，江西省政府颁发《江西省人民政府关于实施国家八七扶贫攻坚计划的通知》，标志着江西开发式扶贫的制度化政策体系正式确立。这一阶段的扶贫工作取得巨大的成果，特困户的温饱问题基本解决，群众生活水平有较大的提高。全省特困户由 1985 年的 370.4 万人减少到 1990 年的 3.5 万人，解决温饱率达 99%。初步建立起一批具有一定规模的扶贫支柱产业，基础设施建设加强，多数乡村实现了通路、通电，初步缓解了贫困地区上学难、就医难的问题，群众的生产生活环境得到改善。

2. 重心下移：从重点县扶贫到整村推进

通过实施《国家八七扶贫攻坚计划》，江西基本解决了绝大多数贫困人口的温饱问题，部分农户达到小康水平，但是相对贫困问题突出，农村居民生活质量不高，温饱水平低，返贫现象比较普遍。进入 21 世纪，江西扶贫开发已经从以解决温饱为主要任务的阶段转入巩固温饱成果、加快脱贫致富、改善生态环境、提高发展能力、缩小发展差距的新阶段。扶贫重点也开始转向贫困村，整村推进、移民搬迁和新农村建设是这一时期扶贫开发的重要举措。

2001 年，党中央、国务院制定并颁布实施《中国农村扶贫开发纲要（2001—2010 年）》，标志着这一阶段扶贫工作开始实施村级瞄准机制，强调以村为单位调动农民的参与性，进行农村扶贫综合开发。江西省委、省政府开始推进以村级规划为手段、以扶贫工作重点村为单元的整村推进扶贫计划，把扶贫开发的重点从贫困县转向贫困村，并把国家和省里的财政扶贫资金主要用到重点村。

江西省在"十一五"期间集中扶持 1800 个重点村和 1269 个革命老区贫困村，"十二五"期间和"十三五"期间分别扶持 3400 个和 2900 个重点村，并逐村制定村级扶贫规划，实施整村推进。2001 年至 2010 年期间，贫困地区群众生产生活条件不断改善，解决了 965 万群众的出行难、222 万群众的饮水难、3.7 万群众的用电难，37 万多移民实现扶贫搬迁。

江西贫困人口大部分分布在库区、深山区、地质灾害频发区。为了从根本上帮助库区、深山区、地质灾害频发区"三区"群众脱贫致富，2003年初，江西省委、省政府作出决策，在全国率先实施移民搬迁扶贫工程，自2007年开始，每年将移民扶贫工作列入全省民生工程予以重点实施，制定出台了《江西省移民搬迁扶贫规划（2008—2012年）》。"十一五"期间，江西省本级移民搬迁财政资金共安排9.2亿元，累计搬迁移民26.63万人，建设集中安置点2262个，使身处库区、深山区、地质灾害频发区贫困群众的生存环境得到明显改观。

2005年，江西省充分利用开展新农村建设的有利时机，积极将整村推进融入新农村建设，既按照新农村建设的内在要求，又注重从贫困村的实际出发，进一步提高了整村推进的水平。从2013年开始，连续三年每年筹集50亿元资金，集中力量重点支持赣南原中央苏区和特困片区县以及高速公路沿线村点新农村建设，把脱贫攻坚作为新农村建设工作的重点优先安排。2017年底，贫困村新农村建设点基本实现全覆盖。

3.关键突破：精准扶贫走前列

随着我国经济发展水平的迅速提高，贫困人口的插花式分布特征更为明显。因此，对贫困户和贫困人口实现精细化、动态化管理，成为我国扶贫开发事业深入推进的关键突破口。党的十八大以来，以习近平同志为核心的党中央统揽全局，审时度势，把农村贫困人口脱贫作为全面建成小康社会的突出短板、底线任务和标志性指标，把脱贫攻坚摆在治国理政的突出位置，提出并实施精准扶贫方略。

广昌县贫困户展示脱贫光荣证 （曾恒贵 摄）

江西从实际出发，紧盯解决"两不愁三保障"突出问题，从打好产业扶贫、保障扶贫、安居扶贫三大攻坚战，到精心谋划产业扶贫、易地搬迁扶贫、危旧房改造、村庄整治、基础设施建设等十大扶贫工程，再到实施精准帮扶"十大行动"，从产业、就业、搬迁、生态、教育、健康、危房改造、保障兜底、基础设施、深度贫困村攻坚十个方面精准发力，走出了一条经济欠发达地区脱贫攻坚补短板和促长效同步推进的新路子。从2017年到2020年，在党中央对省级党委和政府扶贫开发工作成效的考核中，江西三次获"好"等次，一次获"较好"等次，受到党中央、国务院通报表扬。江西有54名先进个人和40个先进集体在全国脱贫攻坚总结表彰大会上受到表彰。

（1）产业扶贫强化发展引擎

只有发展产业，才能实现稳定脱贫致富。江西创新推进产业扶贫，完善"选准一项主导产业、打造一个龙头、设立一笔扶持资金、建立一套利益联结机制、培育一套服务体系"的"五个一"模式；鼓励引导龙头企业、农民合作社、家庭农场等新型经营主体与贫困户建立经营性、工资性、生产性、政策性、资产性等多种形式的组织合作和利益联结机制；总结推广创业致富带头人培育工作"双带融合、返乡召回、培养锻炼、交流协作、多元扶持、考核评估、正向激励、帮扶益贫"八大引导机制。根据当地资源，发展特

四、真情实意惠民生

宁都县大棚蔬菜产业助力脱贫攻坚 （选自《赣南日报》）

色产业，利益联结机制紧密，扶贫产业业态丰富，赣南脐橙、大棚蔬菜、井冈蜜柚、马家柚等产业规模效益显著，带领群众走出一条持续增收的产业发展致富路。上饶市广丰区打造马家柚、土山羊、高山茶、大棚蔬菜、光伏基地"五个一"产业模式，全区 7300 多户建档立卡贫困户种植 11.38 万棵马家柚的脱贫典型经验获全国表彰。

据统计，截至 2020 年底，全省省级以上农业产业化龙头企业 963 家，累计培育合作社 7.39 万家。全省先后认定创业致富带头人 3.2 万人，带动贫困户 15.35 万户，带动贫困户实现就业 14.08 万人。全省 74.2 万户贫困户获得产业发展扶持，占全省贫困人口的 92.4%，3058 个贫困村（含深度贫困村）全部都有村集体经济和专业合作社，有扶贫带动作用的新型经营主体达 4.8 万个，形成扶贫产业基地 1.2 万个。

产业扶贫也带动了当地就业，探索出一套符合江西实际、具有江西特色的"6+1"就业扶贫模式，即打造就业扶贫园区、龙头企业扶贫基地、就业扶贫车间、新型农村合作社、非正规就业组

赣州经开区就业扶贫车间 （选自《赣南日报》）

织、就业扶贫公益性岗位托底平台六类就地就近就业平台和一套就业扶贫机制，把厂办到家门口，把岗位送到手中，贫困群众既可做工，又能务农，走出了一条贫困劳动力就地就近就业实现脱贫的新路子。截至2020年6月30日，全省共有贫困劳动力167.75万人，有124.15万人就业务工，占比74%。

（2）基础建设夯实脱贫根基

改变贫困地区基础设施和生产生活条件是脱贫攻坚重要的基础工程。江西加快推进贫困地区基础设施建设，畅通堵点，补齐短板，群众出行难、饮水难、用电难、通信难等老大难问题得到历史性解决。

截至2020年底，全省贫困地区高速公路通车里程达到3788.9千米，所有县城通二级以上公路，赣江、信江具备三级通航条件，昌赣高铁的开通使得贫困地区进入"高铁时代"，具备条件的乡镇和建制村全部通

2019年12月26日，在首发的G5033次列车上，工作人员向乘客介绍昌赣高铁线路 （洪子波 摄）

硬化路、通客车。交通条件的改善,有效增强了贫困地区内生发展动力,新改建一批旅游路、资源路、产业路、生产路,带动一大批旅游、特色加工、绿色生态等特色产业落户贫困村,带旺一方人气,带富一方百姓。

通过实施农村饮水安全巩固提升工程,采取改造、配套、联网、升级等方式切实解决贫困人口饮水安全问题。"十三五"期间,全省下达农村饮水安全巩固提升工程投资计划67.34亿元,新建、改造农村饮水工程3600多处,巩固提升受益人口1086万人。江西80万建档立卡贫困户280余万贫困人口的饮水安全问题得到全面解决,彻底改变了贫困人口为水发愁的状况。加大农田灌排、防洪减灾、水土保持、重大水利等工程建设,贫困地区农田基础设施建设水平明显提高。

通过加大电网建设,对偏远和贫困乡村电网进行升级改造,改善电网结构,提高供电保障水平,贫困地区用电条件明显改善。"十三五"期间,全省累计完成269个深度贫困村电网改造,高质量完成3270个小城镇(含中心村)及3126个村"村村通动力电"建设,供电可靠率达到99.8%,有效解决了贫困地区频繁停电、低

奉新县跃进湖生态文明建设"渔光互补"光伏发电项目 (温强 摄)

电压等问题,有力推动了贫困村从"有电用"向"用好电"转变。加快村级光伏电站建设,全省累计建成光伏扶贫电站39171个,装机容量189.59万千瓦,关联贫困户36.78万户,光伏扶贫已成为贫困户稳定增收的"造血机"。

推进网络基础设施建设,加快农村及偏远地区4G网络覆盖,推进网络提速降费,减轻贫困群众使用宽带网的负担。截至2020年,全省行政村有线宽带覆盖率和4G网络覆盖率均达到100%,269个深度贫困村所辖20户以上自然村宽带网络全覆盖,2900个贫困村所辖自然村宽带网络覆盖率达到98%,全省农村地区4G基站数超过7.5万个。从2015年到2020年,互联网宽带资费降幅达到32.1%,移动流量资费降幅达到94.3%。网络信息助力脱贫攻坚跨越式发展,电商产业、网络教育、网络分级诊疗等互联网业态的发展,使贫困地区群众生产生活面貌焕然一新。

(3)生态扶贫走在全国前列

江西以习近平生态文明思想为指导,深入践行"绿水青山就是金山银山"理念,制定《江西省推进生态保护扶贫实施方案》,创新生态扶贫途径,推动贫困地区扶贫开发与生态保护相协调。发展循环经济,推进资源综合利用。大力发展生态农业、生态林业和生态旅游业,把资源优势转化为产业优势,提升贫困地区自身发展能力。通过建立并完善林业、流域、湿地等生态补偿机制,加强贫困地区生态保护与恢复,其中林业生态补偿走在全国前列。通过生态工程建设拓展增收渠道,在贫困地区的环境宜居水平不断攀升的同时,生态公益岗位也成为脱贫"利器",最终使贫困人口从生态保护与修复中得到更多实惠,实现了脱贫攻坚与生态文明建设"双赢"。

"十三五"时期,全省累计完成人工造林636.1万亩,完成规

婆源县篁岭晒秋 （程政 摄）

划总任务的 106%；共安排 25 个贫困县的林业补助资金 34.9 亿元，林业项目资金 7 亿元，占全省的 37%，有效带动 118 万名建档立卡贫困人口脱贫增收；油茶、竹类、香精香料、森林药材、苗木花卉、森林景观六大林下经济产业累计带动 70 万贫困人口增收。截至 2020 年底，全省共选聘生态护林员 2.38 万名，直接带动全省 7 万余贫困人口脱贫；全省 25 个贫困县水利工程建设与管护就业岗位累计吸纳贫困劳动力 1.65 万人，人均增收 4091 元。大余丫山和婆源篁岭被世界旅游联盟分别评为 2018 年度、2019 年度世界旅游减贫案例，助推全省脱贫攻坚。

（4）教育扶贫惠及子孙后代

党的十八大以来，江西把抓好贫困地区办学条件摆在全省教育工作的重中之重，加快补齐江西贫困地区学前教育这一最薄弱环节的短板。截至 2020 年底，乡镇公办中心幼儿园实现全覆盖，常住人口 2000 人以上贫困村至少有 1 个公办幼儿园，全省普惠性幼儿园覆盖率达到85.4%。着力实施全面改善贫困地区义务教育薄弱学校基本办学条件工程（简称"全面改薄"工程）、农村义务教育学校标准化建设工程等，全省贫困地区义务教育学校基本达到国家"20条底线"要求。完善了控辍保学机制，保障建档立卡等贫困学生全部完成义务教育。确保贫困地区普通高中学校达到《江西省普通高中基本办学条件标准》的要求，2020年，全省高中阶段教育（包括普通高中、中等职业教育）毛入学率达92.5%。大幅提高贫困地区特殊教育建设水平，推动更多优质城市资源向贫困地区乡村流动，实现了贫困地区乡村师资数量快速扩增，教学质量迅速提升。发挥职业教育"造血式"扶贫的重要作用，进一步加大职业技能培训力度，帮助贫困家庭有劳动能力人员增长技能，增强自我"造血"功能。江西以建档立卡贫困家庭受教育子女为重点，实现资助贫困家庭子女就学全覆盖、关爱留守儿童全覆盖、帮扶贫困家庭高校毕业生初次就业全覆盖，确保了贫困家庭子女受教育权利，确保不让一名学生因家庭经济困难而辍学。

（5）保障兜底筑牢最后防线

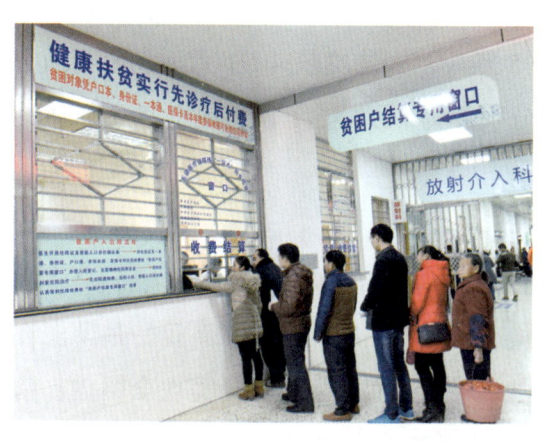

于都县人民医院的健康扶贫窗口（王名锰 摄）

守好脱贫攻坚最后一道防线，确保困难群众脱贫路上不漏一户、不落一人。江西省脱贫攻坚兜底保障和健康扶贫取得决定性成效，贫困地区群众基本实现小病不出村、常见病慢性病

四、真情实意惠民生

不出县，小病拖、大病扛现象和看病难、看病贵问题明显改观，贫困地区综合保障体系逐步健全，救助保障水平稳步提升，贫困人口兜底解决住房安全保障问题，社会主义制度优越性得到充分体现。

围绕实现贫困人口"基本医疗有保障"的目标要求，江西先后实施健康扶贫工程、健康扶贫再提升工程和健康扶贫三年攻坚行动，确保贫困群众看得上病、看得起病、看得好病、更好防病，全力遏制因病致贫、因病返贫现象。截至2020年底，全省29.5万户因病致贫家庭全部脱贫，每年对全省的脱贫总体贡献率在40%左右。全省281.6万建档立卡贫困人口和36.2万城镇贫困群众基本实现基本医保、大病保险、医疗救助三重保障制度全覆盖。贫困人口住院费用报销比例控制在90%适度水平，大大减轻贫困患者医疗费用负担。

健全以最低生活保障、特困人员供养、受灾人员救助以及医疗救助、教育救助、住房救助、就业救助和临时救助为主体，以社会力量参与为补充的社会救助制度体系框架，重点保障贫困老年人、未成年人和重病重残人员脱贫，确保各类困难群众的基本生活得到保障，有效防止困难群众因病因灾因困返贫致贫。"十三五"期间，全省城市低保标准、农村低保标准年均分别增长9.86%和14.39%。截至2020年底，全省281.6万建档立卡贫困人口中有91.8万人被纳入低保或特困供养，占比32.6%。把建档立卡贫困户中的重度残疾人、重病患者参照"单人户"纳入低保，实现应保尽保、应兜尽兜；确保特困人员、孤儿、事实无人抚养儿童等应养尽养、应救尽救；落实和完善困难残疾人生活补贴、重度残疾人护理补贴制度，做到应补尽补、应发尽发；落实好农村"三留守"人员的关爱服务政策，做到应帮尽帮、应扶尽扶。在全国率先实施城镇贫困群众脱贫解困工作，全省城镇贫困群众从 2018 年的 88.61 万减少到 36.2 万，剩余贫困群众全部被纳入兜底保障范围。

全面实施农村危房改造，在计划资金安排上集中支持建档立卡贫困户、低保户、分散供养特困人员、贫困残疾人家庭四类对象改造危房，对列入年度脱贫计划的贫困县、贫困村、贫困户危房改造计划予以全部保障。全省采取维修加固、拆旧建新等措施，对尚未解决住房安全问题的无经济能力和劳动能力的特困农户实施农村困难群众危房改造工程，采取"交钥匙"工程、盘活利用集体闲置公房、置换或长期租赁村内闲置农房等多种切实可行措施，兜底解决贫困群众住房安全保障问题。截至 2020 年底，全省完成农村危房改造 30.1 万户，其中建档立卡贫困户 16.7 万人。全省四类对象危房改造任务全面完成，农村人均住房面积由 51.8 平方米提高到 62.9 平方米，农村困难群众住房条件得到根本性改善。对于城镇住

上犹县易地扶贫搬迁对象集中入住新居 （选自《赣南日报》）

房困难群众，全省持续加大城镇保障性安居工程建设力度。截至2020年底，全省累计改造各类棚户区214.8万套，约550万棚户区困难群众"出棚进楼"。

（二）教育优先：办人民满意的教育

教育是国之大计，是实现民族振兴、社会进步的重要基石。实现全民共享的小康，必须着力解决教育发展中的不平衡不充分等问题。全省教育系统扛起教育改革攻坚的历史重任，建设高质量教育体系，办人民满意的教育，努力让每个孩子都能享受到公平而有质量的教育资源，打造越来越宽广的成长舞台，促进教育发展成果更多更公平地惠及全体人民。

江西的教育事业在中华人民共和国成立之前规模小，基础薄弱，长期发展缓慢，全省儿童入学率仅20%，全省人口有80%是文盲半文盲。1949年江西省政府成立以后，经过调整合并，当年，全省共有高校、中专、中学、小学及幼儿园9897所，在校学生49.64万人，教职工2.98万人。党的十一届三中全会以后，经过9个五年规划的发展，江西教育事业在科教兴国战略的大背景下，坚持"教育优先发展"的战略总体部署，不断深化教育综合改革、优化教育结构，进一步提升教育普及程度，建立健全了以九年义务教育为基础，学前教育、高中教育、高等教育、职业教育共同发展的现代国民教育体系。

2020年，全省有幼儿园1.63万所，学前教育毛入园率87.6%，超过全国平均水平2.4个百分点；有义务教育阶段学校（普通小学、

推进义务教育学校标准化建设,校园面貌焕然一新。图为赣州市水西中心小学 (许玉琳 摄)

初中)9395所,九年义务教育巩固率达96%,超过全国平均水平0.8个百分点;有高中阶段教育学校932所,高中阶段教育毛入学率92.5%,超过全国平均水平1.3个百分点;有普通高等学校105所,成人高等学校8所,高等教育毛入学率52%。"十三五"时期,全省各级各类教育毛入学率总体稳步上升。

1. 教育改革谱写新篇

1949年江西省政府成立以后,对全省教育展开了全面的改革,确立了教育必须为国家建设服务的方向和学校必须向大众开门的方针,从根本上改变了旧的教育制度,使江西教育事业迈入崭新发展时期。1953年,国家进入大规模经济建设时期,这一阶段教育贯彻全面发展的方针,强调教育要和生产劳动相结合。

改革开放之初,江西省致力于教育管理体制改革,在基础教育方面,建立了"分级办学、分级管理、分工负责"的农村义务教育管理体制和农村义务教育经费保障机制；在职业教育和成人教育方面，确立了"分级管理、地方为主、政府统筹、社会参与"的教育管理体制；在高等教育方面，建立了省、地两级管理，即原中央部委属高校实现了部省共建、以省管为主的管理体制。

2011年，江西启动实施了7项国家教育体制改革试点，部署实施了10项130个省级教育体制改革试点；"四地三校"（"四地"即部省共建赣州市教育改革发展试验区、抚州市基础教育综合改革试验区、鹰潭市和景德镇市教育信息化改革试点，"三校"即公办院校南昌大学综合改革试点、民办院校江西科技学院综合改革试点、高职院校江西现代职院综合改革试点）改革试点稳步推进，效果明显。2014年6月，江西省委、省政府出台了《关于深化教育领域综合改革若干问题的意见》，对全省教育综合改革进行了顶层设计。"十三五"时期，江西加快推进教育现代化，顶层设计不断加强，先后出台《江西省加快推进教育现代化实施方案（2018—2022年）》《江西省加快推进教育现代化建设教育强省实施纲要2035》等文件；教育法规制度体系更加完善，教育督导、学生人身伤害预防处理等地方立法走在全国前列；教育信息化进程加快，建成覆盖全省大中小学的教育专网；教育投入稳步增长，1978年，全省教育经费总投入1.81亿元，"十三五"时期全省财政教育支出累计完成5216.7亿元。

2. 各类教育协调发展

（1）学前教育：从"入园难"到"有园上"

"十二五"以来，江西省委、省政府将发展学前教育列入经济社会发展规划和重要民生工程，实施了两期学前教育行动计划，全省学前教育取得较好发展。加大经费投入，重点支持乡镇公办中心幼儿园建设及普惠性民办幼儿园发展，不断扩充普惠性学前教育资源；完善政策措施，先后出台幼儿园基本办园、城市住宅小区配套幼儿园、普惠性民办幼儿园认定及扶持等政策文件，推动建立政府主导、社会参与、公办民办并举的学前教育办园体制。截至2020年底，全省在园幼儿170.03万人，全省乡村公办中心幼儿园覆盖率达100%，普惠性幼儿园覆盖率达89.1%。学前教育"三个率"（公办率、普惠率、优质率）超过国家要求。

（2）义务教育：从"有学上"到"上好学"

20世纪80年代，江西认真贯彻落实中央关于教育发展的一系列文件精神，九年义务教育快速普及。1986年1月，在全国率先推出《江西省实行九年义务教育条例》。20世纪90年代，将基本普及九年义务教育、基本扫除青壮年文盲列为教育主要目标，制定并出台了《江西省实施〈中华人民共和国义务教育法〉办法》《江西省义务教育经费筹措和使用管理办法》等地方性法规。经过不懈努力，义务教育实现了全面普及，2006年，"两基"（基本实施九年义务教育和基本扫除青壮年文盲）工作全省县（市、区）全部通过省级验收，2007年，通过国家验收。

"十二五"时期，全省投入60多亿元实施城镇新区教育园区建设工程，新建、改扩建600多所城镇中小学校，缓解城镇"大班额"压力。投入38.2亿元实施农村义务教育薄弱学校改造计划，为930多所中小学改造了校舍，为1.1万所中小学添置了教学仪器设备。

"十三五"时期，县域义务教育发展基本均衡，全域通过国家评估认定。推进义务教育学校标准化建设，"十三五"期末全省新建、改扩建农村学校1.1万余所，改善农村学校基本办学条件；"全面改薄"项目顺利攻坚完成；全力化解义务教育学校"大班额"问题，"超大班额"全部消除，"大班额"占比下降1.67%，低于全国平均水平。接收随迁子女就读45.9万人，适龄儿童入学实现"应入尽入"。2020年，全省有普通小学7199所，在校生406.31万人，小学毛入学率101.66%；有初中学校2196所，在校生220.41万人，初中阶段毛入学率109.52%。

（3）普通高中教育：从"调结构"到"强特色"

在中央确定的"调整、改革、整顿、提高"方针的指导下，1979年，全省高中教育开始进行结构改革，使学生能在高中阶段受到一定的技术与职业教育，普通高中教育办学规模进一步扩大。2001年，全省普通高中招生数突破20万大关，达到20.37万。到2007年，全省普通高中与中等职业教育招生比例大体相当。到2009年，全省重点中学和重点建设中学总数占当年全省普通高中总数的56.1%，进一步扩充了优质高中资源。2012年，江西省确定44所普通高中为全省首批普通高中特色发展试验试点学校；2016年，试验学校范围扩大到100所。争取国家财政投入7000余万元，启动17个集中连片特困县加强普通高中建设，进一步扩充了贫困地区普通高中优质资源。"十三五"时期，加强普通高中项目建设，"超大班额"彻底消除，2020年底，"大班额"比例下降至3.86%。进一步深化普通高中新课程实验改革。遴选首批15所普通高中特色学校。2020年，全省有普通高中519所，在校生110.45万人。

（4）职业教育：从"扩规模"到"优结构"

1978年，全省只有149所中等职业教育学校，在校生6.32万人。20世纪90年代采取"政府统筹、部门办学、教育协调、一校多制"的改革措施，并鼓励社会力量创办职业学校。进入21世纪

第六届全国陶瓷职业技能竞赛总决赛在景德镇市举行 （李劼 摄）

以来，进一步深化办学体制改革，建立校企对接的工作机制，依靠行业企业办职业教育，实行"订单式"培养。

"十一五"时期，全面启动实施了职业教育基础能力建设工程，全省共有41所国家级重点、35所省级重点中等职业学校，1所国家示范性高等职业院校，4所国家骨干和6所省级示范性高职院校立项建设单位。

"十二五"时期，实施达标中等职业学校建设计划，投入6.38亿元为79所中等职业学校建设实训基地，投入2.5亿元建设92个高等职业院校专业技能实训中心。

"十三五"时期，出台实施《教育部　江西省人民政府关于整省推进职业教育综合改革提质创优的意见》，推动部省共建职业教育创新发展高地。6所高职院校入选国家"双高"建设计划。组建十大产教融合育人基地。推动国家首个事业教育虚拟仿真示范实训基地建设。2020年，全省有职业院校476所，在校生118.77万人。

四、真情实意惠民生

（5）高等教育：从"重外延"到"强内涵"

改革开放以来，江西不断对高校管理体制进行改革。随着1985年《江西省高等教育管理体制改革方案》的颁布和实施，全省高等教育发展规模逐步扩大，日益形成学科层次多样、门类齐全、结构合理的高等教育体系。20世纪90年代，江西省委、省政府促成江西大学与江西工业大学合并组建南昌大学，并成功推动南昌大学进入国家"211工程"重点建设行列。继南昌大学在1993年获得博士学位授予单位资格以后，江西财经大学和江西医学院（2005年并入南昌大学）也在1998年获得博士学位授予单位资格。1999年，江西省第一个博士后流动站在南昌大学成立。

进入21世纪，江西进入高等教育大众化发展阶段。2003年，全省高校录取率达65%，超过全国59%的平均录取率，高等教育毛入学率超过15%。"十一五"和"十二五"时期，全省新增11所普通本科高校、16所高等职业院校，新增博士学位立项建设单位3个，新增一级学科博士点14个。

"十三五"时期，高等教育内涵式发展。实现国家技术发明奖一等奖、国家教学成果奖一等奖、教育部人文社科一等奖新突破。新增博士学位授予单位1个、

南昌大学江风益团队的"硅衬底高光效GaN基蓝色发光二极管"项目荣获2015年国家技术发明奖一等奖，实现了江西在该奖项上零的突破 （尹君怡 摄）

博士学位授权点22个,新增数量居全国第14位。新增14个学科进入基本科学指标数据库(ESI)全球排名前1%。在全国第四轮学科评估中,90个学科进入前70%,4个学科进入A类学科。2020年末,全省共获批国家一流专业建设点102个,通过国家级一流课程认定92门。截至2020年,江西省有8所高校获得博士学位授予单位,14所高校获得硕士学位授予单位,拥有48个一级学科博士点、245个一级学科硕士点。2020年,全省研究生教育在校生5.1万人,毕业生1.3万人;普通高等教育在校生124.2万人,毕业生30.9万人;成人高等教育在校生30.3万人,毕业生5.1万人。

(6)民办教育:从"渐消失"到"规范化"

中华人民共和国成立初期,民办私立学校曾在社会主义的公有化改造中逐渐消失,直到1978年改革开放后,江西各级各类民办教育得以恢复和快速发展。20世纪80年代,根据国家教委相关文件精神,江西省政府制定颁布了《江西省社会力量办学管理办法》。1983年,新余在全省率先创办新余无线电培训班(今江西工程学院),江西民办高等教育逐步开启。20世纪90年代,江西省民办教育进入快速发展时期。到2000年,全省民办教育机构近4000所。

进入21世纪,江西民办教育实现了跨越式发展,纵向有幼儿、小学、中等、高等教育四个层次,横向有普通教育和职业教育两大板块,跨入全国民办教育大省的行列。"十二五""十三五"时期,江西从财政中安排民办教育发展专项资金,出台多项文件规范民办学校办学行为,促进民办教育规范健康发展。组建民办教育管理专家库,研发"江西省民办教育公共服务平台",推进民办教育治理体系和治理能力现代化。2020年,全省有民办学校9158所,在校生184.8万人。

3. 教育公平日益彰显

改革开放以来,江西建立了较为完整的家庭经济困难学生资助政策体系,构建"奖、助、贷、勤、补、免"等多元混合的资助体系,实现了三个"全覆盖":一是各个教育阶段全覆盖,二是公办、民办学校全覆盖,

2018年10月17日,全国首个乡镇全覆盖免费午餐试点项目在瑞昌启动,瑞昌市洪一学校学生吃上"免费午餐"(魏东升 摄)

三是家庭经济困难学生全覆盖。普通高中建立了国家助学金制度,实施了建档立卡等家庭经济困难学生免学杂费的政策;中等职业教育建立了国家助学金制度,实施了国家免学费、学生顶岗实习等制度;高等教育阶段建立了国家奖助学金、国家助学贷款、学费补偿贷款代偿、新生入学资助、校内奖助学金、困难补助、学费减免、绿色通道等多元互补的资助政策体系。

党的十八大以来,全省各级财政每年安排的家庭经济困难学生资助资金逐年增加,实现了从学前教育到研究生教育困难学生资助体系全覆盖。2020年,全省累计资助学前教育幼儿10.37万人,资助金额达1.31亿元;全省共有79.32万名家庭经济困难学生享受生活费补助政策,各级财政共投入资金6.29亿元;对高中阶段经济困难学生,按照在校人数20%比例,给予平均每生每年2000元资助;全省中等职业教育共投入资助资金8.94亿元,资助学生49.72

万人次；资助普通高等学校新生 1.245 万人，资助资金 830 万元。

4. 师资队伍量质齐升

改革开放之初，教师队伍整体素质不高。1978 年，全省各级各类学校专任教师 29.32 万人。普通高等院校专任教师中，具有研究生学历的 91 人；中等专业学校专任教师中，具有本科学历的占 63.02%；普通高中专任教师中，具有本科学历的占 50.99%；初中专任教师中，具有专科学历的占 14.62%；小学专任教师中，具有高中学历的占 49.72%。20 世纪 80 年代以来，江西着力加强师资队伍建设，在中小学全面推行校长负责制、教师聘任制和岗位责任制，坚持每年对校长进行全面培训；从 1989 年起，江西开展卫星电视教育、函授教育、自学考试等多种形式的培训，组建省、地、县、乡四级培训管理网络及教学网络，大力开展教师学历培训，改变了长期以来中小学教师学历偏低的状况。

党的十八大以来，师资力量不断壮大。2020 年，全省各类全日制学校共有专任教师 65.74 万人，其中，普通高等学校有专任教师 6.53 万人，获得硕士以上学位的占 65.24%；普通中学有专任教师 21.07 万人，具有本科以上学历的占 84.46%；小学有专任教师 24.22 万人，具有本科以上学历的占 54.43%；幼儿园有专任教师 11.12 万人，具有专科以上学历的占 72%。

教育合作交流不断增强。改革开放之初，江西大学聘请了第一位外籍教师，派出了第一位公派留学生。进入 21 世纪，江西全面实施国际合作与交流的"十百千工程"，教师出国研修、招收国外留学生、聘请外籍教师等名额都大幅度增加。高校领军人才队伍建设取得突破性进展：2011 年，江西农业大学黄路生教授当选中国科学院院士；2019 年，南昌大学江风益教授当选中国科学院院士；2013 年，南昌大学刘耀彬教授入选长江学者；等等。

（三）充分就业：为人民群众"造饭碗"

就业是保障和改善群众生活的基本前提，充分就业是全面建成小康社会的重要标志。中华人民共和国成立以来，江西坚持把促进就业作为改善民生的首要任务。发展经济、改善社会环境、繁荣产业企业……从宏观到微观，促就业的功夫全在就业之外。从"找市长"到"找市场"，从"端紧铁饭碗"到"自己找饭碗造饭碗"。时代在变，就业方式在变，不变的是用勤劳的双手创造未来。

中华人民共和国成立初期，就业渠道不够畅通，就业范围尚未敞开，江西失业率高达 40.2%，就业形势非常严峻。江西省政府大力发展生产，采取政府帮助就业、以工代赈等措施积极创造就业岗位，妥善安置劳动力，社会就业人员从 1949 年的 623.3 万人增加到 1958 年的 879.2 万人，9 年间增加了 255.9 万人，年均增长 3.9%。

改革开放以来，特别是党的十八大以来，江西深入推进实施就业优先战略和积极就业政策，完善公共就业服务体系，服务重点就业群体，全省就业规模持续扩大，就业结构日益优化，就业质量不断提升，工资水平显著提高，百姓的获得感和幸福感不断增强。

1. 城乡就业稳中向好

（1）就业规模不断扩大

改革开放为劳动力就业创造了广阔天地，就业形势、就业观念也发生了质的变化，就业人口快速增长。党的十八大以来，城镇新增就业人口不断突破历史新高，失业率得到有效控制，城乡居民收入显著提高，城乡之间的收入差距不断缩小，民生得到有效改善。

1978年，江西省社会就业人口达到1254.3万人，全社会就业人口占总人口的比重为39.4%，失业率为7.39%。到2020年，江西全社会就业人口达到2264万人，全社会就业人口占总人口的比重为50.1%；全省城镇新增就业46.2万人，新增转移农村劳动力58.86万人；失业人员再就业17.7万人，就业困难人员就业4.7万人，年末城镇登记失业率3.2%，就业形势保持基本稳定。

（2）就业结构逐步优化

中华人民共和国成立以来，江西城镇就业人口比重大幅提升，第二产业、第三产业就业人口显著增加，对就业的拉动作用明显增强，就业人口结构逐步优化。

城乡就业格局逐步优化。改革开放之前，江西的劳动就业机制还是计划经济时代的"统包统配"。1949年，全省城镇就业人口仅为39.4万人，占就业人口总数的6.3%。党的十一届三中全会后，随着城镇化和工业化进程不断加快，城镇私营和个体经济得到快速发展，吸纳就业能力明显增强，带动了大量农村富余劳动力向城镇转移，城乡就业格局不断优化。1978年，全省城镇就业人口达268.1万人，占就业人口总数的21.37%。2015年突破千万大关，到2020年已达1296万人，占就业人口总数的比重也上升到57.24%，比1978年增加了35.87个百分点，为加快城镇化进程、提高城镇化质量提供了有力支持。

就业人口产业结构趋于现代化。1949年，江西从事第二产业、

四、真情实意惠民生

第三产业的就业人口仅占 10.1%，农业处于绝对主导地位。改革开放以后，随着经济结构的调整改善，江西大力实施工业化进程，工业经济发生了翻天覆地的变化，以现代服务业为主的第三产业也快速发展，第二产业、第三产业就业人口迅速增加，对就业的拉动作用明显增强。1996 年，三次产业就业人口比为 49.8∶25.6∶24.6，非农产业就业人口首次超过农业；2011 年，三次产业就业人口比为 34.4∶30.1∶35.5，第三产业就业人口比重首次超过第一产业，位居三次产业之首，成为吸纳就业的主力军。2020 年，三次产业就业人口比为 20.1∶33.9∶46，就业结构呈现出"三二一"倒金字塔形的现代产业就业格局。

（3）就业渠道不断拓宽

改革开放以来，特别是党的十八大以来，随着经济结构的不断调整和产业结构的不断优化升级，全省就业渠道不断拓宽。

非公有制经济接纳就业的能力不断增强。改革开放使非公有制经济活力得到释放。1995 年底，江西城镇非公有制经济就业人口首次突破 100 万人，达到 128.8 万人，占全社会就业人口的比重为 6.1%。党的十八大以来，江西非公有制经济得到飞跃发展。到 2020 年，江西城镇就业岗位超过 80% 都是由非公有制经济提供的。非公有制经济作为社会主义市场经济的重要组成部分，不仅为江西经济的快速发展作出了重要贡献，而且在缓解城镇就业压力、吸收农村剩余劳动力方面发挥了巨大作用。

非农产业发展创造大量岗位。第二产业、第三产业发展较快，为就业创造了大量岗位。特别是第三产业的蓬勃发展带来了行业结构的变革，导致新产业、新业态、新商业模式不断涌现。2016 年底，全省城镇非私营单位中，信息传输、软件和信息技术服务业

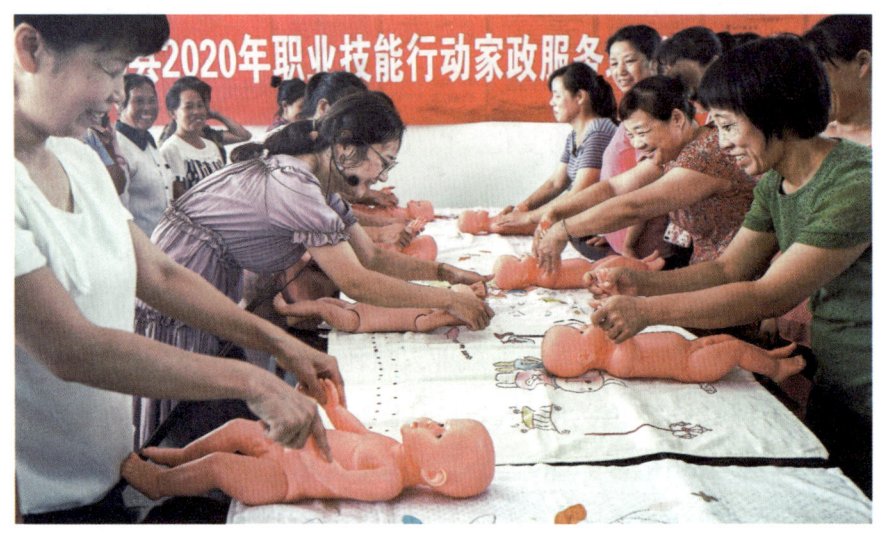

以市场需求为导向开展家政技能培训 （胡冬云 摄）

从业人员比2012年底增长288%，增速比全省平均水平高出6.6个百分点；租赁和商务服务业、科学研究和技术服务业从业人员比2012年末分别增长1098%和609%，增速远超全省平均水平。服务业尤其是新兴服务业的快速发展带来了大量的就业岗位，从业人员数量大幅提高。"十三五"期间，江西以互联网和相关服务为代表的现代新兴服务业发展增速明显快于传统服务业，推动相关行业工资较快增长。2020年，城镇私营企业中，信息传输、软件和信息技术服务业平均工资水平位居行业门类第一，为全省平均工资水平的1.17倍。

2. "双创"汇聚就业新动能

推动大众创业、万众创新（简称"双创"）是充分激发群众智慧和创造力的重大改革举措。当前，我国经济发展正处于新旧动力转换的关键时期，消除各种束缚和桎梏，让创新创业成为时代潮

四、真情实意惠民生

流,才能汇聚起经济社会发展的强大新动能。对创新创业的呵护和扶助,是最现实、最长远的发展之道和惠民之策。

江西以改善创业创新的土壤为侧重点,积极探索创新体制机制,为创新创业者提供了广阔舞台,催生了一系列新产业、新业态、新模式,为经济发展注入了新的生命力。

2015年4月1日,江西省政府办公厅印发《关于鼓励省属独立科研院所科技人员创新创业的试点办法》,进行科技成果处置权、收益权、使用权改革,赋予试点科研院所、高校更大科研管理权限,极大激发了科技人员创新创业热情。同年7月21日,江西省政府发布《江西省人民政府关于大力推进大众创业万众创新若干政策措施的实施意见》,从降低准入门槛、激发主体活力、加大资金扶持、提升服务水平4个方面明确28条具体举措,提出要打造60个以高校为主的包括"创业咖啡""创新工场""创新创业实验室"

南昌先锋天使咖啡众创空间入选2015中国互联网思维咖啡馆排行榜Top100 (朱文标 摄)

在内的各种形式的众创空间。2016年4月，江西省政府出台《江西省鼓励科技人员创新创业的若干规定》，进一步为科技人员创新创业"松绑"，江西省科技创新政策体系不断完善。

以创新引领创业、以创业激发创新的浓厚氛围逐步形成，涌现出如699文化创意产业园、小蓝创新创业基地等51个创新创业示范项目。2020年，全省建设249个创业孵化基地等平台，入驻实体1.2万余家，带动就业8.6万人，并提供资金补贴、税费减免等"六补三扶一减免"的政策扶持。积极为创业者提供资金扶持，全年新增发放创业担保贷款192.7亿元，同比增长24.4%；直接扶持个人创业13.78万人次，带动就业51.43万人次。截至2020年底，全省累计发放创业担保贷款1401亿元，累计扶持个人创业127万人次，带动就业496万人次，各项指标继续位居全国前列。

（四）兜底保障：筑牢人民生活"安全网"

在全面建成小康社会进程中，社会保障作为强有力的再分配机制，无疑具有基础性、关键性作用。只有不断完善社会保障体系，不断织密社会保障网络，才能为人民生活守住最后的底线，筑牢百姓生活的"安全网"。中国特色社保体系的建立充分体现了党和政府持之以恒地回应人民关切、解除百姓后顾之忧和促进社会公正的不懈努力。

1951年，江西省开始逐步建立社会保险制度，随着经济的发展，社会保险和福利待遇不断提高。党的十八大以来，江西高度重视改善民生，城乡最低生活保障制度日益完善，社会救助全面施

四、真情实意惠民生

九江市大型民生工程——怡庐苑公租房小区 （黄雅君 摄）

行，社会福利逐步提高，优抚安置再上台阶，保障了人民群众的基本生活，社会保障水平明显提高。

1. 社会保险渐完善

20世纪80年代中期以后，江西省进入了以城市为重点、以国有企业改革为中心的发展阶段。在社会主义市场经济体制下，企业逐渐成为自主经营、自负盈亏的市场主体。为有效保护劳动者的利益，实行风险分担、费用社会统筹的社会保险制度势在必行。

（1）养老保险惠全民

1986年，全省全面推行劳动合同制工人养老保险工作。1988年有60%的县（市、区）实现了县以上集体所有制单位退休费用统筹。1989年，全省初步建立了覆盖城镇所有企业职工的基本养老保险制度。

2009年，江西省开始实施新型农村社会养老保险制度，并将失地农民纳入职工基本养老保险或城乡居民基本养老保险体系。2014年，江西省出台《江西省城乡居民基本养老保险实施办法》，初步建立起惠及全民的基本养老保险制度。2015年10月，江西省启动机关事业单位养老保险制度改革。2020年底，全省参加城乡居民基本养老保险2078万人，参保人数占总人口的比重达45.98%，参加城镇职工基本养老保险1168.2万人。

（2）医疗保险保健康

1988年，江西省着手开展大病医疗费用社会统筹试点工作。1999年，全省全面开展城镇职工基本医疗保险实施工作，并于2005年着手实施困难企业和职工参加医疗保险工作，职工基本医疗保险制度涵盖城镇所有用人单位及其职工。

2003年，江西省启动新型农村合作医疗试点工作。2006年起，全省将农村大病医疗救助和新型农村合作医疗并轨同行。到2008年，新型农村合作医疗基本覆盖全省农村居民。

2007年，江西省启动城镇居民基本医疗保险。2012年，全省实施省直机关事业单位公费医疗改革，在职在编人员和退休人员全部被纳入城镇职工医疗保险，终结了省直机关事业单位公费医疗。

2013年，江西省在全国率先建立城镇职工和居民大病医疗保险制度，同时启动农村居民大病保险工作试点。2015年，基本建立了覆盖全省所有城乡居民的大病保险制度。2017年，江西省全面实施了城乡统一的居民基本医疗保险制度，建立了统一高效的全民医疗保障体系。截至2020年底，全省参加基本医疗保险人数

4780万人,其中,参加职工基本医疗保险599万人,参加城乡居民基本医疗保险4180.9万人。

（3）工伤保险保安全

1990年,江西试行工伤保险制度改革。1994年,全省全面实行城镇企业职工工伤保险费用社会统筹。随后,历经1996年的制度完善和2003年的行政立法两个阶段,工伤保险制度体系基本定型,突破了不同所有制类型的区别,外资企业、合资企业、个体经济组织均被要求参加工伤保险,无论临时工、外来工还是农民工,不论是否与企业签订了劳动用工合同,均应参加工伤保险。2020年底,江西省参加工伤保险人数553.4万人。

（4）生育保险护女性

1989年,江西省开展生育保险费用社会统筹试点。1994年开始在全省所有城镇企业及实行企业化管理的事业单位中全面实施,并于1997年进一步规范了业务操作流程,保证了女职工生育期间的合法权益。2020年底,江西省参加生育保险人数372.2万人。

（5）失业保险保生活

2012年,江西省11个设区市实现了失业保险市级统筹,失业保险参保人数达到267.44万人。2015年,江西实行稳岗补贴政策。2016年,江西省失业保险费率在2015年已降低1个百分点的基础上阶段性降低至1%,进一步减轻了企业负担,优化了发展环境。2020年底,全省参加失业保险人数291.9万人,领取失业保险金人数3.6万人。

2. 社会救济暖人心

中华人民共和国成立后,我国城市社会救济的对象主要是无劳动能力、无经济来源、无法定赡（抚）养人的城市孤老残幼人员。20世纪90年代，江西省开始探索建立新型救济制度，建立了以最低生活保障制度为基础，以五保供养、医疗救助为主要内容，覆盖城乡全体居民的社会救助体系，实现了传统社会救济向现代社会救助的历史性跨越。

（1）建立城市居民最低生活保障制度

1996年初，城市居民最低生活保障制度开展试点，1997年在全省推广。1999年，全省99个县（市、区）全部建立并实施了城市居民最低生活保障制度。2002年，江西如期实现"应保尽保"目标。截至2002年6月，全省享受低保人数达108万人；8月，《江西省城市居民最低生活保障办法》颁布，标志着江西省城市最低生活保障工作进入规范化、法治化的轨道。2003年，江西在全国率先分类施保，提高了保障的针对性、有效性和低保金的使用效率。

从2007年起，江西省政府把城市最低生活保障列为目标考核的重要内容，各级财政积极调整支出结构，加大投入。2020年，城市居民纳入政府最低生活保障33.8万人，低保标准每人每月705元，发放低保金20.5亿元，月人均补差450元。

（2）完善农村最低生活保障制度

1996年，江西省开始试点建立农村最低生活保障制度。2003年，出台《关于完善农村困难群众社会救助制度实施方案》，在全国率先建立农村特困户救助制度，将100万农村特困群众纳入救助范围。2006年，江西省率先在我国中西部地区全面建立农村最低生活保障制度，农村最低生活保障人数100万人，月人均补差25元。2007年，下发一系列进一步完善农村低保制度的文件，并将农村最低生活保障工作纳入目标考核。在建立农村最低生活保障的准备阶段，江西省在深入基层调研基础上，确定了每人每年840元的农村最低生活保障标准。2008年，全省农村最低生活保障标准达到每人每年1080元。2020年，农村居民纳入政府最低生活保障147.2万人，低保标准为每人每年5640元，发放低保金58.4亿元，月人均补差325元。全省农村最低生活保障制度的建立和完善，构筑了农村社会保障的"最后一道安全网"。

（3）完善农村五保供养制度

我国从1956年起依托农村集体经济建立了农村五保供养制度。改革开放以来，农村五保供养制度得到了长足发展。1994年，国务院颁布了我国第一部关于五保供养工作的专门法规《农村五保供养工作条例》，标志着五保供养制度发生了重大变革。江西省从2001年开始抓敬老院硬件建设，基本实现每个乡镇都有一所敬老院的目标，农村五保供养对象居住条件大为改善。2008年，制定出台《江西省实施〈农村五保供养工作条例〉办法》，推进农村五保供养法治化建设，在全国率先实现了应保尽保。2020年，农村五保户集中分散供养标准统一提高到每人每月615元，特困失能半失能人员城乡供养标准统一提高到每人每月915元。

（4）健全城乡医疗救助制度

对于城乡最低生活保障对象和困难群体来说，看不起病和因病返贫的问题非常突出，城乡医疗救助制度是社会救助体系建设的重要内容。2003年，江西启动农村医疗救助的试点工作。2005年，江西省出台《关于实施农村医疗救助的意见》，标志着江西省农村医疗救助制度正式建立，30万农村五保户和农村特困户中的重点户被纳入救助范围。当年，开展城市医疗救助试点工作。2006年，江西省政府下发《关于完善城乡社会救助体系的意见》，全省224

万城乡最低社会保障和农村五保供养对象被纳入救助范围,实现了城乡医疗救助全覆盖。2008年,将救助对象延伸到城乡最低社会保障边缘户和重点优抚人群,探索建立医疗救助制度与城镇居民基本医疗保险和新型农村合作医疗制度的衔接机制。

3. 社会福利步步高

中华人民共和国成立初期,政府包办的民政福利是社会福利制度的基本组成部分,主要面向无依无靠的城镇孤寡老人、孤儿或弃婴和残疾人等,通过社会福利事业和社会福利企业两种方式实现。在计划经济体制下,对这些社会弱势群体依然实行民政福利制度。随着市场经济运行机制的逐渐确立,传统的社会福利制度已无法满足多层次、多形式的福利要求,难以为继。因此,社会福利制度改革和现代化转型已经势在必行。

(1)建设社会养老服务体系

党的十一届三中全会以后,江西省各地实行"以养为主,妥善安排老人生活"的工作方针,逐步改善福利事业单位收养条件。从1982年到2005年,江西省先后4次下发通知,要求各地根据当地经济的发展、群众生活水平和财力适当自行调整标准,使收养人员生活水平相当于当地群众的基本生活水平。

江西省十分重视人口老龄化问题。2001年,江西省政府下发《关于加快江西省社会福利社会化的决定》,鼓励社会力量参与社会福利事业。21世纪初,江西省所有社会福利院消灭了危房,在院的老人人均住房面积达到9平方米以上。2004年以来,全省把城乡敬老院、福利院、光荣院(以下简称"三院")基础设施建设列入民生工程,对符合条件的"三院"建设项目予以资助。2020

四、真情实意惠民生

鹰潭市余江区的老人们在村里的互助养老中心集体用午餐 （徐蓉 摄）

年，全省有10个设区市被纳入中央财政支持居家和社区养老服务改革试点，77%的设区市和65%的县（市、区）建成或在建养老服务信息化平台。江西省逐步探索出以居家养老为基础、社区养老为依托、机构养老为补充，医养相结合的社会养老服务体系。养老服务队伍的专业化水平得到提高，老年人社会福利事业取得明显成效。截至2020年底，全省建有养老机构1989家，总床位数16.4万张，其中公办养老院1473家，床位10.7万张；社会力量运营516家，床位5.7万张。建有城乡居家和社区养老服务设施1.25万个。

（2）关注残疾人社会福利

1979年10月，江西省第一届盲人聋哑人代表会议在南昌召开。1988年，以江西省盲人聋哑人协会为基础，成立了江西省残疾人联合会。1990年以后，全省初步形成了各类残疾人康复、医疗体系。

从20世纪80年代起,国家对集中安排残疾人达到一定比例的福利企业给予税收优惠,以促进残疾人就业。截至2008年3月底,全省兴办福利企业310个,安排12484名残疾人集中就业。

2016年,国家取消福利企业资格认定,实施残疾人两项补贴制度。2020年,全省纳入生活补贴的残疾人49.8万人,纳入护理补贴的残疾人43.9万人;将农村困难残疾人生活补贴和重度残疾人护理补贴标准分别提高到每人每月60元和70元,实现城乡标准统一。

(3)重视孤残儿童福利事业

改革开放以来,江西孤残儿童福利事业的发展步伐加快。儿童教养机构从救济型转向了福利型,从单一的"以养为主"转向"养、治、教与康复"并重。2002年,江西省出台《社会福利院孤残儿童家庭寄养管理暂行规定》,家庭寄养作为孤残儿童福利服务的一种养育模式正式确立。2020年发出《关于进一步加强事实无人抚养儿童保障工作的通知》,首次将事实无人抚养儿童纳入国家保障,从基本生活、医疗康复、教育救助、就业创业、家庭监护、关爱服务6个方面保障无人抚养儿童基本生活,并发放每人每月950元基本生活补贴。截至2020年,全省建成儿童福利机构43个,未成年人救助保护机构88个,儿童福利机构的基础设施建设数量明显增加,规范管理水平和养育服务水平都有很大提高。

4. 优抚安置慰军情

江西人民为革命的胜利付出了巨大的牺牲,中华人民共和国成立以来,国家和江西省委、省政府一直对军人优抚安置工作非常重视。改革开放以来,江西省建立了国家抚恤、定期定量生活补助以及临时救助等多个层面的抚恤补助体系，有效地保障了优抚安置对象的合法权益，为江西省经济社会的发展和稳定作出了应有的贡献。

（1）保障军人生活

中华人民共和国成立初期，江西省各类优抚对象只享受低标准抚恤补助。1978年至2007年底，江西省在中央财政的支持下，先后20多次提高在乡复员军人、带病回乡退伍军人定期生活补助标准。2002年，对优抚对象就医制定优待措施，以政策法规形式加强退伍军人医疗保障。2005年，江西省制定下发《江西省优抚对象抚恤补助工作规范》，全省抚恤补助资金的发放全面实行社会化管理，基础数据实现网络化管理，抚恤管理工作上了新台阶。同年启动"优抚对象安居工程"，为符合条件的优抚对象发放修建房屋补助。2007年，制定《关于适当提高部分军队退役等人员生活补助的意见》，帮助军队退役人员解决生产、生活、医疗、子女教育等方面的实际问题。

党的十八大以来，全省优抚标准以平均每年增幅不低于10%的速度持续提高，建立优抚对象医疗服务和巡诊制度、短期疗养休养制度，对医疗优待对象及其直系亲属看病就医进行大幅度让利优待。2020年，全年按时足额发放到位22.8亿元优抚资金，惠及优抚对象近29万人。江西省在乡复员军人的年补助金额已接近当地农民年人均收入，近70%的县市在乡复员军人的年补助金额已超过当地农民的人均收入。

（2）保障军人就业

1980年，江西省复员退伍军人和军队离休退休干部安置工作领导小组成立。从1980年开始，全省先后在11个设区市建立了

14个军队离休退休干部休养所,在一些县(市)设立了军休服务站。1988年,《江西省实施〈退伍义务兵安置条例〉细则》颁布,退伍军人安置工作进入依法安置的新阶段。2002年,江西省政府下发《关于进一步做好退役士兵安置工作的通知》,要求各级政府大力推进安置改革,努力拓宽安置渠道。2004年,江西省政府办公厅转发《关于扶持城镇退役士兵自谋职业优惠政策的意见》,为城镇退役士兵自谋职业提供了良好条件和环境。

党的十八大以来,安置工作更上台阶。2016年12月,江西省政府颁布了《江西省实施〈退役士兵安置条例〉办法》,对退役士兵的接收安置、自主就业、安排工作、退休、供养等进行规范化管理,使江西省退役士兵安置工作走上规范化、法治化轨道。2020年,全省接收由政府安排工作退役士兵和退出消防员近1800人,安置军队离退休干部61人,下拨军休退役安置补助资金4.21亿元。

(五)病有所医:撑起人民健康保护伞

健康是促进人的全面发展的必然要求,是经济社会发展的基础条件,也是广大人民群众的共同追求。没有全民健康,就没有全面小康。从缺医少药到病有所医,从看病自费到全民医保,从疾病流行到免疫规划,江西省委、省政府着力建设"健康江西",确保人民群众看得上病、看得起病、看得好病。

中华人民共和国成立之初,江西省卫生事业设施差,人员缺乏,技术力量薄弱,疾病防治能力差。全省只有卫生机构141个、卫生专业人员 3559 人。改革开放以来，江西省医疗卫生事业有了长足发展，医疗卫生条件不断改善，医疗卫生体制改革深入推进，服务民生能力日益提高，已建成比较完备的医疗卫生体系。

1. 改善医疗卫生条件

（1）医疗卫生资源日益丰富

1978 年，江西省有各类医疗卫生机构 5178 个、病床 7.23 万张、卫生技术人员 7.02 万人（其中医生 3.04 万人）。党的十八大以来，江西省医疗卫生公共财政预算不断增加，由 2012 年的 219.15 亿元增加到 2016 年的 438.72 亿元。2017 年，江西省委、省政府印发《"健康江西 2030"规划纲要》，明确全省卫生与健康事业发展的指导思想、基本原则、目标要求。此后，"健康江西"建设不断深入，全省医疗卫生基础建设成绩有目共睹，医疗卫生网络体系日趋完备。2020 年，全省医疗卫生支出占财政支出的 9.88%，共有各类医疗卫生机构 3.67 万个（含村卫生室），比 1978 年增长 6.1 倍；医院、卫生院有床位数 28.58 万张，比 1978 年增长 2.95 倍，其中，乡镇卫生院有床位数 5.8 万张；有卫生技术人员 28.61 万人，比 1978 年增长 3.07 倍，其中执业医师和执业助理医师 10.49 万人，注册护士 12.93 万人。

（2）卫生人才队伍逐渐壮大

改革开放以来，江西省高度重视卫生人才队伍建设，并得到国家卫生部门的高度肯定。实施国家农村订单定向医学生免费培养项目，2010 年至 2020 年，累计培养农村订单定向医学生 5110 人。2018 年以来，实施基层卫生人员能力提升"国培"项目，全省累计培训 30480 人，其中 2020 年培训 3460 人。截至 2020 年底，全

新余市选派优秀医生按照"一村一所"进驻乡村,偏远山区群众看病难等问题得到缓解 (林君 摄)

省卫生系统有享受国务院政府特殊津贴专家136名,享受省政府特殊津贴专家109名,国家级"百千万人才工程"人选14名,省级"百千万人才工程"人选164名,国家和省级有突出贡献中青年专家共118人,入选"赣鄱英才555工程"44人。

(3)中医药强省建设不断推进

2015年,推动中医药事业发展被纳入省政府战略。2016年,江西省获批国家中医药综合改革试验区,成为全国第二个以省为单位的国家中医药综合试验区。江西省提出打造中医药强省战略。2017年,启动实施基层中医药服务能力提升工程"十三五"行动计划,乡镇卫生院和社区卫生服务中心建有中医馆数量增加到779家。2018年,江西承办世界中医药大会第四届夏季峰会,组建省中医药管理局,实现中医药管理体系重大突破。2019年,颁布《江西省中医药条例》。2020年,中医药全程深度参与省内外疫情防控,全省97.13%的社区卫生服务机构、99.56%的乡镇卫生院、72.68%的村卫生室具备中医药诊疗服务能力,基层中医药服务量占比提升到31.32%,高于全国平均水平。

2.深化医卫体制改革

(1) 公立医院综合改革全面推开

江西省公立医院综合改革采取"自下而上、先易后难"的推进策略。2015年,全省80个县的216所县级公立医院以取消药品加成为突破口,统筹推进补偿机制、管理体制、人事薪酬、监管机制等综合改革。2017年,江西省以"取消药品加成"为标志的公立医院综合改革实现全覆盖,逐步建立起维护公益性、调动积极性、保障可持续的公立医疗服务新机制,改变公立医院"以药补医"的传统运营模式。2019年底,全省所有公立医院全部取消药品加成,全省药品集中招标采购,推进全省医疗服务价格综合性改革。从2016年到2020年,江西省已连续5年在国务院医改办组织的公立医院综合改革效果评价中居全国第一方阵。

(2) 分级诊疗制度建设扎实推进

2015年,江西省政府出台《关于推进分级诊疗制度建设的实施意见》,初步建立分级诊疗制度框架,提出分级诊疗试点工作,2017年实现市、县全覆盖,初步形成了基础小病在基层、疑难大病到医院、预后康复回社区的就医格局。

推进医疗联合体建设。2017年,江西省政府出台《江西省推进医疗联合体建设和发展的实施意见》,提出在全省范围内推广城市医疗集团、县域医疗共同体、跨区域专科联盟和远程医疗协作网。截至2019年底，全省共组建多层次、多形式的医联体467个，实现网格化管理全覆盖。2020年，医联体建设试点进一步深化，在3个设区市开展城市医疗集团试点，在15个县（市、区）开展县域紧密型医共体建设试点。

提升基层医疗服务能力。党的十八大以来，江西省进一步加强基层医疗卫生服务体系建设。2016年至2018年，全面实施"提升县级公立医院综合能力三年行动计划"，选送1200名县级医院骨干医师到全国知名医院进修，支持建设603个县级医院重点专科。截至2018年，全省新（改）建村卫生室2908个，基层医疗卫生机构达标率提高到90%以上。2019年，县级公立医院疾病难度系数（CMI）达到0.8，县域内就诊率达到86.6%，基本实现城市居民15分钟、农村居民30分钟的有效就医圈。

完善家庭医生签约服务。2017年，全省所有市县实现家庭医

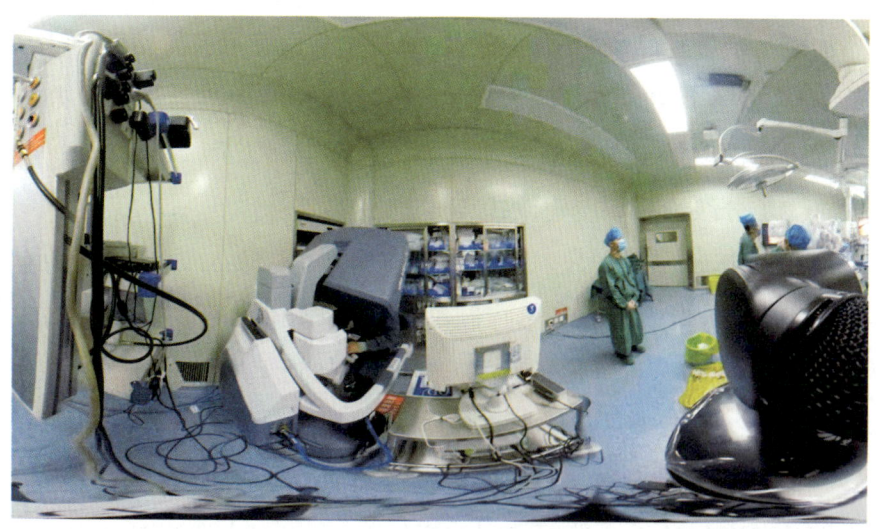

南昌大学第一附属医院东湖院区手术室"5G+VR"远程手术示教（南昌大学第一附属医院 提供）

生签约服务全覆盖,组建家庭医生团队3.6万个,为建档立卡贫困人口、老年人等重点人群提供服务。截至2018年底,家庭医生签约覆盖率达到38.1%,重点人群签约率达到73.2%。

构建远程医疗服务体系。2018年,所有贫困县(市)实现远程医疗全覆盖,全省基层医疗卫生机构门诊人次占比提高到65.2%。2019年,建成覆盖全省15家省直医院和80个县(市)的远程医疗系统。

(3)卫生服务体系建设日益完善

重点建设公共卫生服务体系。2003年,经过防治非典的考验后,江西省出台《关于加强公共卫生工作的意见》。提升公共卫生服务能力是"十三五"期间国家重点支持的领域。2017年,基本建立起一个覆盖全省的五级公共卫生信息网络直报体系。这些都为有效应对2020年的新冠肺炎疫情打下了良好基础。2021年,江西省出台《关于加强公立医院公共卫生职能建设的实施意见》,推动医防融合发展。同年,江西省出台《江西省突发公共卫生事件应急办法》,江西公共卫生应急工作进一步规范化。

进一步完善社区卫生服务体系。2006年,江西省卫生厅制定下发《社区公共卫生服务项目基本目录》,确定预防接种、健康咨询、讲座宣教、传染病防治等12种社区公共卫生服务项目由政府"埋单"。从2007年7月1日起,江西省在全国率先向城市居民发放社区公共卫生服务券,社区居民持券在社区卫生服务机构免费享受儿童保健、妇女保健、健康管理等公共卫生服务。2007年,社区卫生服务中心覆盖全省95.9%的城市街道,社区卫生服务网络覆盖全省97.7%的城市居民。2008年,率先利用全省社区公共卫生服务信息管理系统逐步推行社区公共卫生服务一卡通,仅凭身份证就可到社区卫生服务机构享受12种免费服务。2020年7月，江西全面开展社区医院建设。截至2020年，全省有社区卫生服务机构735个，其中社区卫生服务中心230个，社区卫生服务站505个。

3. 提升民生服务能力

（1）医疗技术水平不断提高

改革开放以来，江西省医疗技术发展突飞猛进。1987年，"自制二尖瓣球囊导管及配套器械"填补国内空白，获国家实用新型专利，并向全国26个省市的100余家医院推广。20世纪90年代，首创的"辐照氟银猪皮"覆盖物治疗烧伤技术应用于临床，被国家科委批准为国家级科技成果重点推广项目，在全国14个省市推广应用。自行设计的"后天性肛前瘘治疗方法"术式被列入教科书，并在1991年获得第40届布鲁塞尔尤里卡世界发明博览会金奖。

进入21世纪，尤其是医疗体制改革以来，大批国内领先甚至国际先进新技术投入临床应用，为保障人民群众的健康作出了突出贡献。"新生儿外科胸腔镜手术治疗先天性食管闭锁"等儿科医疗技术国际领先。2015年，江西省中医院完成的"热敏灸技术的创立及推广应用"获国家科技进步奖二等奖。2020年底，全省有65家卒中中心（其中8家已获国家认证）、24家创伤急救中心、53家胸痛中心（其中33家已获国家认证）通过评估认证，26个学科进入专科排行榜前100名。

（2）卫生民生工程稳步推进

落实基本公共卫生服务项目。截至2019年，江西省基本公共卫生服务项目人均补助标准提高到60元。截至2020年底，建立

四、真情实意惠民生

全省城乡居民健康档案4241.43万份,电子建档率达91.26%;为1198.88万名老年人、儿童、孕产妇及高血压、糖尿病、重性精神疾病和结核病患者等提供健康服务与管理。财政部江西监管局对全省基本公卫服务项目绩效评价为优等,第三方电话调查满意度在90%以上。

开展重大疾病免费救治。江西省从社会关注、群众关心的"看病贵、看病难和看好病"入手,以损害群众身心健康、诊疗技术成熟、治疗效果确切的重大疾病的救治为切入点,自2009年起,先后启动实施10种重大疾病免费救治工作。2020年,江西省免费救治重大病种增至35项,累计救治大病患者157万例次,是全国免费救治病种数和救治人数最多的省份,逐步形成了具有江西特色的重大疾病救治管理服务体系和机制。

稳步实施健康扶贫工程。在全省范围内组织开展因病致贫家庭情况调查,《江西省医疗卫生扶贫工作方案》提出了4个方面23条具体扶贫措施。2016年,组织全省6万多名乡村卫生工作人员,

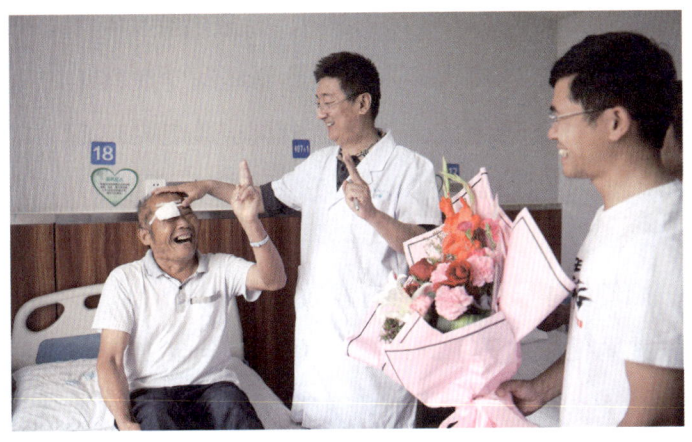

贫困户重获光明 (江西画报社 提供)

完成全省 102 万因病致贫人口调查工作。开发建设了全省因病致贫家庭信息管理系统，一户一档。2020 年，县域内定点医疗机构均实现先诊疗后付费和"一站式"即时结算，切实解决贫困人员转外就医垫付资金不足的难题。

（3）疾病防控工作扎实开展

2018 年，江西成为全国首个按世卫组织标准通过消除疟疾终审评估的省份。2020 年，江西省免疫规划疫苗报告接种率均超过 90%，100 个县（市、区）麻风病患病率均在 1/10 万以下，全省法定传染病报告发病率为 410.73/10 万，甲类传染病无发病、死亡病例报告。全省 24 个县（市、区）达到血吸虫病消除标准，提前完成全国"十三五"血防规划要求的消除目标。面对 2020 年初暴发的新冠肺炎疫情，江西省委、省政府快速响应，在全国较早启动重大突发公共卫生事件一级响应，整合各级疫情防控指挥部，信息资源共享、措施联动。全省有 143.25 万名党员干部奋战在疫情防控一线。对确诊病例集中救治、应治尽治，先后派出 11 批 13 支医疗防疫队 1271 名医务人员驰援湖北武汉、随州等地。2020 年，全省报告新冠肺炎病毒感染者 935 例，治愈出院 934 例，死亡 1 例。管理密切接触者 2.84 万人，入境人员隔离医学观察 1.19 万人，入境重点管控人员 2.64 万人，处置新冠肺炎疫情 252 起。江西取得抗击疫情的重大阶段性胜利，建立并逐渐完善疫情防控常态化管理制度。

（4）妇幼健康服务工作卓有成效

妇女儿童健康水平不断提高。2000 年至 2020 年，江西省孕产妇死亡率从 50.01/10 万下降到 5.94/10 万，婴儿死亡率从 34.8‰下降到 4.2‰，5 岁以下儿童死亡率从 43.4‰下降到 8.7‰。孕产妇死亡率、婴儿死亡率和 5 岁以下儿童死亡率早已提前实现《中国妇女发展纲要（2011—2020 年）》和《中国儿童发展纲要（2011—2020 年）》发展目标。妇幼保健和计划生育技术服务资源优化整合。2020 年，贫困地区儿童营养改善、新生儿疾病筛查项目实现贫困县全覆盖。贫困县农村妇女"两癌"免费检查 28.7 万人，完成城镇贫困妇女"两癌"免费检查。艾滋病母婴传播率下降到 2.44%，达到艾滋病母婴传播消除目标。

五、绿色崛起走前列

"采菊东篱下,悠然见南山""落霞与孤鹜齐飞,秋水共长天一色""人间四月芳菲尽,山寺桃花始盛开"……江西自古以来山川秀美,自然风光怡人,具有较好的生态环境基础。中华人民共和国成立以来,在党中央的坚强领导下,江西开启了生态文明建设新征程。从实施"山江湖工程",到建设"鄱阳湖生态经济区",再到

龙虎天下绝(杨继红 摄)

五、绿色崛起走前列

建设"国家生态文明试验区",江西广大干部群众坚持不懈、久久为功,始终像保护眼睛一样保护生态环境,像对待生命一样对待生态环境,努力践行"绿水青山就是金山银山"的理念,让绿色生态成为江西最大财富、最大优势、最大品牌。习近平总书记赞誉江西"庐山天下悠、三清天下秀、龙虎天下绝",鄱阳湖被誉为"世界湿地""候鸟王国",这些都是江西良好生态的生动写照。

(一)厚植优势:擦亮绿色发展的底色

生态兴则文明兴,生态衰则文明衰。良好生态环境是最普惠的民生福祉,是全面小康最亮丽的底色。在党中央、国务院的亲切关怀下,江西生态文明事业从小到大、从弱到强、从局部向整体发

展,从行业向全社会覆盖,走过了波澜壮阔的奋斗历程。特别是党的十八大以来,江西省委、省政府坚持以习近平新时代中国特色社会主义思想为指导,深入贯彻落实习近平生态文明思想和习近平总书记视察江西重要讲话精神,坚持走生态立省、绿色崛起道路,坚决打好污染防治攻坚战,协同推进生态高水平保护和经济高质量发展,推动国家生态文明试验区建设取得重要成果,打造美丽中国"江西样板"迈出坚实步伐。

1. 江西省生态文明建设的发展历程

（1）改革开放以来至20世纪末：探索阶段

改革开放以来,党中央把环境保护作为基本国策,确立了环境保护在经济社会发展中的重要地位。江西敏锐地认识到生态环境的重要性,较早树立起生态发展的理念并进行了积极探索。1983年,江西省委、省政府提出并实施"山江湖工程",把生态与经济作为一个系统,提出"治湖必须治江、治江必须治山、治山必须治贫"的科学发展理念。1985年7月,江西省委、省政府遵循可持续发展原则,决定把山江湖开发治理作为振兴江西经济的奠基工程和促进经济社会与环境协调发展的治本之策,确立"立足生态、着眼经济、系统开发、综合治理"的开发治理方针。1992年初,江西省委、省政府在总结山江湖治理经验的基础上,又作出"在山上再造一个江西"的重大决策,即全面培育、有效保护、合理利用森林资源,充分发挥森林的生态效益和经济效益,促进经济快速发展和社会全面进步。1998年,全省实施"跨世纪绿色工程",大力推进和深化林业分类经营,着力提高森林资源质量和综合效益,高标准建设商品林基地。

五、绿色崛起走前列

（2）进入 21 世纪以来至党的十八大：深化阶段

进入 21 世纪以来，党中央提出可持续发展战略，确立科学发展观的指导思想，强调人与自然和谐发展、建设"资源节约型、环境友好型社会"，把环境保护与经济发展统一起来。江西省委、省政府深入贯彻落实科学发展观，进一步确立了生态立省、绿色发展的理念，在提出"实现在中部地区崛起"战略目标的同时，明确提出"既要金山银山，更要绿水青山"，把保护生态环境摆在更加突出的位置。2003 年，江西对项目的引进确立了"三个不准搞"的原则，即严重污染环境的项目不准搞，严重危害人民生命健康和职工安全的项目不准搞，"黄、赌、毒"的项目不准搞。2005 年 12 月，江西省委十一届十次全会提出"五化三江西"的主要任务，其中建设"绿色生态江西"作为"三江西"之一。党的十七大报告第一次提出"建设生态文明"的目标后，江西省不断深化和创新发展理念，提出"科学发展、绿色崛起"的发展战略。2009 年 12 月，国务院正式批复《鄱阳湖生态经济区规划》。该规划是中华人民共和国成立以来江西省第一个上升为国家战略的区域性发展规划。2010 年，建设鄱阳湖生态经济区动员大会在南昌召开，把建设鄱阳湖生态经济区作为江西科学发展、进位赶超、绿色崛起的龙头工程和首要任务，努力探索大湖流域治理、生态与经济协调发展的路径。

（3）党的十八大以来：升华阶段

党的十八大以来，以习近平同志为核心的党中央从中国特色社会主义事业"五位一体"总体布局的战略高度，对生态文明建设提出了许多新思想、新观点和新论断，为加强生态文明建设、建设美丽中国提供了理论遵循和行动指南。党的十八届五中全会提出创新、协调、绿色、开放、共享的发展理念，标志着绿色发展进入全面推进的新阶段。2014年11月,国家发改委会同国家林业局等5个部门正式批复《江西省生态文明先行示范区建设实施方案》,把江西全境列入生态文明先行示范区建设。2015年1月,江西省委、省政府印发了《关于建设生态文明先行示范区的实施意见》,对重点任务进行了细化落实,努力在保护生态环境、发展绿色产业、完善绿色制度、弘扬绿色文化等方面开展建设工作,重点以县域为抓手,开展生态文明先行示范县创建工作。2016年8月,江西获批成为全国3个国家生态文明试验区之一,承担起了先行先试、探索新路的历史重任。2017年6月,中央深改组审议通过《国家生态文明试验区(江西)实施方案》。到2020年,国家生态文明试验区38项重点改革任务全面完成,山水林田湖草保护修复、全流域生态补偿、国土空间规划、环境治理体系、绿色金融改革、河湖林长制等改革走在全国前列,全省35项改革举措和经验成果进入国家清单并在全国推广。

2. 生态环境法律法规日益健全

习近平总书记指出:"只有实行最严格的制度、最严密的法治,才能为生态文明建设提供可靠保障。"江西省认真贯彻国家环境保护法律法规和各项政策措施,同时积极加强生态环境地方立法工作,制定和颁布了一批环境保护条例,出台了一系列促进人与自然和谐发展的法规和政策,建立健全优化国土空间开发、节约资源、保护生态系统的法律法规体系。

1981年,为了合理开发和保护丰富的矿产资源,江西省颁布了第一部环境资源保护地方性法规《江西省矿产资源保护暂行办法》。40年来,先后制定和修订了近200件生态环境资源保护的法规,在各领域中所占比例最高,占三成以上。这些法规涵盖了大气、水、土地、矿藏、森林、湿地、野生动物、自然遗迹、风景名胜等客体,在环境污染防治、自然资源保护、生态文明领域已基本做到有法可依,主要有《江西省环境污染防治条例》《江西省实施〈中华人民共和国水土保持法〉办法》《江西省湿地保护条例》《江西省水资源条例》《江西省森林条例》等。

党的十八大以来,江西加大了生态文明领域法治建设力度,生态文明领域的法律法规建设日益完善,相继出台了《江西省大气污染防治条例》《江西省生态空间保护红线管理办法》《江西省湿地保护工程规划》《江西省农村生活垃圾专项治理工作方案》《江西省土壤污染防治条例》《江西省实施河长制湖长制条例》《江西省党政领导干部生态环境损害责任追究实施细则(试行)》《江西省生态文明建设促进条例》等法规制度,为保护江西的青山绿水、保护人民群众良好的生活环境、推进生态文明建设、决胜全面建成小康社会,提供了坚强有力的法律制度保障。

3. 生态文明制度体系逐步完善

江西作为首批国家生态文明试验区之一,努力提升生态文明制度水平,不断完善"源头严防、过程严管、后果严惩"的制度体系,把生态文明建设纳入制度化、法治化轨道,以制度创新推动国家生态文明试验区建设。

建立"源头严防"管控体系。全面落实主体功能区规划,统筹划定"三区三线",建立"四级三类"国土空间规划体系,构建全省国土空间规划"一张图"。划定永久基本农田3693万亩,建立永久基本农田储备区制度。初步划定生态保护红线面积4.69万平

萍乡市武功山帐篷节 （奉启军 摄）

方千米，占江西地域面积的28.06%。健全生态环境监管制度，组建自然资源和生态环境部门，国土空间管控、生态保护修复、城乡污染治理等职责进一步理顺，赣江流域环境监管体制改革全面推开，省以下环保机构垂管改革基本到位。

完善"过程严管"监督体系。在全国率先出台全省流域综合管理暂行办法，健全完善以五级河长制湖长制林长制为核心的全要素全领域监管体系。推进自然资源资产有偿使用试点，全面推行生活垃圾分类制度。积极落实能源消费总量和能耗强度"双控"制度，出台燃煤电厂超低排放电价补贴、电机能效提升财政补助等政策，在全省范围建立居民阶梯水价制度。

健全"后果严惩"责任体系。全面推行自然资源资产负债表制度，常态化开展自然资源资产离任审计。全面实行生态环境损害赔偿和责任追究制度。

通过多年的改革创新、拼搏进取，江西省生态文明制度体系更加完善，生态文明建设成为全省上下的共识和行动。特别是党的十八大以来，江西全面推进五级河长制湖长制林长制，率先建立全流域生态补偿机制，率先开展生态文明建设评价考核，绿水青山就是金山银山的理念深入人心，全省上下贯彻生态文明理念的自觉性和主动性显著增强。

（二）治山理水：扎实做好生态大文章

2016年2月，习近平总书记在江西视察时指出，江西生态秀美、名胜甚多，绿色生态是最大财富、最大优势、最大品牌，一定要保护好，做好治山理水、显山露水的文章，走出一条经济发展和生态文明水平提高相辅相成、相得益彰的路子。

1."山江湖工程"建设

鄱阳湖是我国最大的淡水湖,是长江中下游水生态安全保障区,在我国生态格局中具有十分重要的地位。1982年,为解决鄱阳湖流域系统严重的生态失衡、环境恶化和经济落后等问题,江西省委、省政府组织省内17个厅局、39个科研机构和大专院校,联合中国科学院综考会,汇集了600多名科技工作者,对鄱阳湖和赣江流域进行全面、深入的综合科学考察。根据鄱阳湖流域的山区、丘陵、江河、湖泊的互相联系、依托和制约以及社会经济生态环境复合系统的整体情况,遵循可持续发展原则,1985年7月,江西省委、省政府采纳了专家意见,把山江湖开发治理作为振兴江西经济的奠基工程和促进经济社会与环境协调发展的治本之策来抓。对鄱阳湖流域进行综合治理,成立了赣江流域及鄱阳湖区开发治理领导小组(江西省山江湖开发治理领导小组)。"山江湖工程"作为一项宏大的流域管理工程,成为江西实施时间最长、涉及面积最广、参与人数最多的伟大工程。

1983年,江西率先提出了"治湖必须治江、治江必须治山"的流域治理基本战略。20世纪80年代中后期,随着流域治理试点工作的进展,"山江湖工程"提出了"治标须治本""治山、治水须治穷"的观点,将工程的基本战略延伸为"治湖必须治江、治江必须治山、治山必须治穷"。"山江湖工程"自1985年正式实施后进展迅猛,实施了"灭荒"造林、"山上再造"和"跨世纪绿色工程"三大战役。进一步提出"立足生态、着眼经济、系统开发、综合治理"的方针,将"山江湖工程"由单纯的山水治理系统工程扩展为"治山、治水、治穷"相结合并融为一体的生态经济系统工程。"山江湖工程"先后建立和推广了一大批科学发展模式,如小流域综合开发治理试验示范基地模式、红壤丘陵立体开发模式、"猪—沼—果"生态农业系列模式、生态农业和绿色食品系列模式等。通过实施"山江湖工程",在优化生态环境的基础上发展三大支柱产业:以生态农业为主的现代农业,以绿色有机食品为主的绿色产业群,以生态旅游为主的旅游业。形成生态经济的良性循环,一个山清水秀、生机勃勃的生态江西展现在世人面前。昔日"山光、田瘦、人穷"的荒凉山村,初步出现了"山青、水绿、人富"的喜人景象。

"山江湖工程"以可持续发展为目标,以"治山、治江、治穷"为核心的实践与创新,引起国际社会的广泛关注。"山江湖工程"先后与联合国粮农组织、联合国开发计划署、欧盟、世界银行、亚洲银行、世界自然基金会、美国、日本、德国、英国、瑞士等10多个国际组织和30多个国家(地区)开展了交流与合作,成为"世界认识江西,江西走向世界"的桥梁和纽带。

2010年,山江湖区域地表水水质总体良好,主要河流水质监测断面达标率为80.5%。赣南东江源成为国家级生态功能保护试点区,赣江(章江)源为省级生态功能保护区,赣江(贡江)源、仙女湖和修水源为省级生态功能保护试点区。历史遗留的矿山地质环境治理率达到47.8%。新建和在建矿山毁损土地全面复垦利用,历史遗留矿山废弃土地复垦率达到25%,矿山次生地质灾害明显下降。矿山"三废"排放综合达标率达到100%,矿山废水循环利用率达到80%,矿山废渣综合利用率达到15%。

2. 国土绿化工程建设

党的十八大以来，每年的春天，习近平总书记都会同首都各界一同植树，率先垂范，强调生态保护、坚持绿色发展。在习近平生态文明思想指引下，江西人民向着建设绿色家园的美丽梦想拼搏奋进。

江西省是南方重点集体林区和重要生态屏障，林业在全省生态建设和经济社会发展中具有重要地位。改革开放以来，历届江西省委、省政府坚持生态优先、绿色发展，一任接着一任干，一张蓝图绘到底，先后组织实施了造林"灭荒"、"在山上再造一个江西"、"跨世纪绿色工程"、"森林城乡、绿色通道"、"森林质量提升"、"森林城市创建"等一系列大规模造林绿化工程。经过全省上下40多年坚持不懈的植树造林，江西省森林面积持续扩大，森林质量不断提升，城乡生态环境显著改善，城乡居民生态福祉不断增强。

持续开展全民义务植树活动。全民义务植树持续开展40年，全省动员、全民动手、全社会共同参与，植树造林、绿化家园成为全社会自觉行动。江西省领导率先垂范，在全省各地掀起了主题突出、形式多样、内容丰富的义务植树活动热潮。2020年，全省各地结合"3·12植树节""国际森林日""防治荒漠化与干旱日""世界野生动植物保护日"等重要节点开展国土绿化主题宣传活动，营造"植绿、护绿、爱绿、兴绿"的良好社会风尚，不断提高全民绿化意识。"十三五"期间，全省参加义务植树人数累计1.02亿人次，植树5亿株。

造林绿化重点工程进展顺利。"十三五"期间，完成人工造林657.4万亩、补植217.3万亩，连续5年超额完成各项年度造林绿化任务。大力推进国家林业重点工程建设，完成长（珠）防林405.2万亩、血防林60万亩。完成沙化土地治理面积88万亩。

森林城乡更加美丽宜居。随着萍乡市成功创建"国家森林城市"，江西省在全国率先实现"国家森林城市"设区市全覆盖，武宁县、崇义县成功创建"国家森林城市"，430个行政村被评为"国家森林乡村"；创建省级森林城市76个、省级森林乡村675个；建设乡村森林公园204个、乡村风景林示范点672个。通过开展森林城市创建，提升了全省城乡绿化整体水平，城镇绿化覆盖率、绿地率、人均公园绿地面积等主要绿化指标稳步提高，广大城乡居民充分享受到了森林城市创建带来的生态福利。"让森林走进城市，让城市拥抱森林"逐渐成为现实。一个善待自然、青山常在、绿水长流、空气常新、人与自然和谐共生的美丽江西越来越清晰。

自然保护地体系不断健全。江西省委、省政府出台《关于建立以国家公园为主体的自然保护地体系的实施意见》，探索建立以国家公园为主体、自然保护区为基础、各类自然公园为补充的自然保护地体系。全省自然保护地达547处，其中各类自然保护区191处（国家级16处）、风景名胜区45处（国家级18处）、森林公园182处（国家级50处）、湿地公园109处（国家级40处）、地质公园15处（国家级5处）、世界遗产5处，自然保护地数量居全国前列。

2020年，江西省森林面积达1.55亿亩，森林覆盖率稳定在63.1%，活立木蓄积量6.85亿立方米，乔木林单位面积蓄积量5.26立方米/亩，湿地保有量稳定在1365.1万亩，湿地保护率61.99%，11个设区市全部获"国家森林城市"称号，森林和湿地生态系统年综合效益达1.49万亿元，全省林业产业年产值5307亿元，是全国"最绿"省份之一。

鹤舞鄱湖。图为江西省省鸟、国家一级保护动物白鹤 （纪伟涛 摄）

3. 鄱阳湖生态经济区建设

鄱阳湖是江西的母亲湖。为实现保护赣鄱大地青山绿水与开发利用的统一，2008 年，江西省委、省政府提出建设鄱阳湖生态经济区战略，并同时向国家有关部委上报《鄱阳湖生态经济区规划》。2009 年 12 月，国务院正式批复《鄱阳湖生态经济区规划》，标志着鄱阳湖生态经济区建设上升为国家战略。这是中华人民共和国成立以来，江西省第一个上升为国家战略的区域性发展规划，是江西发展史上的重大里程碑。

《鄱阳湖生态经济区规划》范围包括南昌、景德镇、鹰潭 3 个城市以及九江、新余、抚州、宜春、上饶、吉安的部分县（市、区），共 38 个县（市、区），鄱阳湖生态经济区覆盖江西省 30% 的地域面积，承载了全省近 50% 的人口，创造了 60% 以上的经济总量，具有良好的发展基础。

　　建设鄱阳湖生态经济区,旨在从国家战略全局和长远发展出发,探索欠发达地区经济与生态协调发展的新模式。通过各地各部门的共同努力,鄱阳湖生态经济区建设工作成效显著。区域生态环境质量继续位居全国前列。紧紧围绕保护鄱阳湖"一湖清水",江西省大力实施"五河一湖"生态综合治理工程、造林绿化工程、城镇生活污水和工业园区污水处理工程、农村清洁工程以及和谐秀美乡村建设工程等重大工程。通过这些重大生态工程和一系列重大举措,鄱阳湖流域环境质量得到进一步巩固提升。

　　2020年底,《鄱阳湖生态经济区规划》涵盖的各项指标完成较好。鄱阳湖天然湿地面积达3464平方千米,鄱阳湖水质Ⅲ类以上占比41.2%,"五河"省控断面Ⅲ类以上水质比重达98.5%,森林覆盖率达63.1%,单位地区生产总值能源消耗比2015年降低19.3%,单位工业增加值用水量比2015年降低28.5%,化学需氧量排放量比2015年降低4.75%,二氧化硫排放量比2015年降低

15%，人均地区生产总值为69575元，城镇居民可支配收入2015年至2020年年均增长10%，农村居民人均纯收入2015年至2020年年均增长13%，居民期望寿命为77.2岁，城镇化率达64.21%。《鄱阳湖生态经济区规划》的实施主要取得了7个方面的成效：一是生态建设和环境保护成效明显；二是环境友好型产业体系初步形成；三是基础性设施日趋完善；四是生态文明社会有序推进；五是城乡区域发展更加协调；六是改革开放程度不断深化；七是各项政策措施加快落实。建设鄱阳湖生态经济区是江西从实际出发，着眼于保护鄱阳湖"一湖清水"和国家战略全局及长远发展，积极探索经济与生态协调发展的新模式，也为推动我国大湖流域综合治理积累了宝贵经验。

4. 河长制湖长制林长制全面推广

江西省自2015年底率先在全国以最高规格全境推行河长制，形成河长制湖长制"江西模式"，各项工作保持在全国前列。全省河湖环境质量有效改善，河湖乱象有效遏制，群众环境获得感不断增强，生态红利逐步显现。

河长制湖长制组织体系不断完善。坚持党政同责，区域和流域相结合，构建省、市、县、乡（镇）、村（社区）五级河长湖长组织体系。截至2020年底，全省江河湖泊共落实河长湖长2.5万余名，配备河湖管护、保洁人员9.42万人。各级河长湖长积极履职，层层传导责任，有效推动河湖问题的解决。

河湖管理及问题整治成效不断显现。坚持问题导向，江西省河长办联合多部门开展"清河行动"、消灭Ⅴ类及劣Ⅴ类水专项行动、鄱阳湖生态环境专项整治、河湖"清四乱"等，有效改善全省河湖环境面貌。2017年至2019年,全省河湖地表水断面水质优良率分别为88.5%、90.7%、92.4%,水质逐年提升。2019年,全省县级及以上断面未出现劣Ⅴ类水,长江干流江西段所有水质断面全部达到Ⅱ类标准,鄱阳湖区的总磷浓度均值比上年下降15.9%。

流域生态综合治理不断推进。 2017年起启动流域生态综合治理,每个县至少有一条河流或一个流域实施综合治理项目,总投资达464.5亿元,一批治山理水、显山露水的美丽河湖、幸福河湖逐步显现。积极构建鄱阳湖流域山水林田湖草生命共同体,全面启动生态鄱阳湖流域建设十大行动,努力实现河湖健康、人水和谐、环境保护与经济发展共赢。

河长制湖长制基础工作不断夯实。 在全国率先颁布《江西省实施河长制湖长制条例》,发布全国首个省级河长制湖长制工作地方标准。《江西省"五河一湖一江"流域生态保护治理规划》经江西省政府批准印发各地执行,河长制河湖地理信息平台上线运行,全国首本河湖保护教育出版物《我家门前流淌的河》发放至中小学校,工作纪实片《守护一泓碧波》在江西卫视等媒体播放。各地创新推行"河长+警长""河长+检察长""河长+社会河长"等机制,全省千余支"河小青"志愿服务队伍、数万名志愿服务人员参与到河湖保护中来,全民参与的共建共享格局初步形成。

全面推广林长制。 2018年,江西省在全国率先全面推行林长制,江西省委、省政府出台了《关于全面推行林长制的意见》《省级林长名单及责任区域》等4项配套制度,全面建立五级林长组织体系,真正建立起由各级党政领导同志担任林长、全面负责相应行政区域内森林资源保护发展的管理机制,各项工作取得了明显成效。2020年,全省共有省级林长11人、市级林长100人、县级林长 1603 人、乡级林长 14006 人、村级林长 35427 人，全面构建了省市县乡村五级林长管理体系。在全国率先由省委书记、省级总林长签发总林长令，市县两级签发总林长令达 153 次，向各级林长提交"三单一函"7805 份，各级林长开展巡林 5624 人次，协调解决森林资源保护发展问题 3017 个，林长责任得到全面落实。"一长两员"森林资源源头管理体系更加健全，实现森林资源源头网格化管理全覆盖。持续开展森林资源网格、管理人员、管护资金"三整合"，全省整合监管员 6322 人，聘请专职护林员 30911 人。全省 109 个县级单位推广应用江西省林长制巡护信息系统，系统上报事件总数 23741 起，已处理办结 23489 起，办结率为 98.9%。

通过全面推行林长制，全社会特别是各级党政领导保护发展森林资源的意识显著增强，森林资源管理水平大大提高，森林质量提升和生态富民成效明显，全省林业事业大保护、大发展的格局初步形成，"全面建立"到"全面见效"的步伐愈加坚定，实现"山有人管、树有人护、责有人担"目标。2020 年 11 月，中央深改委第十六次会议审议通过的《关于全面推行林长制的意见》，将落实党政领导森林资源保护发展责任、强化森林资源源头管理等"江西经验"纳入其中。江西林长制为全国生态文明建设提供了创新经验。

（三）攻坚克难：打赢污染防治攻坚战

污染问题既是发展问题，又是民生问题，关系到全面建成小康社会的成败。党的十九大提出，2020 年是全面建成小康社会决胜期,要坚决打好防范化解重大风险、精准脱贫、污染防治的攻坚战,使全面建成小康社会得到人民认可、经得起历史检验。把污染防治列为三大攻坚战之一,提升到关乎全面建成小康社会成败的高度。

为决胜全面建成小康社会,全面加强生态环境保护,打好污染防治攻坚战,提升生态文明,建设美丽中国,2018年6月,中共中央、国务院印发《关于全面加强生态环境保护 坚决打好污染防治攻坚战的意见》。江西省坚决贯彻中央打好污染防治攻坚战的决策部署,江西省委、省政府印发了《关于全面加强生态环境保护 坚决打好污染防治攻坚战的实施意见》。全省各地各部门全面加强生态环境保护,坚决打好污染防治攻坚战,为决胜全面建成小康社会、建设富裕美丽幸福现代化江西不懈奋斗。

1. 打赢蓝天保卫战

坚定不移削减燃煤污染。一是调整能源消费结构,严控新增燃煤发电厂,加快推进省级天然气管网建设和天然气推广利用。二是整治燃煤锅炉,加快淘汰10蒸吨/小时及以下燃煤锅炉(小锅炉),2018年共淘汰燃煤小锅炉671台,2019年完成淘汰小锅炉607台。三是热电联产项目进展积极,推动14个县(市、区)开展热电联产规划研究编制工作,争取国家能源局批复同意江西省新建112.25万千瓦燃煤背压热电联产项目。四是清洁能源发展势头良好,全省建成天然气管网2308.6千米,2019年供气24.1亿立方米,同比增加3.2亿立方米;全省可再生能源装机突破1500万千瓦,占全省发电装机比例超过四成。

全面深入治理工业污染。一是推动重点行业大气污染治理项目减排。煤炭行业累计淘汰落后产能和压减过剩产能900万吨。2020年，全省天然气利用总量达30亿立方米，同比增长约6.4%。二是深入推进挥发性有机物（VOCs）治理，开展了工业园区VOCs专项整治调研。2020年共组织833家企业集中清运含VOCs废料3019.7吨，督促968家企业全部更换活性炭吸附剂。三是开展"散乱污"企业及集群分类整治，排查出散乱污企业7478家，完成分类整治7286家。

江铃集团取得全省第一张新能源乘用车生产牌照
（成奔 摄）

加快治理交通领域污染。全省继续实施机动车环保限行、环保准入审核，强化环检机构监管，加强监管能力建设。一是建成省市两级机动车排污监控平台。12个市县级（11个设区市+丰城市）平台建成并投入运行，233个机动车环检机构全部实施联网。二是推进黑烟车抓拍系统部署。7个设区市建成遥感黑烟车抓拍系统，四大钢铁联合企业完成货运车辆通道尾气遥感监控设备安装。三是加快淘汰老旧车辆。2018年，全省共淘汰老旧车辆7.9万辆。2019年，回收报废汽车52088辆。四是加大新能源车推广力度。2018年，全省新增新能源汽车20716台，其中新能源公交车1257台。2019年，全省新增及更换公交车辆1315辆，其中新能源公交车1271辆,占比96.65%。

强化城市扬尘污染综合整治。江西省人大出台《关于加强全省建筑工地扬尘污染防治的决定》,指导各地加强城市精细化管理。一是2018年全省开展扬尘检查14264次,检查19560个工程点,下达建筑工地限期整改通知11755份,行政处罚604起,处罚金额1907万余元,城市建筑工地及道路扬尘污染问题得到极大改善。二是施工现场扬尘整治力度进一步加大。全省设区市级住建城管部门积极开展督查检查、零点夜查活动。推动运用视频监控技术手段对建筑工地现场扬尘治理进行监控。全省1210个在建项目安装了视频监控,安装率达57.8%。三是提升城市保洁能力水平。常态化开展"洗城行动",着力提升城市精细化管理水平。加大城市道路降尘力度,全省环卫保洁车辆达到15846台,年度保洁资金投入35.34亿元。

南昌市天空碧蓝如洗 (海波 摄)

严控城乡生活源污染。一是有效管控重点节日期间烟花爆竹禁燃禁放。二是抓好秸秆焚烧高发时节管控。建立对县（市、区）秸秆禁烧管控的考核和资金奖罚机制。2020年，强化露天禁烧监测监管，利用无人机对全省89个县（市、区）、360个乡镇秸秆焚烧情况进行巡查，累计航拍监测面积约4.2万平方千米。三是餐饮油烟企业安装高效油烟净化装置，不断加大对餐饮油烟污染的检查执法力度。全省规模以上餐馆50815家，安装油烟净化装置43965家，安装率86.5%，处罚1231起，处罚金额176万元。

2. 打赢碧水保卫战

深入实施水污染防治行动计划。印发水污染防治工作计划，定期梳理统计全省考核断面水质情况，加大排查整治力度，分析原因，加强监测预警，坚决扭转水质恶化趋势。2020年，全省国考断面水质优良比例为96%，长江干流江西段所有水质断面达到Ⅱ类标准，全省带着Ⅳ类及以上水质进入全面小康。

加强饮用水水源保护。开展水源水质环境状况评估，推进集中式饮用水水源地规范化建设，全省共划定县级及以上城市集中式饮用水水源保护区161个。积极开展饮用水水源地保护专项行动，组织开展排查水源保护区影响水源水质的问题，全省929个乡镇水源地共排查出1142个问题，2020年底基本完成整治。

开展黑臭水体整治专项督查。一是积极配合国家黑臭水体整治专项督查，完成南昌、吉安和赣州3个设区市黑臭水体整治督查工作。二是开展省级黑臭水体整治专项督查。2018年对9个设区市进行督查，全省设区市建成区有32个黑臭水体，已完成整治26个，完成比例为81%，达到国家考核目标要求。

有序开展入河排污口整治。按照"有口皆查"的原则,对赣江支流,抚、信、饶、修河干流及支流,鄱阳湖、柘林湖和仙女湖进行全面排查,共排查出3781个入河排污口。根据"应溯尽溯、测溯结合、溯污为主"原则,共排查出434个需整治的排污口,2020年底前已全部完成整治。

贯彻落实河长制湖长制工作。2018年制定颁布《江西省

群众喝上安全水 (江西画报社 提供)

实施河长制湖长制条例》。2019年对信江流域、赣江流域、修河流域、饶河流域等开展省级河长巡河督导。2020年开展省级河长巡河督导、"清河行动"。

3. 打赢净土保卫战

健全地方性法规和标准体系。2018年,江西省继续贯彻落实《土壤污染防治行动计划》,印发《江西省土壤污染防治2018年工作计划》《江西省土壤污染防治工作方案实施情况评估考核规定(试行)》,通过定期调度、督办通报和约谈等措施,全力推进土壤污染防治各项工作。2019年印发《江西省土壤污染防治项目管理规程(试行)》,发布《江西省土壤污染防治专家库》《进一步完善省级土壤生态环境管理项目库建设的通知》。2020年出台《江西省土壤污染防治条例》《江西省建设用地土壤污染风险管控标准(试

行）》《江西省建设用地土壤污染状况调查、风险评估、风险管控及修复效果评估报告评审细则（试行）》等地方性法规、标准和规范性文件，全省土壤生态环境依法管理"四梁八柱"框架体系基本确立。

开展土壤污染状况调查。完成农用地成果集成和上报工作，完成2393个重点行业企业用地土壤污染状况调查地块的信息采集工作，调查进展及质量均位于全国前列。高质量完成全省土壤污染状况普查，获得分析数据77万余个；在全国率先完成地下水污染防治区划分，初步掌握全省土壤、地下水污染现状。建立土壤信息管理平台，初步实现全省土壤和地下水污染防治工作"一张图"管理。

强化污染源监管。2018年动态更新了土壤重点监管企业名单403家，其中386家完成企业用地自行监测并对外公开，其余17家停产或未投产。2019年度动态更新全省土壤污染重点监管单位名录，454家企业被纳入重点监管单位名录；初步排查出43个涉镉污染源，已完成25个整治任务。2020年完成43个涉镉污染源整治，完成9个土壤污染治理修复应用技术国家试点项目，土壤污染风险基本得到管控。

推进建设用地专项行动。2018年建立了疑似污染地块名单134块，公布了28块污染地块名录。2019年排查出115个疑似污染地块并全部纳入全国污染地块信息系统管理。发布全省第一批土壤污染风险管控修复名录，将26个污染地块纳入名录管理。

持续推进治理修复。一是推进全省9个列入国家责任书的土壤污染治理与修复试点项目实施。二是动态更新土壤污染防治项目库。2019年度新增15个项目纳入省级项目库管理，其中12个获批中央项目储备库A类项目。三是建立并发布污染地块名单、建设用地土壤污染风险管控和修复名录。对可能造成地下水串层污染的报废矿井、钻井、取水井实施封井回填。2020年完成全省2470座加油站8526个地下油罐的更新改造。

4. 打赢农业农村污染治理攻坚战

2018年6月,《中共中央 国务院关于全面加强生态环境保护坚决打好污染防治攻坚战的意见》强调要"打好农业农村污染治理攻坚战"。江西省牢固树立绿色发展理念,以建设国家生态文明试验区为历史性机遇,将绿色发展贯穿于农业生产全过程,坚决打赢农业农村污染治理攻坚战。2018年,积极推进农村环境综合整治。完成农村环境综合整治任务715个,完成率为102%。深入推进畜禽养殖污染防治。

2019年,出台《关于扎实推进农村生活污水治理的实施意见》《江西省畜禽养殖污染防治规划》《农村生活污水处理设施水污染物排放标准》等文件,积极推进农村生活污水治理。对全省农村生活污水治理状况进行了全面排查。截至2019年底,全省共有农村生活污水处理设施3641座。全省共完成1013个建制村的环境综合整治,其中新建农村生活污水治理设施816套(个),超额完成农村环境整治年度任务。组织各地对2008年至2018年间获得中央专项资金支持的农村环境整治项目资金使用和项目进展及成效进行了评估,以随机抽取的方式选取41个农村生活污水治理设施开展了"不打招呼"水质监测。将崇义县、信丰县和石城县纳入农村生活污水整县推进试点。将上犹县和瑞金市推荐为全国黑臭水体治理试点。支持赣州市所有县(市、区)编制县域农村生活污水治理专项规划。

2020年全年共完成937个建制村农村环境综合整治任务，全省新建农村生活污水处理设施2203座（套）。"十三五"期间已累计完成3629个建制村农村环境整治，超额完成国家下达的3300个目标任务。组织对全省农村基本信息、生活污水治理及黑臭水体开展全面排查，在国内率先建设了涉及自然村的农村环境综合管理系统，收集全省15.7万个自然村近1200万条数据，并在此基础上建立了"一村一档"信息档案。指导全省94个涉农县印发县域农村生活污水治理专项规划，为推行农村生活污水处理统一规划、统一建设、统一运行和统一管理夯实了基础。将全省全部农村生活污水治理设施的地理坐标、现场图片、水质监测等数据载入系统实施监管，实现农村污水治理"一张图"管理。督促已建成的农村生活污水处理设施正常运行，对日处理能力20吨及以上污水处理设施出水进行定期监测。

2020年污染防治攻坚战阶段性目标基本实现，"三线一单"生态环境分区管控体系初步建立，《江西省生态环境保护分类监管办法（试行）》出台，固定污染源排污许可实现全覆盖，生态环保督察实现设区市全覆盖，领导干部自然资源资产离任审计全面推行；率先在全国全面完成人工繁育野生动物处置工作，重点水域禁捕退捕基本到位。2020年，生态环境质量显著改善。全省设区市城市空气质量优良天数比例为94.7%，细颗粒物平均浓度为30微克/立方米，较2015年下降了28.6%，空气质量达到二级标准的设区市由0个增加到10个；全省地表水水质优良比例为94.7%，提高了13.7个百分点，长江干流江西段Ⅱ类水质比例由2015年的66.7%提高到100%，消灭了Ⅴ类及劣Ⅴ类水。化学需氧量、氨氮、二

五、绿色崛起走前列

氧化硫、氮氧化物污染物排放总量累计分别下降4.8%、4.7%、15.0%、12.2%。全省森林覆盖率达63.1%，生态环境状况指数（EI）为优，生态环境质量位居全国前列。江西的天更蓝了，水更清了，地更绿了，环境更加秀美了，人民群众拥有了更多的获得感、幸福感和安全感。

（四）先行示范：创建国家生态文明试验区

党的十八大报告把生态文明建设作为治国理政的重要内容，纳入中国特色社会主义事业总体布局，首次提出建设美丽中国的目标，开启了生态文明新时代。党的十九大报告强调，建设生态文明是中华民族永续发展的千年大计，生态文明建设功在当代，利在千秋。江西作为仅有的全国3个国家生态文明试验区之一，从更高层次贯彻落实习近平总书记对江西工作的重要指示，坚定不移地提升绿色生态优势，把生态文明理念融入经济建设、政治建设、文化建设、社会建设各方面和全过程，不断探索生态文明建设新模式，大

赣州城市中央公园（王子辉 摄）

力培育绿色发展新动能,走出一条生态与经济协调发展的新路,以更高的标准打造美丽中国"江西样板"。

1. 习近平总书记对江西生态文明建设的指示要求

环境就是民生,良好的生态环境是人类生存与健康的基础,是最公平的公共产品,是最普惠的民生福祉,建设生态文明顺应了人民对美好生活的期待。

2015年3月,习近平总书记在参加十二届全国人大三次会议江西代表团审议时,殷殷嘱托江西走出一条经济发展和生态文明相辅相成、相得益彰的路子,打造生态文明建设的"江西样板"。2016年春节前夕,习近平总书记视察江西时又明确提出,绿色生态是江西最大财富、最大优势、最大品牌,一定要保护好,做好治山理水、显山露水的文章,走出一条经济发展和生态文明水平提高相辅相成、相得益彰的路子,打造美丽中国"江西样板"。这是

千古第一村——流坑古村(袁加勤 摄)

习近平总书记对江西生态保护实践的充分肯定，也是对江西未来科学发展的前瞻指导。

2. 探索国家生态文明试验区创新发展之路

2014年11月，国家发改委会同国家林业局等5个部门正式批复《江西省生态文明先行示范区建设实施方案》，把江西全境列入生态文明先行示范区建设。2016年8月，江西获批国家生态文明试验区，肩负起先行先试、探索绿色发展新路的光荣责任。2017年6月，中央深改组第三十六次会议审议通过《国家生态文明试验区（江西）实施方案》，明确江西要打造山水林田湖草综合治理样板区、中部地区绿色崛起先行区、生态环境保护管理制度创新区和生态扶贫共享发展示范区4大战略定位，赋予江西构建山水林田湖系统保护与综合治理制度体系、严格的环境保护与监管体系、促进绿色产业发展的制度体系、环境治理和生态保护市场体系、绿色共

治共享制度体系、全过程的生态文明绩效考核和责任追究制度体系6大体系建设任务，着力构建具有江西特色、系统完整的生态文明制度。并提出江西生态建设的路线图：推进国家生态文明试验区建设取得重大进展，环境保护和生态建设持续加强，生态环境质量全国领先，绿色经济率先发展，资源节约利用水平大幅提高，形成一批可复制可推广的生态文明建设制度成果，成为生态文明建设领跑者。

3. 奋力谱写江西绿色崛起新篇章

2018年7月，江西省委十四届六次全体（扩大）会议明确提出，要从更高层次贯彻落实习近平总书记对江西工作的重要要求，着力推动全省高质量、跨越式发展，不断开拓富裕美丽幸福现代化江西建设的新境界，共绘新时代江西物华天宝、人杰地灵的新画卷。会议确立了"绿色崛起"的省委工作思路，绿色崛起是江西发展的最佳路径。明确了建设国家生态文明试验区，打造美丽中国"江西样板"，要求江西必须在生态优先、绿色发展上有率先之举、务实之效。要千方百计提升生态质量和效益，让绿色成为江西发展最亮丽的底色，给子孙后代留下"落霞与孤鹜齐飞，秋水共长天一色"的绿色生态和美好环境。

2018年至2020年，全省上下按照打造美丽中国"江西样板"目标要求，对标建设国家生态文明试验区的总体部署，坚持改革创新、示范引领、样板打造，全面完成试验区重点改革任务，全面实现试验区建设阶段性目标，全省生态文明建设迈上新台阶。

（1）全面落实生态文明建设新要求，构建统筹推进的工作机制

对标党中央、国务院建设国家生态文明试验区的总体部署，

将生态文明建设融入经济社会发展全过程、全领域，生态文明理念更加深入人心，全省上下参与生态文明建设的自觉性、主动性显著增强。全面建立了党政主要领导双牵头的生态文明建设领导小组、生态环保委员会，单独设立生态文明体制改革专项小组。江西省委召开全会专题部署试验区建设工作并制定落实意见，率先建立省政府向省人代会报告生态文明情况的制度，构建了党委牵头抓总、人大监督推进、政府组织实施、政协建言献策、部门和地方"一把手"负责的统筹推进机制。

（2）打好污染防治攻坚战，生态环境质量实现新提升

狠抓重点领域污染治理。2020年坚决打好蓝天保卫战，坚持"一企一策""一城一策"，深入开展"四尘三烟三气两禁"整治行动，全省空气质量保持中部省份第一。坚决打好碧水保卫战，深入实施城镇污水处理提质增效三年行动，持续开展饮用水水源地保护、入河排污口治理和"清磷"整治，设区城市饮用水水源地

赣州市生活垃圾焚烧发电厂 （江西画报社 提供）

水质全部达标。坚决打好净土保卫战，推进城镇生活垃圾、建设用地污染、危险废弃物等专项整治，新版"限塑令"在全省有序推行。

开展城乡环境综合整治行动。2019 年，治理设区市城市黑臭水体 29 个，全省中心城区道路机扫率达 86.49%。加快推进南昌、宜春垃圾分类试点，建成垃圾焚烧处理设施 10 座。深入开展农村人居环境整治行动，完成农户改厕 56.09 万户。

实施节能节地节水行动。2020 年，全面推进"亩产论英雄"制度，大力开展节地增效行动，全省消化批而未用土地面积 20.44 万亩。深入实施节水专项行动，万元工业增加值用水量下降 6.5%。退出煤炭产能 334 万吨，新能源和可再生能源装机容量占比达 46%，能耗双控完成国家"十三五"目标。

推进长江经济带"共抓大保护"。2020 年，深入实施生态环境污染治理"4+1"工程和十大攻坚行动，推进"三水共治"和沿线岸堤综合整治，累计拆除非法码头 104 个，关闭退出化工企业 89 家，长江干流江西段所有水质断面达到 II 类标准。

（3）做好治山理水、显山露水文章，山水林田湖草综合治理形成新优势

构建一体化生态屏障。2020 年，深入实施国土绿化、森林质量提升、湿地保护修复等重大工程。累计完成高标准农田建设任务 1957 万亩。农药化肥使用量连续三年负增长。实施森林质量提升工程，将生态公益林补偿标准提高到 21.5 元/亩。森林覆盖率稳定在 63.1%，自然保护地数量达 547 处。

实施系统性生态修复。2020 年，推进生态鄱阳湖流域建设行动，深入实施系统保护和全流域治理，持续开展鄱阳湖越冬候鸟和

五、绿色崛起走前列

寻乌县废弃稀土矿山治理项目,创造了"寻乌经验"(选自《中国自然资源报》)

湿地保护、野生动植物资源保护等专项行动,长江干流江西段、鄱阳湖等重点水域全面同步禁捕。完成废弃矿山生态修复6.6万亩,治理水土流失面积12.7万公顷,水土流失面积和强度实现"双降"。

打响山水林田湖草综合治理品牌。2020年,深入推进赣州国家山水林田湖草生态保护修复试点,创新开展流域性稀土矿山尾水处理,山区崩岗治理"赣南模式"、废弃矿山修复"寻乌经验"获得国家相关部委肯定,深入推进九江长江"最美岸线"、昌铜高速生态经济带、吉安百里赣江示范带等建设,加快探索南昌城市滨湖地区综合治理新路径、吉安千烟洲小流域综合治理新模式。山水林田湖草综合治理样板区品牌进一步打响。

(4)践行绿水青山就是金山银山理念,绿色崛起迈出新步伐

着力打通"两山"转化通道。2020年,深入推进抚州国家生态产品价值实现机制试点,制定生态产品与资产评估核算办法,浮梁、武宁、湾里等省级试点形成初步成果。绿色金融改革取得重大

进展,绿色金融发展指数排名全国第四,绿色市政专项债、"畜禽洁养贷"等十余项改革经验被央行采纳并推广。赣州、吉安普惠金融改革试验区成功获批,开展"两山银行""湿地银行"制度试点,全省绿色信贷余额达到2586.6亿元。

加快推进生态产业化。2020年深入推进绿色有机农产品示范省建设,实施农业结构调整"九大工程",新建高标准农田302万亩,超额完成国家下达的任务。农药化肥使用量连续四年下降。"两品一标"农产品数量达3482个,创建10个国家农产品质量安全县,将6.7万家农业经营主体纳入追溯管理体系,农产品抽检合格率稳定在98%以上。大力发展中医药、大健康等产业,中国(南昌)中医药科创城、上饶国家中医药旅游示范区、宜春"生态+"大健康试点加快推进。

着力推进产业生态化。2019年持续推进传统产业优化升级行动,工业技改投资增长36.3%,淘汰煤炭落后产能183万吨,超额完成年度目标任务。加快发展绿色循环经济,建立生态文明地方标准180项,创建国家级绿色园区7家、绿色工厂33家,推进6个国家资源综合利用基地建设。2020年坚持高端化、智能化、绿色化方向,深入实施"2+6+N"产业高质量跨越式发展行动,加快培育壮大六大优势产业,大力推进铸链强链引链补链工程。航空、电子信息产业营业收入分别增长20%、13%,电子信息产业营业收入突破5000亿元。出台实施数字经济、新型基础设施建设三年行动计划,数字经济增加值达8500亿元。工业技改投资增长16.4%,占工业投资比重达39.2%。推进上饶、永丰等国家大宗固废综合利用基地建设,开展循环化改造的园区比例达到75%。

现代服务业提质升级。2019年深化绿色金融改革创新,加快推进赣州、吉安普惠金融改革试验区建设,赣江新区发行全国首单绿色市政债12.5亿元,全省绿色信贷余额达2241.6亿元。大力发展生态旅游、森林康养、健康养老等产业,2019年旅游接待总人次、总收入分别为5.5亿人次、5400亿元。服务业增加值占全省生产总值比重达47.5%,首次超过第二产业。

(5)增进人民群众生态福祉,生态文明共建共享凝聚新合力

创新生态扶贫。2020年深化国家生态综合补偿试点省建设,累计筹集流域补偿资金174.2亿元,推进第二轮东江流域生态补偿和赣湘渌水跨省补偿试点。生态公益林补偿金额达到11.2亿元,补偿面积5137万亩。累计建成光伏扶贫电站3.9万座,惠及贫困户36.78万户。选聘生态护林员2.38万人,带动7万人口实现脱贫。上犹、遂川、乐安、莲花等生态扶贫试验区"脱贫摘帽"。

深化城乡环境综合整治。2020年深入实施城市功能与品质提升三年行动,推进城市生态修复、功能完善,设区市城区黑臭水体基本消除。持续推进农村人居环境整治三年行动,2020年完成村组整治2万个,新建改建农厕80.3万户,全面推行"五定包干"村庄环境管护机制,在中部省份率先通过农村生活垃圾治理国检验收。

倡导绿色生活方式。大力推广绿色交通,2018年,全省新能源汽车保有量达到5.34万辆,建成充电站470座。发展绿色建筑,城镇新开工项目绿色建筑比例达43.7%。城市建成区绿地率达到42.2%。深入推进"保护母亲河""评选最美家庭"等主题活动。新编省情教材《美丽江西》《魅力江西》。全面开展绿色企业、绿色学校、绿色家庭等创建活动。广泛开展生态创建,2020年深入实施生态文明建设促进条例,开展首次生态文明宣传月活动,积

孩子们在社区体验智能垃圾分类回收机 （海波 摄）

极开展节约型机关、绿色家庭、绿色学校等创建行动，持续开展"河小青"志愿活动。新增国家"两山"实践创新基地1个、国家生态文明建设示范市县5个，总数均居全国前列。此外，江西省将生态文明纳入公共文明指数测评和新时代公民道德建设体系，加快推进一批省级生态文明示范县、示范基地和美丽宜居试点县建设。

2020年底，江西国家生态文明试验区建设取得丰硕成果。一是生态文明制度改革取得战略性成果。试验区38项重点改革任务全部完成，山水林田湖草保护修复、全流域生态补偿、国土空间规划、环境治理体系、绿色金融改革、河湖林长制等改革走在全国前列，抚州生态价值转化、萍乡海绵城市建设、景德镇"城市双修"、绿色发展"靖安模式"、废弃矿山修复"寻乌经验"、农村宅改"余江经验"等成为全国典范，全省35项改革举措和经验成果入选国家清单，在全国推广，生态文明制度"四梁八柱"全面构建。二是生态环境质量在高水平基础上持续改善。全省森林覆盖率稳定在63.1%，湿地保有量91万公顷，城市建成区绿地率全国第二，率先实现"国家森林城市""国家园林城市"设区市全覆盖。空气优良天数比例达94.7%，PM2.5平均浓度30微克/立方米，国考断面水质优良率96%。三是绿色动能更强，产业结构更优，经济与生态协调发展。"十三五"期间，主要经济指标增速保持在全国前列，江西省生产总值排位由第18位前移至第15位，战略性新兴产业、高新技术产业增加值占规模以上工业比重分别达22.1%、38.2%，数字经济增加值占地区生产总值比重达到30%，三次产业结构比由10.2∶49.9∶39.9优化调整为8.7∶43.2∶48.1，万元地区生产总值能耗、用水量分别下降18.3%、32%，主要污染物排放量完成国家下达的任务。

2021年11月，江西省第十五次党代会提出，促进经济社会发展全面绿色转型，更高标准打造美丽中国"江西样板"。绿色生态是江西最大财富、最大优势、最大品牌，我们要深入贯彻习近平生

南昌市艾溪湖森林湿地公园 （朱文标 摄）

态文明思想,深化国家生态文明试验区建设,扎实做好治山理水、显山露水文章,努力打造全面绿色转型发展的先行之地、示范之地。生态文明建设功在当代、利在千秋。我们要坚定走生态优先、绿色发展之路,全方位全地域全过程推进生态文明建设,奋力打造全国生态文明建设样板区。

如今,一幅山清水秀、生态文明的美好图景,正在赣鄱大地铺展;一场关乎4500多万人民福祉的绿色变革,已经踏上征程。在以习近平同志为核心的党中央坚强领导下,"蓝天白云、繁星闪烁、清水绿岸、鱼翔浅底"的梦想不再遥远,勤劳勇敢的赣鄱儿女一定能赢得永续发展的美好未来。

六、共建共享交答卷

2015年10月,习近平总书记在党的十八届五中全会上提出创新、协调、绿色、开放、共享的发展理念,强调坚持新发展理念是关系我国发展全局的一场深刻变革。其中,共享发展是新发展理念的出发点和落脚点,它以推进社会公平正义为前提,以推进扶贫脱贫、缩小收入差距为抓手,以推进区域、城乡基本公共服务均等化为保障,以推进共同富裕为目标。共享发展是与全面建成小康社会高度契合的发展理念,是马克思主义发展观在理论逻辑与实践发展的辩证统一。共享发展的实质是坚持以人民为中心的发展思想,注

优美宜居和谐,美丽乡村成为"幸福村"(习道斌 摄)

重解决社会公平问题，体现逐步实现共同富裕的要求。全面建成小康社会就是要使全体人民在共建共享中有更多获得感，其根本衡量标准就是全体人民的生活水平和生活质量得到普遍提高。共享发展理念的确立为全面建成小康社会作出了更科学的顶层设计，共享发展的具体要求为全面建成小康社会提出了更明确的目标和方向。共享发展理念是全面建成小康社会的价值引领，全面建成小康社会是实现共享发展理念的实践路径，两者相辅相成。

在以习近平同志为核心的党中央坚强领导下，江西省委、省政府团结带领全省人民始终坚持共建共治共享，一方面立足全省，兼顾革命老区、贫困地区开发建设，先后多次组织实施重大区域发展战略，协调推进城乡、区域共同发展，积极打造平安、和谐江西，奋力书写全面建成小康社会的江西精彩华章；另一方面放眼全国，坚持省际"输出"，积极援建汶川特大地震灾后的四川、援助新疆，为灾后群众重建美好家园、少数民族地区富裕发展和同步建成小康社会贡献江西力量。

（一）协调发展：破解发展不平衡难题

1978年以来，对于如何破解城乡、区域发展不平衡，推进区域协调发展，实现全省人民共同富裕问题，江西省委、省政府作过大量有益探索和尝试。20世纪80年代至90年代，江西省委、省政府立足农业大省的定位，提出以农业农村建设为重点，发挥各地农业资源优势，带动区域协调发展。1992年，邓小平视察南方途经江西时的讲话深刻改变了江西区域发展思路，以工业为主导的昌

六、共建共享交答卷

"心连心 故乡情——在沪赣籍医疗专家健康扶贫走进江西"大型公益志愿活动 （海波 摄）

九工业走廊发展战略和兼顾各区域发展的其他重大发展战略相继出台。

1. 城乡一体化建设

中华人民共和国成立至20世纪90年代，在相当长的一段时间里，由于计划经济体制和经济实力的原因，江西与全国其他地区一样，并未实现城乡均衡发展。随着国家经济体制的改革和经济实力的提升，统筹城乡的基本条件已经具备。为实现城乡经济社会一体化，让农村和城市共享发展红利，江西省委、省政府科学谋划、精心部署，积极破解城乡二元社会发展难题，取得了辉煌成就。

2000年3月，中共中央、国务院部署农村税费改革试点工作，对农村税费改革的内容作了明确的规定。2000年5月，江西省农村税费改革领导小组成立。2001年6月，江西省政府批复樟树市、崇义县和余干县开展农村税费改革试点方案，樟树市、崇义县、余干县获农村税费改革试点转移支付补助3835万元,3个试点县(市)农民人均税费负担由111.2元减少到75.3元。江西省农村税费改革试点工作由此拉开序幕。

2002年,全省开展农村税费改革工作。当年,全省农民人均负担由改革前的99.36元降到61.35元,减少了38.01元,人均减负率达38.3%;亩均负担由改革前的103.1元降到60.1元,减少了43元,亩均减负率达41.7%。

2005年1月1日起,江西全省免征农业税。2006年之后,农村税费改革进入农村综合改革阶段,改革主要内容是推进乡镇机构、农村义务教育和县乡财政管理体制三项改革,以此带动农村各项改革。农村税费改革、农村综合改革及相关配套改革大幅度减轻了农民负担,极大地解放和发展了农村生产力,开启了公共财政更多覆盖农村的新时期,成为统筹城乡发展,破解城乡二元社会发展难题的关键一招。

打破城乡二元结构,就必须让农业发展与现代化市场对接。2004年,赣州市在全省率先启动以建设新村镇、发展新产业、培育新农民、组建新经济组织、塑造新风貌、创建好班子"五新一好"为主要内容的社会主义新农村建设试点,成为江西省促进城乡均衡发展的一个妙招。

2006年,江西全面启动社会主义新农村建设,从省情出发,探索新农村建设路子。2007年以后,全省在积极发展现代农业、大力推进新农村建设的同时,开展了以"一村一品""六改四普及"和农村新社区建设为重点的新农村建设试点。

党的十八大以来,全省继续推进社会主义新农村建设,大力推进农业产业化,加强农产品品牌创建和营销。2017年,南丰蜜橘产区、赣南脐橙产区入选第一批中国特色农产品优势区。2018年，婺源绿茶产区、崇仁麻鸡产区入选第二批中国特色农产品优势区。2019年，广丰马家柚产区、广昌白莲产区入选第三批中国特色农产品优势区。2020年，遂川狗牯脑茶产区、井冈蜜柚产区、军山湖大闸蟹产区、樟树中药材产区入选第四批中国特色农产品优势区。同时全省不断拓展农业的多样化功能，充分挖掘农业农村资源的价值优势，不断延伸农业产业链和价值链，积极培育稳定可持续发展的"龙头企业＋合作社＋家庭农场"农业产业化联合体，大力推行智慧农业"123+N"建设。

2020年，全省农业产业实力进一步增强，省级现代农业示范园291个，全国"一村一品"示范村镇107个，农产品运营中心105家，益农信息社1.48万家，省级农业龙头企业963家，规模以上龙头企业销售收入6307亿元。同时，绿色生态产业也是江西农业的名片。至2020年，江西拥有省级绿色有机农产品示范县46个、国家绿色有机地理标志农产品3482个，"绿水青山"变成了"金山银山"。

江西作为一个传统农业大省，1949年城镇化率只有9.5%。中华人民共和国成立后到改革开放前，受"大跃进""文化大革命"等历史时期政治、经济形势的影响，全省城镇化发展曲折缓慢。改革开放以后，特别是党的十八大以来，江西充分发挥中心城市辐射和带动作用，大中小城市和小城镇有机结合、协调发展，积极培育城市群，全省城镇化发展总体呈现出不断加快的基本态势。在城镇化建设过程中，绝大部分城镇临水沿路而建，基本形成以南昌为中心、以浙赣线和京九线为发展轴带的"一心二带"大十字格局。大十字附近区域的城镇化水平和城镇密度较之其他区域要高，区域经济发展水平也相对要高。就全省区域空间来看，以南昌为核心的城镇人口密集区不仅包含南昌市区、南昌县、永修县、安义县，而且向外围扩展到奉新、高安、樟树和进贤等县市，以南昌为核心的南昌都市区已基本形成；而东西轴向城镇集中带除了其范围向外拓展外，还在上饶、抚州、新余、宜春和萍乡等地形成城镇人口的核心，以景德镇为核心的城镇人口密集区和以吉安为核心的城镇人口密集区与东西向城镇集中带相连接，使得由信江河谷城镇群、新宜萍城镇群构成的沪昆城镇发展带和由昌九城镇群、吉泰城镇群构成的京九城镇发展带已有雏形；赣南地区形成以赣州为核心的城镇人口密集区，为赣州都市区的形成发展打下基础，但其城镇辐射带动能力较小，未与北部城镇集中带形成联动，在空间分布上较为独立。

党的十八大以来，在江西省委、省政府的部署和有关部门的全力推动下，根据《江西省新型城镇化规划（2014—2020年）》《江西省主体功能区规划》精神，按照区域主体功能定位，全省城镇体系日益完善，空间布局不断优化，环鄱阳湖生态城市群、沪昆沿线城镇发展带、京九沿线城镇发展带、上饶副中心、赣州副中心、九江副中心加快建设，景德镇、萍乡、新余、鹰潭、宜春、吉安、抚州等区域性中心城市基础设施和服务功能逐步完善，人口向城镇流动的趋向更加明显，城镇主体空间布局形成"一群两带三副七区域中心"的城镇体系总体框架。

2. 实施重大区域发展战略

20世纪90年代初期，为抓住京九铁路建设带来的契机，江西省委、省政府作出建设昌九工业走廊的重大举措。1996年京九铁路通车以后,省内经济又呈现出沿京九线(南昌—九江—赣州)地区展开的发展趋势,使沿东西方向的浙赣线经济布局变为以京九线和浙赣线为主轴的"十字形"经济布局。

2012年2月,江西省第十一届人大五次会议上所作的《政府工作报告》中首次提出"龙头昂起、两翼齐飞、苏区振兴、绿色崛起"的区域发展战略。所谓"龙头昂起",就是以鄱阳湖生态经济区建设为龙头,加快打造南昌核心增长极,推进九江沿江开放开发,建设昌九工业走廊,推动昌九一体化。"两翼齐飞"即以沪昆线、京九线为轴线,加快发展以上饶、鹰潭为复合中心的赣东北区域经济增长板块和以萍乡、宜春、新余为复合中心的赣西区域经济增长板块。"苏区振兴"是指实现赣州、吉安、抚州等原中央苏区振兴发展。"绿色崛起"是指构建以鄱阳湖和江西山区内的广袤森林为基础的生物多样性生态功能区。

2018年7月召开的江西省委十四届六次全体(扩大)会议提

高铁经济成为城市发展"新引擎"。图为新落成的吉安西站 (罗正荣 摄)

出"一圈引领、两轴驱动、三区协同"的全新区域发展格局。"一圈引领"是指以南昌为核心,以赣江新区为引擎,以九江、抚州为支撑,以一小时交通时空距离为半径,联动丰城市、樟树市、高安市、鄱阳县等周边市县,打造融合一体发展的大南昌都市圈。大南昌都市圈涉及南昌、九江、抚州、宜春、上饶5个设区市,包括南昌县、新建区、安义县、奉新县、高安市、丰城市、樟树市、靖安县、进贤县、东乡区、余干县、永修县12个县(市、区)。"两轴驱动"是依托京九和沪昆高铁一纵一横两大高铁通道及合福、渝厦等高铁网络,加快建设高铁经济带,形成驱动发展的"两轴",强化江西省"十字形"生产力布局主骨架,构建承东启西、纵贯南北的内陆双向开放大通道。该战略涉及上饶、鹰潭、抚州、南昌、宜春、新余、萍乡、九江、吉安、赣州10个设区市。"三区协同"即赣南等原苏区振兴发展区(包括赣州市、吉安市和抚州市除东乡区、临川区以外区域)、赣东北扩大开放合作发展区(包括景德镇市、鹰潭市和上饶市除鄱阳县、余干县、万年县以外区域)和赣西转型升级发展区(包括萍乡市、新余市和宜春市除丰城市、樟树市、高安市、奉新县、靖安县以外区域)协同发展。这一发展战略的提出,标志着江西省基本形成层次清晰、分工合理、协调互动的高质量发展格局。

2020年,大南昌都市圈地区生产总值达9161.9亿元,占江西全省生产总值的35.66%,成为引领全省经济高质量增长的主体力量。赣州和九江两市2020年地区生产总值总量分别居全省第二、第三,成为拉动全省整体实力跃升的重要动力。同时,各地区发挥自身优势,经济增长形势持续向好。其中,赣州市生产总值达到3645.2亿元,并以4.2%的增长率继续位居全省第一,上饶市以

4.1%的增长率位居第二,紧随其后的吉安、鹰潭则取得同比增长4%的好成绩。固定资产投资方面,吉安同比增长9.6%,是全省增长最快的。农村居民人均可支配收入方面,萍乡、新余两市在全省11个设区市中分别排第二、第三,均突破3万元。省内各设区市在经济发展上各有侧重、各有建树。特别是在党中央、国务院的强力推动下,在国家各部委的大力帮扶下,赣南等原中央苏区与全国同步建成小康社会。

赣南等原中央苏区地跨赣闽粤,是土地革命战争时期中国共产党创建的最大最重要的革命根据地,是中华苏维埃共和国临时中央政府所在地,是人民共和国的摇篮和苏区精神的主要发源地,为中国革命作出了重大贡献和巨大牺牲。由于战争创伤以及自然地理等多种因素的影响,原中央苏区特别是赣南地区在较长一段时间内经济发展滞后,民生问题突出,贫困落后面貌没有得到根本改变。还有不少群众住在危旧土坯房里,喝不上干净水,不能正常用电,一些红军和革命烈士后代生活依然困窘;基础设施薄弱、产业

振兴苏区北向大通道——兴赣北延高速公路 (陈建华 摄)

结构单一、生态环境脆弱等制约当地经济社会发展的问题仍然比较突出。振兴发展赣南等原中央苏区，既是一项重大的经济任务，更是一项重大的政治任务，对于全国革命老区加快发展具有标志性意义和示范作用。支持赣南等原中央苏区振兴发展，是尽快改变其贫困落后面貌，确保与全国同步实现全面建成小康社会目标的迫切要求；是充分发挥其自身比较优势，逐步缩小区域发展差距的战略需要；是建设全国南方地区重要生态屏障，实现可持续发展的现实选择；是进一步保障和改善民生，促进和谐社会建设的重大举措。

经过几年的酝酿、策划、调研、考察和沟通对接，2012年6月28日，《国务院关于支持赣南等原中央苏区振兴发展的若干意见》（以下简称《若干意见》）正式出台。2013年8月22日，国务院办公厅下发《关于印发中央国家机关及有关单位对口支援赣南等原中央苏区实施方案的通知》，明确由国家发改委、中组部牵头，39个中央国家机关及有关单位对口支援赣州18个县（市、区），当年国家发改委、财政部等38个部委出台43个具体实施意见或支持政策。

赣州市蓉江新区滨江公园建成前后对比图 （江西画报社 提供）

《若干意见》出

台以来，特别是党的十八大以来，习近平总书记多次对革命老区振兴发展发表重要讲话，作出重要指示批示，站在时代和全局高度，指明了做好革命老区振兴工作的重大意义和目标要求。江西省委、省政府认真学习领会、深入贯彻落实，全省上下坚持把苏区振兴发展作为一项重大政治任务，抢抓战略机遇，强化使命担当，全力以赴推动赣南等原中央苏区振兴发展，坚决把老区建设得更好，让老区人民过上更加富裕幸福的生活。

8年来，江西省委、省政府领导经常深入苏区一线调研指导，多次赴京争取国家支持。江西省政府6次召开支持赣南苏区专题推进会，协调推进109个事项，争取国务院出台5个政策文件、中央单位出台300多个配套文件。国家召开7次部际联席会议，帮助协调111个重大事项。中央对口支援单位选派214名挂职干部，安排受援项目4700多个、资金近千亿元。在大力争取国家层面支持的同时，进一步完善省内政策支持体系。江西省委、省政府先后出台《贯彻落实〈国务院关于支持赣南等原中央苏区振兴发展的若干意见〉的实施意见》《关于纵深推进赣南等原中央苏区振兴发展实现与全国同步全面小康的意见》等6个政策文件，制定了《贯彻落实〈赣闽粤原中央苏区振兴发展规划〉实施方案》等系列配套方案，组织省直单位同步开展对口支援，在政策、项目、资金等方面给予极大倾斜，2012年至2020年累计安排各类资金8000多亿元。各地各部门也出台配套落实文件，积极承接中央政策落地。2020年，争取国务院出台《关于新时代支持革命老区振兴发展的意见》，明确延续执行部际联席会、西部大开发、对口支援等重大政策，并新增支持赣州建设革命老区高质量发展示范区等一批重大事项。

在以习近平同志为核心的党中央坚强领导下，在国家部委和有关单位的鼎力支持下，江西省委、省政府团结带领广大苏区干部群众，感恩奋进、砥砺前行，赣南等原中央苏区脱贫攻坚战取得全面胜利，21个贫困县全部摘帽，区域性整体贫困得到解决，完成消除绝对贫困的艰巨任务。截至2020年，累计改造农村危旧房104.89万户，解决农村安全饮水1330万人，新改建电力线路12.32万千米，新建和改造农村公路5.96万千米，水、电、路、房等突出民生问题得到有效解决。城乡居民人均可支配收入比2011年翻了一番多，在乡退伍红军老战士、红军失散人员等特殊困难群体生活水平得到很大提高。新增幼儿园3574所，改造农村校舍危房面积893.56万平方米，736.82万人次农村义务教育学生享受营养膳食补助。江西理工大学获批博士学位授予单位。新增执业（助理）医师1.78万人，赣州食品药品检验检测中心和瑞金、龙南区域性食品药品检验所建成投入使用。新建城乡公共文化设施1.55万座，稳步推进长征国家文化公园（江西段）建设，创作了《八子》《信仰者》《浴血广昌》等一批红色文艺精品。新建综合性基层平台7317个，苏区基本养老保险、基本医疗保险基本实现全覆盖。

一批国家级创新平台相继落户，4个产业集群主营业务收入突破千亿元，赣州稀土集团、合力泰、立讯射频等龙头企业加速壮大，新增规模以上工业企业4518家。建设高标准农田58.93万公顷，新增省级以上农业龙头企业296家，信丰、樟树成功创建国家现代农业产业园。赣州、吉安获批创建国家普惠金融改革试验区，新增主板上市企业20家，6家景区晋升国家5A级。重大基础设施体系完善，发展支撑能力显著提高。昌赣、向莆等一批铁路建成通车，新增铁路运营里程1029千米，苏区全面迈入高铁时代。昌宁、广吉等一批高速公路建成，新增高速公路通车里程1691千米。赣

2019年12月30日,赣州市首条国际航线正式通航,赣南老区迈入国际航空时代 (陈建华 摄)

州黄金机场、井冈山机场完成改扩建,上饶三清山机场投运。抚州电厂一期、分宜电厂扩建等项目建成发电。赣州西、上饶东等一批500千伏输变电工程投运。樟吉赣成品油管道、西气东输三线东段江西段等油气项目建成投产。峡江水利枢纽等一批水利项目建成投运,廖坊水利枢纽灌区二期正式通水。生态文明建设深入推进,南方生态屏障更加牢固。赣州山水林田湖草生态保护修复试点加快实施,治理废弃矿山138.54平方千米、水土流失9239平方千米,完成造林绿化68万公顷。新增省级绿色工厂44家、绿色园区18家。赣州、吉安、抚州获批国家低碳试点城市,井冈山、崇义入选国家"绿水青山就是金山银山"实践创新基地。东江流域开展两轮跨省上下游横向生态补偿试点、抚州率先开展生态产品价值实现机制试点,萍乡海绵城市试点建设连续3年获评全国第一。

至2020年,《若

一方水利惠赣鄱。图为有"小三峡"之称的峡江水利枢纽 (朱文标 摄)

干意见》各项阶段目标任务基本完成，在《若干意见》强大政策动能推动下，赣州经济发展迈入快车道，综合实力显著增强，全市生产总值达3645.2亿元，是2011年的2.7倍，居全国百强城市第66位，相比上年前移2位，同比增长4.2%，增幅连续5年全省第一，连续4年获全省高质量发展考评第一名。赣南老区实现整体跨越式发展，实现与全国全省一道同步全面建成小康社会的目标。

群众的幸福感是时代变迁的"晴雨表"，是民心向背的"风向标"。住在兴国县铭恩新村两层别墅式新房内的村民胡世瑞，想起前几年住着摇摇欲坠的土坯房、喝着浑浊的山塘水、用不上电的艰辛日子，感慨万千："建四次房倒四次房，今天终于住进新楼房。""哎呀嘞，三中全会似灯塔，苏区振兴像春风，万众紧跟习主席，同心共筑中国梦。"五保户刘扬泉家墙上的大红纸上展示的一首首老刘自创的山歌，唱出了老区人民的心声。

乡村春晚是传承年俗文化，推动农村精神文明建设的载体（江西画报社 提供）

（二）创新治理：打造社会"安全港"

20世纪90年代以来，江西坚持"党委领导、政府负责、民主协商、社会协同、公众参与、法治保障、科技支撑"的社会治理体系，坚持完善"政治、法治、德治、自治、智治"的立体化治安防控体系，通过积极深化改革，创新社会治理体制，改进社会治理方式，构建全民共建共治共享的社会治理格局，倾心为人民筑平安，为广大群众营造了一个和谐、平安的江西，极大地提升了群众的安全感。

1."江西模式"夯实制度之基

1991年2月19日和3月2日，中共中央、国务院《关于加强社会治安综合治理的决定》和《全国人民代表大会常务委员会关于加强社会治安综合治理的决定》先后颁布，标志着社会治安综合治理以党的政策和国家法律形式确定下来。4月3日，江西省委、省政府下发《贯彻中共中央、国务院〈关于加强社会治安综合治理的决定〉的通知》，4月18日，江西省委成立江西省社会治安综合治理委员会，江西社会治安综合治理工作正式开启。

江西社会治安综合治理工作一直非常重视制度建设和完善，善于总结推广好的经验做法，社会治安综合治理工作一直走在全国前列，实现多个全国"首创"和"第一"，创造出多个"江西模式"：1991年4月，江西省委、省政府明确对全省社会治安综合治理工作实行目标管理，江西省综治委出台实施方案，为全国首创。1991年10月，经江西省委、省政府同意，省综治委对全省社会治安综合治理工作进行考核评比，兑现奖惩，奖优罚劣，为全国首创。1992年3月，省综治委、省纪委、省委组织部、省人事厅、省监察厅联合颁布《江西省社会治安综合治理领导责任制实施办法（试运行）》，7月修订后正式运行，江西省成为全国第一个实施综治领导责任制的省份。1992年，省人大常委会颁布《江西省社会治安综合治理条例》，江西省成为全国第一个对综治工作立法的省份，中央综治委行文转发江西省这个条例，并要求各省（区、市）参照江西做法，尽快制定地方性综治工作法规。1993年6月，省综治委制定《江西省社会治安综合治理一票否决权制实施办法》，经江西省委批准同意，在全省正式实施，江西省成为全国第一个实施综治一票否决权制的省份。

  2001年，江西省委书记对综治工作提出一系列创新理念，得到中央领导肯定并在中央文件中引用。2002年，江西省明确省、设区市、县（市、区）综治办行政级别，确定省、市、县综治工作经费标准并列入财政预算，是全国第一个明确综治办级别和综治工作经费的省份。2003年，江西以平安建设统揽综治工作，成为全国最早启动平安建设的省份。2006年，江西各地在党委、政府统一领导下，形成综治机构牵头协调，调处中心具体运作，有关部门共同参与，集人民调解、行政调解和司法调解于一体的"大调解"工作格局。各级政法综治部门充分履行职责，准确掌握本地区的社情民意，协助党委、政府从源头上解决问题；运用法律手段调节社会关系，化解矛盾纠纷，避免矛盾激化、纠纷升级。各有关部门建立健全内部矛盾纠纷的信息预警、排查调处、应急处置和责任追究等机制，提高发现和解决矛盾纠纷的能力，中央有关部门在江西召开现场会推广这一做法。2008年，省综治办、省卫生厅、省公安厅、省司法厅联合制定《关于预防和处理医患纠纷的实施意见》，并由省综治委批转下发,江西预防和处理医患纠纷工作被纳入社会治安综合治理范畴,在全国尚属首创。

2010年,江西初步构建起"党委、政府统一领导,政法综治机构综合协调,有关部门各司其职,社会广泛参与,人民调解、行政调解、司法调解相互协调配合"的大排查大调解工作体系,基本形成纵向到底、横向到边、层层有人负责的排调组织队伍。

2012年,江西省政府出台《关于推进行政调解工作的实施意见》,规定由政府法制部门牵头,全面推行行政调解,各级负有矛盾纠纷化解职能的行政部门都建立矛盾纠纷排调组织,化解职能范围内矛盾纠纷16.25万件,实现行政调解工作全覆盖。

2015年,省综治办会同省法制办下发文件,部署省、市、县三级行政部门,在劳动争议、交通事故、医疗纠纷、学校意外伤亡事故、土地矿产山林资源权属、水利资源权属、环境污染及物业服务八大领域构建专业性矛盾纠纷调解平台,逐一明确各大平台建设的责任单位,强化行政部门履行行业矛盾纠纷化解责任。同时创新仲裁调解,由省人社厅牵头,建立劳动争议纠纷仲裁中心,打造劳动争议纠纷调解的"江西模式"。

2016年,江西省出台《关于完善矛盾纠纷多元化解机制的实施意见》,完善有机衔接、协调联动、高效便捷的矛盾纠纷多元化解机制,提升矛盾纠纷化解工作合力;继续推动省、市、县三级相关行政部门在劳动争议、交通事故、医疗纠纷、学校意外伤亡事故、山林土地水利矿产资源权属、环境污染、物业服务等矛盾纠纷多发领域,搭建"一站式"纠纷解决平台。当年,全省专业调解平台基本实现全覆盖。

同时,江西省在全国率先出台《江西省居住证制度实施细则》，较好解决了居住证办理工作中管理混乱、办理审核流程不规范、违规办证、乱办证等问题，使居住证制度真正惠及群众。据统计，全省登记流动人口 190.8 万人，发放居住证 150.1 万份。同时，在流动人口聚集地区，实现流动人口基本公共卫生计生服务均等化全面覆盖，为流动人口提供全面、高质高效的基本公共卫生计生服务。

2018 年，江西省出台《关于做好行政争议调解工作的试行办法》，明确行政争议调解案件来源及范围、调解原则及程序等，推动 57 个省直单位和 48 个负有矛盾化解职能的市县部门健全行业性、专业性矛盾化解机制，全年通过行政调解渠道化解矛盾近 23 万件。出台《鄱阳湖区联谊联防工作规范（试行）》和《鄱阳湖区联合巡逻执法工作规范（试行）》，为开创湖区"依法治理"新模式提供制度保障。

2019 年，江西省出台《江西省社会矛盾多元化解处置工作规程》，落实涉稳突出问题分类归口处理，完善社会矛盾多元化解处置机制，全年化解矛盾 10 万余件。

2020 年，江西省推动《江西省社会矛盾多元化解处置工作规程》落地见效。疫情期间，及时出台《关于开展涉疫情矛盾纠纷集中排查化解专项行动实施方案》，聚焦医疗健康、劳动关系、交通运输、投资借贷、教育培训、民商事合同履行、脱贫攻坚等重点领域，组建工作专班，及时受理处置涉疫情矛盾纠纷，有效把矛盾纠纷化解在初始阶段、消灭在萌芽状态。

江西社会治安综合治理的系列组合拳做法，让百姓实实在在感受到社会的安定祥和，受到社会各界好评，得到中央综治办高度肯定，并在全国推广。江西连续 16 年被评为全国综治优秀省，社会治安综合治理工作处于全国领先水平。

2. "江西经验"交出"平安答卷"

奖惩分明,人人都是平安守护者。2008年,江西省委、省政府规定:凡是被评为年度全省综治目标管理先进单位的省综治责任单位,由本单位按人均一个月工资一次性增发奖金。2013年,这一奖励金额调整为人均两个月工资。经过多年实践,全省国家机关、事业单位以及国有企业、院校作为综治责任单位参与考核。通过严格的考核和程序,保平安保稳定工作实绩成为奖励处罚的唯一标准。该奖的奖,该追责的追责,有的能拿到两个月工资,有的一分没有,有的还受到黄牌警告、挂牌督办甚至一票否决。对综治工作被一票否决的地区、部门、单位,在面貌改变之前,坚决做到其责任人不得提拔重用,当年不得晋升工资级别,并取消其评先、评优资格。

一切用实绩说话,真正让维护平安成为全省每个部门、每个单位、每名干部职工的自觉意识,并推动大家主动作为。

扫黑除恶,筑就一道"平安线"。群众看平安,首先看治安。党的十八大后,更有效地打击犯罪,提高群众安全感,是深化平安江西建设的重点,也是江西在开展扫黑除恶专项斗争中的重中之重。

2018年,全省侦办黑社会性质组织案件92起,位居全国第一;打掉恶势力犯罪集团304个,位居全国第十;打掉恶势力团伙341个,查封、冻结、扣押涉案资产8.3亿元;提起公诉313件1595人,判决86件589人。全省纪检监察机关查处涉黑涉恶腐败问题347个,党纪政纪处分158人,移送司法机关处理44人,组织处理98人;组织部门排查整顿软弱涣散村党组织1397个,联审取消 9568 人村"两委"参选资格。全省刑事案件下降 12.7%，治安案件下降 1.4%。

2019 年，全省构建依法办案"机制链"，完善扫黑除恶群众知晓率、满意度第三方测评，组建省市两级线索核查中心。打出深挖根治组合拳，推动政法部门、税务部门、金融机构建立"一案双查"机制。全省打掉涉黑组织 151 个、恶势力犯罪集团 464 个、恶势力犯罪团伙 463 个，查封、冻结、扣押涉案资产 151.51 亿元，起诉涉黑涉恶犯罪案件 1305 件 8774 人，判决 1572 件 1.05 万人。

2020 年，省扫黑办组织特派督导组，加大动态把握，层层压实责任。督促各级政府、部门"一把手"扛起行业乱象整治总负责人职责，明确部门领导"管行业必须管稳定、管领域必须管稳定"，切实解决社会治理"谁负责、负什么责、怎么负责、不负责怎么办"的问题，促进社会治理"千斤重担众人挑"，形成真抓实管、齐抓共管的工作格局，推动重点行业、领域突出问题专项整治不断深化。加强重点地区督办，13 个重点县（市、区）中 11 个扫黑除恶绩效实现较大幅度增长，九江市在全国重点市督办会上作经验交流。全省打掉黑恶组织 1218 个，起诉涉黑、涉恶案件 1729 件 1.09 万人，判决 2519 件 1.91 万人，一审涉黑、涉恶案件结案率高于全国平均水平。

针对影响群众安全感的突出治安问题，江西省掀起扫黑除恶专项斗争一轮又一轮强大攻势，黄赌毒、电信诈骗、传销、拐卖、涉枪涉爆等违法犯罪行为得到有效整治，维护了平安，彰显了正义，社会治安形势明显好转。共建共治共享社会治理新格局逐步形成，平安江西建设取得新成效，全省公众安全感指数由 2013 年的 96.32% 上升至 2020 年的 98.87%，再创历史新高。

百姓共守护，织好一张"平安网"。2018年，江西省全面推进综治中心实体化建设，改造升级省综治信息平台和平安江西专业版App，开发公众版（平安江西志愿者）App，实现"多网合一""一网联动"。同年12月，江西省发布《社会治理网格划分和编码规则》地方标准，成为全国首个专门就社会治理网格划分和编码发布地方标准的省份。同时，将综治中心打造成新时代基层社会治理的组织模式和运转平台，推动11个设区市综治信息平台与省综治信息平台互通融合。

至2020年，全省已建成2.2万余个五级综治中心，乡镇（街道）综治平台覆盖率100%，村（社区）级覆盖率99.9%。综治中心基本实现优质化管理、规范化服务、常态化运行，政府职能在基层得以整合，为民服务效率在基层得以提高，矛盾纠纷在基层得以化解，平安建设在基层得以推进。对全省7.4万余个网格、8万余名网格员进行统一编码，实现全省网格划分和管理"一盘棋"。网格员综合承担社情民意收集、基础信息采集（人口、房屋、证件、车辆、场所、网络、组织等）、安全隐患巡查、矛盾纠纷排查化解、公共服务代办、政策法规宣传等任务，第一时间掌握社情民意、第一时间化解矛盾纠纷、第一时间响应服务需求、第一时间核查办理结果，并做好建立档案、分流交办、检查督促、结果反馈等工作，推动基层社会治理更加精细、服务群众更加高效。一个小小网格员，既是基层治理的"全能王""万事通"，也是平安建设的"生力军"。

同时，网格化服务管理吸收社会组织、群团组织等各类社会力量广泛参与，全省登记在册的平安江西志愿者已达180余万人，累计处理民生民安问题1670万件，城乡社区的服务功能和管理功能进一步健全，逐步实现政府治理和社会调节、居民自治良性互动。2020年，江西省在全国率先出台《关于加强法治乡村建设的实施意见》，出台农村"法律明白人"培养工作规范，累计遴选培养对象433.8万人，持证上岗377.1万人，助力农村社会治理。

平安是底线。守住底线，依托的是全社会的力量。通过民生热线、网格员、视频监控等各种渠道，每天数以万计的信息在遍布城乡的综治中心汇集、流转，并第一时间进行处理，最大限度地把各类矛盾化解在当地、消除在萌芽状态。依靠一张张"平安网"，江西省平安建设的触角不断向基层延伸，让每一个社会细胞都充满"平安因子"，共同守护着你我的平安。

智慧安防，筑牢一面"平安墙"。让城市拥有"智慧大脑"，用探头"照亮"每个角落。2018年以来，江西省深化技术应用，向科技要动力，加快推进城市"智慧小区"和农村"雪亮工程"建设，织密城乡网格化防控网络，并将它作为平安江西建设的基础项目、示范项目、民生工程，构建智能安防的"天罗地网"。至2020年，省级公共安全视频监控共享平台已建成，并接入各类视频资源42.5万余路，行政村覆盖率98.6%，自然村覆盖率68.9%，建成智能安防小区4000余个。全域覆盖、全网共享、全时可用、全程可控的智慧安防系统正全天候、全方位、立体化守护百姓安全。

积小安为大安，集众安为平安。一个层次更深、领域更广、水平更高的平安江西正在形成。

（三）援建帮扶：民族团结谱新曲

"一花独放不是春，百花齐放春满园。"只有全国人民共同富裕才是真富裕,只有各族人民共同小康才是真小康。"全面小康路上一个也不能少"是我们党向全国人民作出的郑重承诺。江西省委、省政府坚决贯彻、执行党中央的路线、方针、政策,坚持共建共享,让省内民族乡(村)和帮扶的兄弟省市少数民族与江西老区人民一道同步全面建成小康社会。

1. 对口支援省内民族乡（村）

1949年9月,江西省设立民族事务委员会,负责管理民族文化工作。此后民族工作逐渐正规化,民族事务管理也越来越规范化和法治化。

2015年6月,江西省民族工作领导小组成立。近年来,特别是党的十八届六中全会以来,在江西省委、省政府的领导下,省民族工作领导小组各成员单位始终坚持以习近平新时代中国特色社会主义思想为指导,贯彻落实党关于加强和改进民族工作的重要思想,把铸牢中华民族共同体意识作为工作主线,把加强民族团结作为战略性基础性长远性工作来做,加强党的领导、健全工作机制,靶向发力、精准施策,积极促进全省民族乡(村)高质量发展,促进各民族交往交流交融。

少数民族事业发展"十三五"规划目标顺利完成。江西省围绕满足各民族人民对美好生活的向往,把民族团结进步事业发展纳入全省工作大局中统筹推进。"十三五"期间,持续完善差别化政策助力民族乡(村)脱贫攻坚、全面小康。累计投入少数民族发展资金2.07亿元(含省级财政补助资金0.4亿元)、教育资金1.59亿元。加大对民族乡(村)一般性财政转移支付力度,2016年,对民族乡较其他乡镇多安排20万元,民族村较其他行政村多安排2

万元。2017年，财政转移支付力度继续增加，对民族乡转移支付达到185万元，民族村达到15万元。省财政每年安排100万元城市民族工作专项资金，用于城市社区少数民族服务网络建设；从2017年起，每年安排300万元专项经费，用于支持民族团结进步创建活动。据第七次人口普查统计数据，江西省56个民族齐全，少数民族人口21.93万人，占全省总人口的0.49%，较第六次人口普查提升0.15个百分点。这是各民族交往交流交融速度加快、民族团结水平更高的体现。

民族团结进步创建深入推进。江西省坚持以铸牢中华民族共同体意识作为主线，按照人文化、实体化、大众化总要求，政策推动、试点先行、模式创新三管齐下，全省民族团结进步事业更加蓬勃发展。全省共建立了22个全国民族团结进步示范单位、4个全国民族团结进步教育基地以及26个全省民族团结进步示范单位。民族团结进步先进典型——新疆少数民族群众阿卜杜拉·吾拉西木事迹获得多位中央领导批示肯定，被20多家国家级、省（区）级新闻媒体宣传报道。建成少数民族流动人口服务站183个，在赣少数民族流动人口与当地居民平等享受劳动就业、技能培训、子女入学、医疗卫生、社会保障等基本公共服务。对长期在当地务工经商、有正当职业、遵纪守法的少数民族群众，对自愿留在本省就业的少数民族高校毕业生，在证件办理、落户等方面提供最大便利。几年来，江西省"民族团结一家亲"的良好局面持久巩固和发展，各民族邻里相亲、守望相助，和睦和谐的氛围越来越浓。

民族地区全面脱贫。认真贯彻落实习近平总书记"全面实现小康，少数民族一个都不能少，一个都不能掉队"的指示精神，民族乡（村）脱贫攻坚、全面小康实现与全省同步。在江西省委、省政府的坚强领导下，各级各部门把民族地区脱贫攻坚与全省脱贫攻坚一体推进、一体决战、一体决胜。2018年，全省民族地区34个贫困村全部实现整体脱贫，2019年底，民族地区建档立卡贫困人口全部清零。到2020年底，全省民族地区基础设施条件和公共服务质量得到明显改善，教育、科技、文化、卫生、体育等社会事业发展明显加快，"外畅通、内循环"的交通格局基本成形，25户以上自然村通水泥路率、广播电视入户率、自来水入户率、改厕率都达到100%，各族群众共享更多改革发展成果，民族地区决战脱贫攻坚取得全面胜利。

对口支援民族乡（村）工作积极开展。省直有关单位对口支援民族乡（村），已经持续开展了24年。20多年来，各单位机关干部同民族乡（村）群众直接对话、直接交往、直接交心，一轮接着一轮干，充分展现了各成员单位的政治担当、民族责任、人民情怀。对口支援工作，不仅送去了党和政府的亲切关怀，更积极促进了各民族广泛交往、全面交流、深度交融；不仅促进了民族乡（村）经济社会快速协调发展，更夯实丰厚了全省各民族共同团结进步的牢固基础。2016年至2020年的第五轮对口支援工作，省直对口支援单位直接投入帮扶资金5900万余元，协调扶持资金2.1亿余元，帮扶项目达356个，民族乡（村）农民人均可支配收入由2015年的11000元左右增长到2020年的16570元。

民族事务治理水平不断提高。全省逐步构建形成了党委统一领导、政府依法管理、统战部门牵头协调、民族工作部门履职尽责、各部门通力合作、全社会共同参与的民族工作格局。全面深化机构改革中，全省11个设区市党委统战部副部长兼任民宗局局长，99个县（市、区）党委统战部部长兼任民宗局局长（1个区单独设立民族宗教事务局），各设区市和76个县（市、区）设立了民族宗教（或统战）服务中心，民族工作队伍力量得到加强充实。2020年，江西省委政法委把民族宗教治理纳入基层综治中心网格化服务管理体系。各地都建立健全了由统战和民族工作部门牵头、各相关部门协作配合的涉民族因素矛盾纠纷排查调处机制，以及涉民族因素突发性事件应急处置机制。同时，经过领导小组研究提议，江西省委、省政府先后出台了《关于加强和改进新形势下民族工作的实施意见》《关于进一步加强在赣新疆少数民族群众服务管理工作的意见》《关于依法治理民族事务促进民族团结的实施意见》《关于全面深入持久开展民族团结进步创建工作铸牢中华民族共同体意识的实施意见》等多个文件，创新、调整、完善了江西省民族工作政策措施体系，促进了江西省民族事务治理体系和治理能力现代化水平不断提升。

2. 帮扶灾后的四川

2008年5月12日14时28分，震惊世界的8.0级汶川特大地震突然发生，这是中华人民共和国成立以来破坏性最强、波及范围最广的一次地震。地震严重破坏地区超过10万平方千米，其中四川受灾最为严重。地震发生后，四川省灾区满目疮痍、百废待兴。江西省根据党中央、国务院的安排，积极参与抗震救灾和灾后重建工作。在这场异常艰苦的重建援建中，江西人民发扬革命老区大爱无疆、共建共享的精神，用热血和智慧在巴蜀大地上创造了一个又一个奇迹，一次又一次抒写"藏汉一家亲、赣川两情深"的华美诗篇。

地震当晚22时53分，江西省委、省政府向四川省委、省政府发出慰问电，并向四川省捐赠第一笔捐款500万元。18日晚，住建部召开援建四川地震重灾区过渡安置房布置会议，确定江西省在四川援建过渡安置房4万套（建设过程中，根据实际情况调整为3万套）。经过紧张施工，7月26日，江西省援建任务圆满完成，共建设过渡安置房3.2万余套，其中彭州市1.85万套、小金县933套、成都市1.26万套、绵阳市近700套。

6月5日，中共中央召开政治局常务委员会会议，研究部署汶川地震灾后恢复重建工作，明确"一省帮一重灾县"的支援帮扶原则。11日，国务院办公厅发出《国务院办公厅关于印发汶川地震灾后恢复重建对口支援方案的通知》，明确江西省对口支援四川省小金县（四川省确定的重灾县之一）。

小金县海拔较高，四面环山，境内气温变化剧烈，日温差较大，有时超过20℃。全县藏族人口占总人口的60%，属主要嘉绒藏区之一。地震给小金县造成巨大损失，全县因灾死亡23人，受伤424人，失踪15人，因灾致病4088人，近5万群众需要安置。全县交通、通信、水利、电力等设施一度陷入瘫痪，教育、卫生、文化等基础设施破坏严重，农业、工业、旅游业等受到严重影响；次生灾害隐患严重，地质灾害点达3075处。地震造成直接经济损失高达138亿元。

虽然在全国18个对口支援四川地震灾后重建的省市中，江西经济实力比较靠后，但淳朴热情的江西老表义不容辞地接下了这个光荣而艰巨的任务，秉持着"一方有难，八方支援"的朴素情怀，发扬革命老区独立自主、自力更生的精神，把小金县当作江西的第100个县来建设。

接到中央对口援建任务后，江西省委、省政府经多次与小金县交流对接，根据国家汶川地震灾后重建的有关规定，并广泛征求小金县干部群众和社会各界的意见，结合小金县实际情况，2008年11月11日，江西省政府发布《江西省对口支援四川省小金县地震灾后恢复重建三年规划实施方案》，确定重点建设关系民生的"一号工程"和"十大示范工程"。

为确保灾区群众安全度过寒冬，江西省把受灾居民住房恢复重建、地质灾害易发地灾区群众集中安置补助、地震灾区群众和困难群众过冬生活补助确定为对口援建"一号工程"。在2008年严冬来临之际，江西人民捐赠了10万床棉被和10万件棉衣，确保小金人民人手一床被、一件衣。同时，分3次共安排1062万元资金，帮助3.88万人次困难群众解决过冬基本生活困难和春荒生产困难。到2009年11月3日，小金县最后一户重建户搬进新居，"一号工程"圆满完成任务。至此，全县地震受灾的7428户重建户全部入住新居，实现入住率100%。

在援建项目中，江西选择了10项投资规模大且事关当地长远发展的重点项目（简称为"十大示范工程"）集中力量进行建设。"十大示范工程"总投资4.8亿元，包括县旅游产业发展服务中心、县社会福利中心和救灾物资储备中心、县人民医院、县城关二小、县文

江西援建的美汗公路，因海拔高、施工险、条件差，被称为"天路"（江西援建小金县现场指挥部 提供）

六、共建共享交答卷

化体育活动中心、县广播电视中心、县防灾综合广场、美沃乡至汗牛乡农村公路、两河口会议会址纪念馆、江西路及新城区路网工程。

"十大示范工程"分3批开工，2008年7月26日，县旅游产业发展服务中心一期项目首先动工。该项目也是阿坝州各受援县中第一个开工建设的援建项目，说明江西援建工作走在其他援建省市的前面。10月29日，县社会福利中心和救灾物资储备中心、江西路及新城区路网工程、县城关二小、县人民医院4个项目开工。2009年3月22日，县广电中心、县文体中心、美汗路、防灾综合广场、两河口会议会址纪念馆开工。其中县城关二小等4个示范工程于2009年底正式竣工并交付使用。2010年5月7日，最后一个示范工程——两河口会议会址纪念馆通过竣工预验收，江西省对口援建小金县的"十大示范工程"宣告全面完工。"十大示范工程"均获四川省或交通运输部优良工程奖，是全国18个对口援建省市中唯一一个所有示范项目均为省（部）优良工程的省份。

2010年6月2日，一把象征胜利竣工的"金钥匙"交到了小金县委书记手中，这标志着江西省提前4个月顺利实现党中央、国务院提出的"三年援建任务两年基本完成"的要求。小金县县

当地藏族同胞在江西援建的小金县防灾综合广场及县文化体育活动中心前载歌载舞（江西援建小金县现场指挥部 提供）

长在接受媒体采访时赞扬道:"通过江西两年的援建,小金建起了有史以来最宽阔的街道、最漂亮的学校、最现代化的医院;小金建起了第一条塑胶跑道、第一个现代化影院、第一个电视演播厅。这些明显改善了小金县群众的生产生活条件,加强了城乡基础设施,提升了经济发展后劲,改善了干群精神面貌。为小金经济社会长远发展,促进民族地区的繁荣和稳定作出了应有的贡献。"在小金这片土地上,江西省交付的不仅仅是一份满意的答卷,更重要的是为灾区人民建起了一个更美的家园,筑起了一座强大的心灵堡垒。

3. 支援新疆

新疆是国家确定的集中连片特困地区,特别是南疆四地州是全国深度贫困的"三区三州"之一,贫困人口规模接近"三区三州"的一半。克孜勒苏柯尔克孜自治州的阿克陶县是个典型的多民族聚集区,由于生产生活条件恶劣、环境承载压力大、贫困面大且程度深、自我发展能力弱、人才严重匮乏、维护社会稳定任务艰巨等,被确定为全国深度贫困县。

按照1996年《中共中央关于新疆稳定工作的会议纪要》的要求,1997年2月,由北京、天津、上海、江西等8省市和中央及国家有关部委选派到新疆工作的首批200多名援疆干部陆续抵疆,大规模的对口援疆工作正式开始。大规模对口援疆之初,政策宗旨和目的就是要调配干部援助新疆建设,实质上是"干部对口援疆",因此干部援疆是主流。以干部援疆为主,多方位的援疆政策逐步展开。

至2010年新一轮援疆工作启动前,江西先后选派6批188名干部、人才赴疆挂职工作,其中党政干部56名、专业技术人员132名。13年间,江西省全体援疆人员坚决执行中央的决策部署,始终牢记职责使命,充分发挥自身优势和专长,从部门单位到乡(镇、场),从县城到乡村田间地头,从清晨到夜晚,到处都活跃着援疆干部忙碌的身影。他们不仅直接为当地群众服务,而且在各自工作岗位上以真才实学发挥传帮带作用,提升了当地干部队伍整体素质和工作水平,培养了一批教育、医疗、农林水利等专业技术人员,为当地留下了一支"带不走的工作队"。

党的十六大以后,党和国家领导人多次谈到新疆的发展需要全国的帮助和支持,并明确提出"稳疆兴疆、富民固边"战略。2005年,中央对援疆政策作出调整,要求对新疆南疆四地州和兵团在南疆的3个师实行干部支援和经济对口支援相结合,分别由北京、江西等7省市和中国长江三峡工程开发总公司等15家国有重要骨干企业承担对口支援任务。

2006年至2010年,江西省财政、省直有关单位和设区市共同筹集援建资金4000万元,用于支持克州建设,其中援助阿克陶县1810万元,主要援建项目有县人民医院急救中心大楼、50千米县城有线电视网络线路、县一中教学楼、898套抗震安居房。特别是阿克陶县一中,这座占地总面积

江西援建的阿克陶县一中,圆了数千孩子的上学梦 (江西省援疆工作前方指挥部 提供)

20.37公顷的学校,在江西的援助下发展迅速,仅受援新建的新校舍面积就达4.76公顷,投入资金5561万元,为阿克陶县高中毛入学率的快速提高作出了重大贡献。在援疆资金的帮助下,校园里有了宽敞明亮的教室、整洁的塑胶球场,孩子们上课时琅琅的读书声和下课时的欢歌笑语溢满校园。阿克陶县一中已发展成为克州办学规模最大的一所寄宿制完全中学,还先后获评全国体育卫生先进单位和自治区级德育示范校、依法治校示范学校、优秀家长学校等称号。

2010年,国家启动新一轮援疆工作,江西省对口援建阿克陶县。

2010年4月,为深入贯彻落实第二次、第三次中央新疆工作座谈会和习近平总书记关于新疆工作的重要讲话精神,江西省委、省政府主要领导带领省财政厅、省住建厅、省发改委等部门主要领导到阿克陶县实地调研后,制定《江西省对口支援阿克陶县十年规划实施方案(2011—2020)》。10年间,特别是党的十八大以来,

2012年3月29日,阿克陶县308位高校毕业生启程来江西参加培训学习 (梁振堂 摄)

江西紧紧围绕新疆社会稳定和长治久安总目标,充分发挥江西优势并结合阿克陶县实际,不断加大人才、资金、项目支持力度,累计派出4批援疆干部、人才共440人,其中党政干部121名、专业技术人员319名。

"十二五"期间,江西省投入援助资金10亿元,支援建设95个项目。"十三五"期间,江西省投入援助资金13.7亿元,实施援疆项目235个。2020年,阿克陶县生产总值47.83亿元,城镇居民人均可支配收入32478元,农牧民人均纯收入9223.01元,农村居民人均可支配收入8216元,城镇登记失业率降低至1.35%,实现不高于4%的预期目标,初中生毕业升入高中阶段升学率提前达到100%,新型农村社会养老保险和城镇居民社会养老保险基本实现全覆盖。

江西省在对阿克陶县的支援建设中,始终坚持民生为本,让各族群众学有所教、劳有所得、病有所医、老有所依、住有所居、业有所就,不断提升阿克陶县人民的获得感、幸福感。

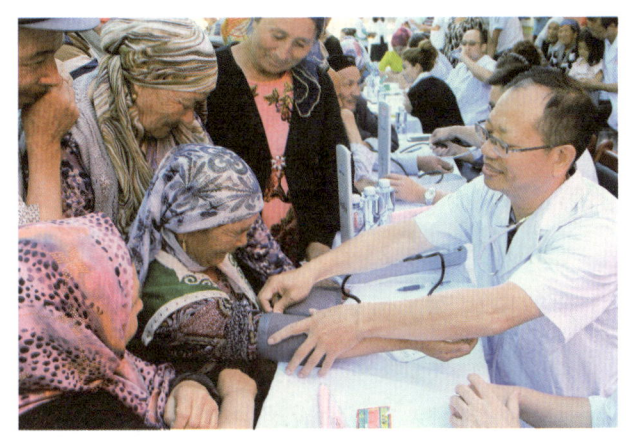

江西援疆医疗队"送健康"义诊走村入户(江西省援疆工作前方指挥部 提供)

江西始终坚持把保障和改善民生作为解决贫困问题的重要途径,把支持脱贫攻坚作为援疆的重要政治任务,全力帮助阿克陶县打赢脱贫攻坚战。加快新型城镇化建设。建成江西一、二大道,县迎宾大道,县火车站站前广场等项目,大幅拉伸城市框架。完善县城及重点乡镇道路、绿化、环卫等公用设施。开通县城公共交通系统,各族群众出行条件得到极大改善。有序推进"三居工程"建设。援建布伦口乡江西新村,托尔塔依农场,巴仁乡墩巴格村、也勒干村、库尔干村和杏花源社区、和谐小区、幸福小区等村(场、社区),同时对其中的建档立卡贫困户额外给予每户1万元补助。扎实推进示范村建设。配合"三居工程"和新型城镇化,推进奥依塔克、布伦口、皮拉勒等13个示范村的水、电、路、气基础设施建设,让更多群众喝上干净水、走上平坦路、用上洁净能。动员组织江西社会力量积极参与援助阿克陶县脱贫攻坚,对阿克陶县6个乡镇贫困发生率高于10%的29个国务院挂牌督战村和2个乡9个贫困村进行帮扶,捐赠款290笔共计3997.5万元,重点在产业发展、基础设施建设、人居环境整治及公共服务改善等方面给予支持,惠及7792户3.49万名建档立卡贫困人口,支持力度排全国第二。

2019年5月23日,阿克陶县克孜勒陶乡喀拉塔什其木干村的31户牧民告别了世代居住的牧区山村和低矮土坯房,搬进了宽敞明亮的楼房——阿克陶县易地扶贫搬迁安置点丝路佳苑小区。小区周边学校、医院、文化活动中心、扶贫车间等便民配套设施一应俱全。村民提来柯·吾普尔说:"感恩党和政府的关怀,感谢江西人民的帮助!住上了安全住房,我们脱贫奔小康的劲头更足了。"在阿克陶县,有18万像提来柯·吾普尔这样的低收入城乡居民住上了新房或改造房。江西省累计支持4.5万户"三居工程"建设,受惠人口占阿克陶县总人口的80%。在阿克陶县87个深度贫困村,村村都有江西省援疆人员挂点帮扶;已有20名江西籍企业家担任"名誉村主任",筹划设立产业发展基金;有组织地引导阿克陶县农村富余劳动力约15万人次实现新增就业或转移就业,其中在江西稳定就业的人员超过6000人,居全国第三,打响了江西就业援疆品牌。干部挂点、民企帮扶、镇村结对……江西省建起了一套完善的助推阿克陶县脱贫攻坚帮扶机制,帮助阿克陶县脱贫。2020年阿克陶县深度贫困县成功摘帽,贫困发生率降至零。

在阿克陶百姓心中,最宽敞的马路是"江西大道",最漂亮的小区是"和谐小区",最气派的建筑是江西援建的雪松中学、小白杨双语小学、第五幼儿园、县人民医院……一件件暖心窝子的援疆实事,让阿克陶县的群众一次又一次品尝到了幸福的味道。民相亲源于心相通。援疆,不仅给阿克陶县带去资金、技术、产业和智力支持,更重要的是把两地人民的心紧紧联系在了一起。交往、交流、交融,让赣新两地人民像石榴籽一样紧紧抱在一起,心更近了,情更浓了。

帕米尔高原上见证"江西速度"。图为江西援建的阿克陶县江西大道(江西省援疆工作前方指挥部 提供)

七、党的领导绘蓝图

千年梦想,百年奋斗,今朝梦圆。"小康",这个承载美好生活梦想的古老词语,数千年来第一次成为这片土地上全体人民的真实日子。历史上首次消除绝对贫困,与全国一道全面建成小康社会,赣鄱大地的千年之变,是以习近平同志为核心的党中央带领全国人民打赢脱贫攻坚战、夺取全面建成小康社会伟大胜利的一个生动缩影。

沧海横流有砥柱,万山磅礴有主峰。中国共产党从成立之日起,就义无反顾地肩负起为中国人民谋幸福、为中华民族谋复兴的

"井冈红旗"雕塑彰显跨越时空的井冈山精神 (章雷 摄)

七、党的领导绘蓝图

历史重任，团结带领中国人民披荆斩棘、栉风沐雨，一代接着一代干、一棒接着一棒跑，战胜一个又一个困难险阻，书写出气吞山河的壮丽史诗。全面建成小康社会是实现中华民族伟大复兴的关键一步，是中国共产党向人民、向历史作出的庄严承诺，深刻彰显了一个百年大党不变的价值坚守、永恒的初心使命，深刻展示了中国共产党无比坚强的领导力、组织力、执行力，深刻表明了中国共产党是团结带领人民攻坚克难、开拓前进最可靠的领导力量。

（一）思想引领：小康建设的指南针

党的领导力表现为多个方面、多个要素，其中首要的是思想引领力。中国共产党围绕实现民族复兴大业，探索形成了一整套思想体系，彰显出强大的思想引领力。通过思想引领，不断提高全党和全国人民的政治觉悟和思想水平，充分调动和激发人们的积极性、创造力，不偏航、不迷航，推动江西小康社会建设行稳致远。

1. 全面建成小康社会以实事求是为根本遵循

中国共产党在长期的革命和社会主义建设实践中，确立了一条辩证唯物主义的思想路线，即一切从实际出发，理论联系实际，实事求是，在实践中检验真理和发展真理。这是中国共产党认识问题、分析问题、处理问题所遵循的最根本的指导原则和思想基础。以党的思想路线为指引，党先后创立了毛泽东思想、邓小平理论、"三个代表"重要思想、科学发展观、习近平新时代中国特色社会主义思想，这是正确认识世情、国情，明辨中国特色社会主义建设历史方位和阶段的指导思想。思想路线不动摇、指导思想与时俱进，确保中国小康社会建设的社会主义性质和方向，既不走封闭僵化的老路，也不走改旗易帜的邪路，在面对任何困难险阻时都能够保持强大的政治定力。

江西是一个传统农业大省，工业基础不强，经济总量偏小，经济发展相对落后，这是江西建设小康社会面临的基本省情。立足基本省情，加快工业化建设，推动全省经济较快发展是江西全面建成小康社会的主要任务。1985年6月，江西省第八次党代会指出，贯彻执行党的路线、方针、政策，必须积极主动，富有创造性，既坚定不移，又坚持从江西实际出发；过去对省情缺乏认真的研究，理论与实际相脱节，主观与客观相分离，违背客观规律，影响了经济建设。大会根据党的十二大确定的"两步走"战略目标，提出在战略上分两步走，伸长"两条短腿"，前10年打好基础，后10年全面发展，在20世纪末使人民的物质文化生活达到小康水平。1990年9月，为贯彻党的十三大确定的"三步走"战略目标，江西省第九次党代会明确提出，为走好"三步走"发展战略的第二步，必须坚持江西省委提出的基本构思，把江西经济大厦建立在现代农业的基础之上，打一场农业开发总体战，加强基础工业和基础设施建设，推进农业工业化。1995年8月，江西省第十次党代会坚持把江西经济大厦建立在现代农业的基础之上，形成"立足农业，主攻工业，加快发展第三产业"的发展思路。

进入21世纪，世情、国情、省情都有很大变化。一方面，综合国力竞争日趋激烈，中国加入了世界贸易组织。新科技革命突飞猛进，不断推动产业结构调整和产业转移。另一方面，历经20余

七、党的领导绘蓝图

年的发展,江西国民经济保持较好发展态势,经济总量迈上新台阶。改革开放继续深入,现代企业制度逐步建立,社会建设迈出新步伐。江西省委、省政府在深入分析研究国内外发展趋势,实事求是回顾和总结过去后认为,国内外大环境对江西经济发展来说既是机遇也是挑战,江西取得的成绩必须充分肯定,但是跳出江西看江西,江西经济发展水平与东部沿海发达地区相比有很大差距,而且在中部也处于后进状态。江西省第十一次党代会要求全省正视落后,更要不甘落后、甩掉落后,以加快工业化为核心,以大开放为主战略,以体制创新和科技创新为强动力,大力推进农业产业化和农村工业化,加快推进城市化和城市工业现代化,不失时机地推进信息化,提出了江西"实现在中部地区崛起"的奋斗目标和"三个基地,一个后花园"的战略定位,生态立省、绿色发展的跨越式发展路径逐渐明晰并确立。

党的十八大根据新世纪以来中国特色社会主义取得的成就,明确提出了全面建成小康社会的奋斗目标。小康社会建设进入新时代,到了需要一鼓作气向全面建成小康社会目标冲刺的关键时刻。以习近平同志为核心的党中央团结带领全党和全国各族人民,锚定这个宏伟目标,统筹推进"五位一体"总体布局,协调推进"四个全面"战略布局,践行新发展理念,向着全面建成小康社会进军。明者因时而变,知者随事而制。2013年,江西正处于科学发展、绿色崛起的关键阶段和全面小康的攻坚期,以党的十八大精神为引领,江西省委十三届七次全会指出,历届江西省委提出的发展战略、思路、目标和任务是符合实际的,是正确的,要进一步贯彻发展好那些正确的决策部署,不断迈出科学发展、绿色崛起的新步伐。会议提出"发展升级、小康提速、绿色崛起、实干兴赣"16字工作思路,找准了江西实现更有质量、更有效益、更可持续发展的突破口。2016年2月,习近平总书记视察江西发表重要讲话,对江西工作提出"新的希望、三个着力、四个坚持"的重要要求。江西省委、省政府深入贯彻习近平总书记系列重要讲话精神和治国理政新理念、新思想、新战略,将16字工作思路进一步调整为"创新引领、绿色崛起、担当实干、兴赣富民"。以"创新引领、绿色崛起、担当实干、兴赣富民"16字工作思路为引领,始终牢牢扭住发展第一要务,坚定不移加快发展、加快转型,深度融入"一带一路"建设、长江经济带和长江中游城市群等发展战略,推进经济总量和质量双提升。

党的十九大召开后,全面建成小康社会进入决胜关头。江西省委、省政府以习近平新时代中国特色社会主义思想为指导,紧跟新时代、对标新要求,在深化世情、国情、省情认识的基础上,坚持从实际出发,不断深化和完善富裕美丽幸福现代化江西建设的科学内涵、战略路径。2018年,在江西省委十四届六次全体(扩大)会议上,江西省委将16字工作思路丰富完善为"创新引领、改革攻坚、开放提升、绿色崛起、担当实干、兴赣富民"24字工作思路,24字工作思路是在传承历届省委好思路、好做法的基础上,从更高层次贯彻落实习近平总书记对江西工作重要要求的战略谋划;确立高质量跨越式发展首要战略,作出"六大突破、三大提升"工作部署和"一圈引领、两轴驱动、三区协同"发展布局。2019年5月,在江西全面建成小康社会的冲刺阶段,习近平总书记再次视察江西,提出了"努力在加快革命老区高质量发展上作示范、在推动中部地区崛起上勇争先"的目标定位和"五个推进"更高要求,深刻回答了江西在新形势下"怎么看、怎么干"的时代命题。

七、党的领导绘蓝图

中央红军长征出发纪念碑见证老区人民全面小康的"新长征"之路
（共青团江西省委 提供）

江西省委、省政府以习近平总书记视察江西重要讲话为指引，从经济欠发达的老区实际出发，贯彻新发展理念，明确江西的发展方位，扬优势、补短板，切实将习近平总书记视察江西重要讲话精神转化为加快推动高质量跨越式发展、全面建成小康社会的强大动力。

回顾全面建成小康社会的历程，江西省委、省政府始终坚持党的思想路线不动摇，以党的指导思想为指引，立足基本省情，科学把握江西小康社会建设的阶段性特征，走出一条具有时代特征又符合江西实际的小康社会建设道路，做到既讲好"普通话"，又讲好"地方话""百姓话"；既具有中央精神实质，又具有江西特色，做到有机统一、相辅相成。

2. 全面建成小康社会以解放思想为精神动力

解放思想始终是推动党和人民事业发展的强大思想武器。在全面建成小康社会的历史进程中，江西省委、省政府始终坚持以解放思想为先导，不断冲破各种不合时宜的观念束缚，不断破除陈旧观念和思维方式，不断消除阻碍生产力发展的体制障碍，把全省党员干部群众的思想、智慧集中到经济和社会发展上来，以思想的大解放促进事业的新突破。

1978 年，在真理标准大讨论中，江西省委是全国较早公开支持和赞成真理标准问题大讨论的地方党委之一。党的十一届三中全会后不久，江西省委、省政府就着手部署全省深入讨论真理标准问题，在持续深入的大讨论中实现工作重点从以阶级斗争为纲转移到以经济建设为中心。1982 年，党的十二大第一次正式提出到 20 世纪末实现工农业总产值比 1980 年翻两番，实现"小康"的战略目标和任务。为此，江西省委、省政府又在全省部署开展"全国翻两番，我们怎么办？"大讨论。在大讨论中，江西形成了立足于发挥资源优势、伸长"两条短腿"的发展战略。1985 年，江西在总结前几年思想解放经验和智慧的基础上提出了"两个更大胆，一个略高于"的战略思想，以该思想为指导，编制并审议通过全省第一个有完整意义的发展战略——《江西省 1980—2000 年发展战略纲要》。该纲要大胆地提出了工农业总产值提前两年，即 1988 年比 1980 年翻一番的目标。到 1985 年底，江西省"六五"计划所制定的各项任务指标，都提前一年或两年全面和超额完成；第一次实现社会总产值、国民收入、国内生产总值、工农业生产总值、财政收入、农民人均纯收入 6 项主要经济指标的增长幅度略高于全国平均水平。1987 年，党的十三大提出中国经济建设分"三步走"的总体战略部署后，江西省委常委会决定在全省开展生产力标准的学习和讨论。在生产力标准的讨论中，江西省委、省政府提出以现代农业为基础构筑江西经济大厦的战略构想。1992 年，邓小平南方谈话和党的十四大后,江西全省兴起新一轮的思想大解放。解放思想的内容是要解决如何看待姓"社"姓"资"的问题,把握好"三个有利于"的标准,突破对计划经济和市场经济的认识误区,进一步扩大开放,加速经济发展。

1980年至2000年,通过思想解放,江西冲破"左"的思想束缚,实现工作重心的转移,在农村全面实行家庭联产承包责任制,推动城市经济体制改革,大胆探索公有制的实现形式和大力发展非国有经济,逐步推进对外开放,初步建立和完善社会主义市场经济体制。

新起点,新定位,新气象。进入21世纪,江西省委、省政府在总结以往思想解放经验的基础上,紧紧抓住观念滞后这一思想根源,开展声势浩大的解放思想活动,采取"请进来"与"走出去"相结合的方式,荡涤思想,转变观念,跳出江西看江西,在中部六省中率先提出"实现在中部地区崛起"的目标并积极探索。2001年8月,江西省委十届十三次全会在井冈山召开,全省从上至下掀起了一轮思想解放的热潮。不久,江西省委、省政府主要领导带队,先后到广东、上海、江苏、湖南、湖北、浙江、福建等地学习考察,选派干部去沿海发达地区挂职锻炼;同时将国家部委及兄弟省市的党政领导请到江西现身说法。通过走出去、请进来让各级领导干部看到差距,感受到压力,为思想大解放、全省大发展带来强大的活力和动力。以此为发端,2002年至2008年,江西连续多年开展了广泛而深入的解放思想主题教育活动。通过开展系列主题教育活动,不断清除小农经济、计划经济和"官本位"思想观念的影响,塑造江西新形象,增强全省党员干部群众的开放意识、市场意识、机遇意识和创新意识,推动解放思想由领导层向全社会延伸,集聚起干事创业的强大合力，展现出奋力崛起的强劲态势。

进入 21 世纪后的头十余年，通过解放思想，江西进一步深化经济体制改革，国企改革进入快车道。到 2004 年，省属国有资本 90% 以上已经进入股权多元化的行列，江西铜业、新余钢铁实现整体上市。至 2009 年底，全省国有工业企业改革全面完成，新华社称之为国企改革"江西样本"。2002 年 4 月，全面部署农村税费改革，2005 年全面取消农业税，部署和完成时间都比国家计划提前了一年。率先在全国全面进行林业产权制度改革和农村信用社改革。特别是林业产权制度改革，扭转了江西作为林业大省但林业总产值偏低的态势，全省山区经济社会面貌发生深刻变化，林农收入大幅度增加，为全国林业工作提供了可借鉴的样板，被评为"第三次土改"和"林区的家庭联产承包责任制改革"。

思之深，则行之远。党的十八大以来，江西省委面对新常态，谋划新发展，对解放思想进行了更加深入的思考。江西省委认为，解放思想的关键在领导干部。绝不能对别人讲解放思想，对自己则裹足不前，更不能说一套、做一套，而是要把自己摆进去，带头开阔眼界，带头勤学善思，带头敢闯敢试。对瓶颈性问题、老大难问题，一旦找准突破口和着力点，就毫不犹豫地干，坚定不移地闯。解放思想要和真抓实干有机结合起来，解放思想要以重大问题为导向，要找准思想上的突出问题，有的放矢，对症下药，精准发力。要善于打破思维定式，要敢于冲破利益藩篱，要勇于突破狭隘视野。2014 年 4 月至 2015 年 12 月，由江西省委、省政府主要领导率领的江西省党政代表团先后到广东、浙江、湖南、湖北、福建、安徽、上海、江苏 8 省市学习考察。从"改革""开放""创新""做强核心""集聚""拥抱市场""推进一体化""拼搏" 8 个不同主题

七、党的领导绘蓝图

学习总结了江西周边省份发展的经验做法、特色亮点，从制度上鼓励思想解放。2016年2月，习近平总书记视察江西后不久，江西省委又一次在井冈山召开会议，在全省掀起学习习近平总书记对江西工作的重要指示，弘扬井冈山精神、践行新发展理念的思想解放热潮。通过新一轮的"走出去"和新一轮的思想大解放，鼓舞和启发全省党员干部群众齐心协力促发展，让全省广大党员干部有了"等不起、慢不得、坐不住"的强烈危机感，推动江西经济发展量质齐升，进入全国增速第一方阵。

"从更高层次贯彻落实习近平总书记对江西工作的重要要求，以新一轮思想大解放和改革再出发着力破解新时代提出的新课题"，这是党的十九大召开后，江西深入学习贯彻习近平新时代中国特色社会主义思想和党的十九大精神得出的重要论断。通过思想不断革新，江西省委得出，面对新时代提出的新课题，要以更加开放的胸襟、更加宽阔的视野，主动作为，要把握发展大局大势，加强对重大问题的研究，找症结、找短板，要实现"六大突破，三大提升"等一系列事关江西高质量、跨越式发展的科学认识。历史证明，这些认识，与习近平总书记第二次视察江西时提出的"作示范、勇争先"和"五个推进"的重要要求是完全符合的，是助力江西完成全面建成小康社会的"临门一脚"。

（二）战略谋划：小康建设的定盘星

习近平总书记深刻指出："战略问题是一个政党、一个国家的根本性问题。战略上判断得准确，战略上谋划得科学，战略上赢得主动，党和人民事业就大有希望。"改革开放后，党的历届代表大会及其全会等会议对小康社会建设进行了全局性的战略谋划。江西省委、省政府以党中央制定的战略框架为准绳，结合江西实际，明确战略路径、时间表和施工图，率领全省人民一张蓝图绘到底，蹄疾步稳迈向全面小康。

1. 转移工作重心，解决人民温饱

食为政首，农为邦本。与全国一样，江西改革从广阔的农村开始。1979年，江西一些地区农村已经开始实行"三包一奖""四专一联""双包"等生产责任制。在江西省委、省政府的肯定和支持下，到1982年春，全省99.3%的生产队建立了各种形式的生产责任制，形成了多种生产责任制形式并存、以"双包"生产责任制为主要形式（占总数的86.5%）的局面。到1984年，全省农村生产责任制形式全面转向"双包"，并逐步由种植业向林、牧、副、渔等各业拓展。

农业生产责任制的普遍推行，必然要求有与之相适应的行政管理和经济管理体制。1982年12月，宜春南庙公社进行改革试点，党、政、企组织分开，分别成立乡党委、乡政府和乡经济组织。至1984年底，江西基本完成了政社分开和建乡工作。1985年，国家调整农副产品购销政策。江西省委、省政府根据中央的10项政策，相应提出了15条具体措施，实行农产品统购统销制度改革，让农民拥有产品销售自主权。1985年1月，江西省委、省政府根据中央提出要大力发展乡镇企业的精神，提出户办、联户办、村办、乡办"四轮驱动"方针，促使乡镇企业迅速发展起来。

农村改革的示范效应和城市广大干部职工的改革要求促使城

七、党的领导绘蓝图

市经济体制改革迈开步伐。1984年4月11日,江西省委、省政府颁布《关于当前经济体制改革若干问题的规定》,对以改革工业企业和流通管理体制为重点的城市改革作出了部署并推行厂长(经理)负责制的试点。1984年10月,党的十二届三中全会通过《中共中央关于经济体制改革的决定》。江西进一步明确城市经济体制改革的任务和目标,逐步进行增强工业企业活力的改革、商业和商品流通体制的改革、计划管理体制的改革、物价的改革等。此外,江西在财政、税收、金融、物资、投资体制、劳动制度、工资制度、住房制度以及教育、文化、科技、卫生等方面也进行了不同程度的改革。

农业开发总体战的不断推进,对工业发展提出了新的要求。1991年1月28日至2月1日召开的全省经济工作会议提出,用5年左右的时间打好工业攻坚战,调整工业结构、增加技术投入、加快技术改造步伐、推进企业技术进步、大力调整产业结构和产品结构等重要攻坚措施,使江西的工业面貌发生深刻变化。

对外开放格局初步形成。1980年,九江港被国家正式确定为一类对外贸易港口。1987年底,江西省委、省政府提出"敞开南北两头,搞活中心城市,打开内陆山区,梯形推进开放",主动与沿海地区的开放政策"接轨",进一步推进区域突破。1988年4月,江西代表团在全国两会期间正式宣布了这一战略构想——"南门北港"的开放构想,进一步打开对外开放的大门。

工作重心的顺利转移和实行改革开放,激发了全省经济发展的活力。全省国民生产总值1988年比1980年翻了一番,提前两年实现党的十三大提出的"三步走"战略目标的第一步。至1990年,江西省国民生产总值426.23亿元,国民收入354.03亿元,农业总产值255.24亿元,粮食总产量331.64亿斤,比计划提前一年实现食油自给,其他各项指标与1980年相比都有大幅度提高,人民温饱问题基本得到解决。一部分群众开始脱贫致富,老区和贫困地区的面貌发生了很大变化。

2. 深化改革开放,实现总体小康

1992年,邓小平同志视察南方并发表重要谈话,同年10月,党的十四大胜利召开,标志着中国改革开放和现代化建设事业进入新阶段。邓小平视察南方途中在鹰潭接见江西省主要领导,提出"四个一点",即"思想更解放一点、胆子更大一点、放得更开一点、发展更快一点"的发展思路。江西省委根据邓小平同志在鹰潭的重要指示,围绕建立社会主义市场经济体制的目标,作出一系列深化经济体制改革的重大战略决策。

沿京九线和浙赣线展开生产力布局。江西抓住中央关于建设长江沿岸经济带和京九沿线经济带重大战略决策的机遇,按照"两头先行、中间崛起、东西联动、点面结合、重点突出"的思路,将江西工业布局的重点转移到京九铁路沿线,由北到南加快展开京九铁路沿线生产力布局,同时进一步增强沿浙赣线产业的实力,使之成为支撑东西走向生产力布局的主体。生产力沿京九线和浙赣线两翼展开,加快九江、南昌的发展,加快昌九工业走廊、昌九景三角区的开发开放,对于推动江西经济的均衡布局和协调发展发挥了重要而积极的作用。

实施主攻工业战略。江西工业基础总体上比较薄弱,规模也不够大。1993年,全省人均工业净产值不及全国人均的一半。1994年1月,全省经济工作会议明确提出了"立足农业、主攻工业"的发展思路。这一发展思路,在1995年8月召开的江西省第

七、党的领导绘蓝图

十次党代会上得到了进一步的完善。大会确定，全省未来5至15年要加强农业，主攻工业，繁荣第三产业，推进基础设施建设，加快县域经济发展，加速工业化、城镇化进程。1996年8月，江西省政府印发《关于主攻工业若干问题的意见》，提出必须集中力量促进工业的发展。

构建更加开放的新格局。1992年初，国家实施沿长江开放开发战略和修建京九铁路。1992年6月25日，交通部宣布九江港自6月28日起正式对外国籍船舶开放。1992年8月，国务院决定九江为长江沿岸对外开放城市，南昌享受沿海对外开放城市有关政策。这几项决策使江西对外开放的环境和条件得到重大改观。根据有利的外部形势，1992年7月15日，江西省委、省政府下发《关于进一步扩大对外开放加速经济发展的决定》，提出对外更加开放、对内更加放宽、对下更加放权。江西对外开放拓展到全省腹地，由部分行业扩大到三大产业，形成全省全方位对外开放的新格局。

这一时期，以邓小平理论为指引，在党的坚强领导下，江西克服亚洲金融危机的不利影响，经受住连续两年特大洪涝灾害的严峻考验，战胜体制转轨、经济转型的困难，全省生产总值先后突破500亿元、1000亿元、2000亿元。提前4年实现比1980年翻两番的目标，实现党的十三大提出的"三步走"战略目标的第二步。2000年，全省生产总值跃升到2003.07亿元，全省人民生活总体达到小康水平。

3. 探索江西崛起，全面建设小康

步入21世纪，中国改革开放进入加速期，党对小康社会的认识不断深化。2002年，党的十六大提出全面建设小康社会，使经

济更加发展、民主更加健全、科教更加进步、文化更加繁荣、社会更加和谐、人民生活更加殷实。这表明,"小康"不仅代表一种生活水准,而且内涵更加丰富。党的十七大提出实现全面建设小康社会奋斗目标的新要求,增加了发展协调性,将党的十六大提出的国内生产总值到2020年力争比2000年翻两番的经济增长目标,调整为实现人均国内生产总值翻两番。江西全面贯彻党的十六大、十七大精神和江西省第十一次、第十二次党代会精神,紧紧围绕江西实现在中部地区崛起和全面建设小康社会的奋斗目标,"跳出江西看江西,立足全局看江西",积极探索加快改革发展的新路。

2001年12月,江西省第十一次党代会按照党中央"三步走"的战略部署,全面系统地提出了新世纪初期的发展目标和发展战略:在5年内,江西人均地区生产总值在中部诸省位次前移并力争进入前列;到2010年,基本实现工业化;到21世纪中叶中华人民共和国成立100年时,和全国一道基本实现社会主义现代化。要求全省加快工业化,紧紧抓住大开放的主战略,以大开放促大发展,把推进工业化、城镇化与解决"三农"问题有机统一起来。

在实施加快工业化、大开放主战略的进程中,江西省委根据实践发展的要求,不断丰富和完善全省经济发展战略。2003年7月,江西省委十一届四次全会提出"对接长珠闽,融入全球化,全面提高对外开放水平",进一步完善发展思路,创新发展举措。2004年1月,江西省委十一届五次全会进一步深化改革方案,把"既要金山银山,更要绿水青山"的发展理念融入新的发展模式,描绘出建设美好新江西的发展蓝图,引导全省人民走科学发展的道路。2006年12月,江西省第十二次党代会提出"在新的起点实现江西崛起的新跨越"的目标,确定深入实施以新型工业化为核心的发展战

七、党的领导绘蓝图

略，深入实施统筹发展战略，深入实施大开放和改革攻坚战略，深入实施科教兴赣、人才强省战略，深入实施生态立省、绿色发展战略，深入实施创业富民、和谐发展战略。2008年，江西省委、省政府提出建设鄱阳湖生态经济区的伟大战略构想。2009年12月12日，国务院批复《鄱阳湖生态经济区规划》，鄱阳湖生态经济区建设正式上升为国家战略。2012年6月28日，国务院发布《关于支持赣南等原中央苏区振兴发展的若干意见》，江西全面实施赣南等原中央苏区振兴战略，确保赣南等原中央苏区与全国同步进入全面小康社会。

在21世纪的头十余年，以"三个代表"重要思想、科学发展观为引领，江西克服非典疫情和自然灾害的影响，保持经济平稳较快发展。全面建设小康社会取得重大成就，实现了两项突破——2005年，江西人均地区生产总值突破1000美元；2011年，全省经济总量突破万亿元大关，实现从一般温饱型社会向发展型社会转变的历史性跨越，为全面建成小康社会打下了扎实基础。

4. 决胜新时代，全面建成小康

征途漫漫，唯有奋斗。在一代代人接续奋斗的基础上，以习近平同志为核心的党中央对全面建成小康社会作出一系列重要论述和重大部署，吹响了决胜全面建成小康社会的冲锋号。全面小康路上一个都不能少，脱贫致富路上一个都不能落下。习近平总书记十分关心江西等革命老区的发展和人民生活情况，先后于2016年和2019年亲自到江西开展视察调研，提出"新的希望、三个着力、四个坚持"重要要求和"努力在加快革命老区高质量发展上作示范、在推动中部地区崛起上勇争先"的目标定位以及"五个推进"

的更高要求。

习近平总书记的关心关怀、深情嘱托激励着老区人民感恩奋进、奋勇争先。江西省委、省政府全面贯彻落实党中央重要工作部署和习近平总书记重要讲话精神，努力探索走出一条革命老区高质量跨越式发展的新路，在红土地上掀起新的发展热潮。

（1）牢牢把握供给侧结构性改革主线

"牢牢把握供给侧结构性改革这条主线，不断改善供给结构，提高经济发展质量和效益""要聚焦主导产业，加快培育新兴产业，改造提升传统产业，发展现代服务业，抢抓数字经济发展机遇"，习近平总书记为江西高质量发展把脉开方、定调定向。江西省委、省政府持续深化改革攻坚，突出供给侧结构性改革主线，不断释放发展活力，激发发展动力。

化解过剩产能，提供有效供给。江西充分发挥市场机制作用，按照"消化一批、转移一批、整合一批、淘汰一批"的途径，加快化解产能过剩。注重运用市场机制、经济手段、法治办法，建立以能耗、环保、质量、安全等为约束条件的推进机制，坚决淘汰落后产能、削减低效产能、严控新增产能。鼓励市场化的兼并重组，鼓励资本市场的并购，让落后产能被吸收或兼并，形成能满足市场需求的有效供给。

优化产业结构，提升经济运行质量。江西实施战略性新兴产业倍增计划，聚焦航空、电子信息、装备制造、中医药、新能源、新材料6大优势产业，努力实现产业规模、龙头企业和示范基地"三个倍增"，加快培育一批过千亿元产业集群和过百亿元企业。实施智能制造"万千百十"工程，大力发展绿色制造，推进人工智能、大数据、互联网等现代信息技术和制造业深度融合。

七、党的领导绘蓝图

加快新旧动能转换，集中力量发展航空产业，奋力实现"航空产业大起来、航空研发强起来、江西飞机飞起来、航空小镇兴起来、航空市场旺起来"的江西"航空梦"。在南昌航空城，上马中国商飞江西生产试飞中心、江西先进复合材料研发中心等一批重大项目。江西航空产业产值以年均20%以上的速度增长，2019年产业规模突破千亿元大关。

电子信息产业是江西重点打造的两个过万亿元产业之一。2019年，规模以上企业突破1000家，联创电子、晶能光电、欧菲生物识别等龙头企业快速发展。京九（江西）电子信息产业带建设已经形成千帆竞发、百舸争流的生动局面。

萍乡因煤立市、因煤兴市，是全国120个"老工业基地"之一。随着资源逐步枯竭，萍乡适时开启转型升级之路，初步建立了"1+2+N"主导产业体系，电子信息、装备制造、节能环保、金属材料、食品医药、海绵产业6大主导产业不断增强。

在赣州经济技术开发区，2016年，一座布局35.2平方千米的赣州新能源汽车科技城拔地而起。科技城毗邻赣州黄金机场及赣州西站，大广高速、京九铁路等国家交通大动脉贯通科技城。赣州把新能源汽车科技城作为打好主攻工业攻坚战的主平台，至2020年底，共签约落户项目约26个，总投资超800亿元，拥有国机智骏、凯马汽车、中电汽车、孚能科技等一批新能源汽车龙头企业。

在新余市渝水区，固定资产投资10亿元的新能源汽车用高牌号电工钢项目投产，年产25万吨优特钢带顺利试产，由大项目带动的提质增效发起一场由规模效益向质量效益转变的钢铁产业品质变革。

从2006年的"背包客"发展到现在全球最大的光伏能源企业，

晶科能源光伏的"破茧成蝶"得益于上饶市委、市政府紧紧抓住骨干企业不动摇，致力把企业由小到大进行培育支持。如今的晶科已拥有4张上市牌照，光电转换效率、组件出货量均居全球首位。

既要培育新兴产业，也要改造传统产业。江西传统产业有基础、有规模、有比较优势。2018年，江西省政府办公厅印发《江西省传统产业优化升级行动计划（2018—2020年）》，启动传统产业优化升级试点，确定在九江市开展省级综合试点，在南昌县等8个县（市、区）开展省级分产业试点，覆盖全省8大产业，涉及7个设区市，各地、各产业的试点根据发展阶段和特点的不同，制定各具特色的目标、方向和路径。九江市选取116家企业作为综合试点企业（项目），南昌市青山湖区加快发展"飞地经济"助力产业升级，高安市以一对一的形式进行品牌创建辅导，湖口县鼓励龙头重点企业开展技术改造升级……试点就是重点，试点就是突破，试点就是示范，各地通过试点加速传统产业优化升级，有力促进传统产业加快向高端化、智能化、绿色化、集群化、现代化升级。

国家历史文化名城景德镇探索出一条"由传统粗放工业向高技术产业、先进装备制造业、文化创意和文化旅游转型"的特色转型发展之路，陶瓷产业产值从2007年的42亿元增长到2020年的400亿元。2019年，国务院批复了《景德镇国家陶瓷文化传承创新试验区实施方案》，为千年瓷都景德镇带来了千载难逢的发展机遇。

在吉安市新干县盐化工业城内，石化产业绿色化水平"有迹可循"：30台工业小锅炉被替代，集中供热覆盖率达到80%，每年节省标煤8.74万吨，减少氮氧化物排放170吨，减少二氧化硫排放7400多吨，减少灰尘排放近1万吨。企业成本大大降低，在环保达标的前提下,更加专注于谋发展,为传统产业发展带来新机遇。

一个个生动实践表明:江西的传统产业正从数量型向质量型转变,从低端化向高端化转型,从污染型向绿色型转化,实现质量再提升、品牌再升级。江西的三次产业结构不断优化,2019年,第三产业占比首次超过第二产业占比;2020年,全省高新技术产业、战略性新兴产业增加值占规模以上工业增加值比重分别达38.2%、22.1%,两者比重之和首次超过60%。江西发展的质量效益稳步提升,产业发展的宏伟蓝图正一步步铺就。

(2)紧紧扭住创新这个"牛鼻子"

创新是引领发展的第一动力。在聚焦高质量快速发展战略的带动下,全省紧紧扭住创新这个"牛鼻子",加快建设创新型江西,加速构建现代产业体系,使创新发展从量的积累逐步实现质的飞跃。

加大全社会研发投入,加强创新平台建设。健全以企业为主体、市场为导向、产学研用深度融合的技术创新体系,是扭住创新这个"牛鼻子"的基础。

2016年习近平总书记视察江西时曾来到江中集团并提出了殷切希望。如今的华润江中在创新发展中交出了一份优异的答卷。2016年至2019年,华润江中的"果蔬益生菌发酵关键技术与产业化应用""中药制造现代化——固体制剂产业化关键技术研究及应用"两个项目获得国家科技进步奖二等奖。现在,江中拥有中药固体制剂制造技术国家工程研究中心、蛋白质药物国家工程研究中心、创新药物与高效节能降耗制药设备国家重点实验室、航天营养与食品工程重点实验室4个国家级研发平台。

江西金力永磁科技股份有限公司，习近平总书记在视察这家从事高性能稀土永磁材料研发、生产、销售的企业时，叮嘱企业员工："要紧紧扭住技术创新这个战略基点，掌握更多关键核心技术，抢占行业发展制高点。"企业以此为创新争先的强大动力，开发出具有自主知识产权的晶界渗透技术，在生产过程中直接降低中重稀土50%以上的添加量。2019年10月，江西省政府与中国科学院签署共建中国科学院稀土研究院战略合作协议，通过进一步加强技术创新，把江西打造成为国际上有影响力的稀土产业高地。

抚州聘请38名两院院士作为市政府顾问，在全省率先实现"科贷通"全覆盖，助推高新技术企业数从2015年的62家增加到2020年的499家，增长了7倍多。

在创新发展的引领带动下，江西还成功创建了鄱阳湖国家自主创新示范区，引进一批重大创新平台落户江西，综合科技创新水平指数排位连续7年实现进位。

创新的"牛鼻子"在江西传统产业中也不断得到体现，成为转型升级的强大驱动力。

赣州南康是全国知名的家具生产基地。2012年，南康家具企业有6000多家，但多而不强，产品同质化、低端化严重，只有近百亿元的产值。南康人发扬敢闯敢干的精神，坚持走品牌化、智能化、国际化路子，实现"华丽转身"。南康建立了家具产业智联网，成立了中国家具智能制造创新中心，形成了全产业链的网络化生产、供应和服务，推进家具产业加速向数字化、智能化、定制化转变。同时，国内一流院校和中国鲁班大学等专业机构在小镇开展实训，培育电商、设计、营销专业人才。2020年，南康家具产业集群产值突破2000亿元。如今，行走在南康家居小镇，俨然进入创意十足的"设计村",这里入驻了 50 多家设计机构,并柔性引进意大利、瑞典和我国深圳、上海等地一线设计机构的 500 多名设计师,开发原创设计产品 3000 多个,成果转化率超过 80%,获得专利授权 825 件,推动"南康模仿"向"南康设计","南康制造"向"南康智造"转变。

只有走出一条创新链、产业链、人才链、政策链、资金链深度融合的路子,才能让一切创新创造的源泉充分涌流。这在 VR 产业中得到最明显体现。2019 年 10 月,第二届世界 VR 产业大会在南昌举行。江西为支持 VR 产业共发布 33 条政策,南昌市启动"中国 V 谷"——南昌 VR 特色小镇规划建设,全力创建国家 VR 制造业创新中心。全球 VR 资源和要素不断向中国集中、向江西集中,南昌的 VR 产业"高地"正一步步从"虚拟"走向"现实"。

科技成果转化是建设创新江西、推动经济提质升级的关键环节。鹰潭作为国家"03 专项"试点示范市,聚焦"物联江西"建设,加快"03 专项"成果转移转化,5G 网络部署、平台建设及产业发展取得明显成效,在全国率先实现 NB-IoT 和 eMTC 两张网全覆盖,形成了"红色 VR""智赣行""飞鹰警务云"等应用场景品牌。

2019 年 9 月 5 日,中国政府网公布《国务院关于同意南昌、新余、景德镇、鹰潭、抚州、吉安、赣州高新技术产业开发区建设国家自主创新示范区的批复》,江西以此深入实施创新驱动发展战略,充分发挥区位优势、资源优势、人才优势和产业技术优势,探索适合省情特点的创新道路、创新模式和创新机制。

面向未来,随着创新驱动发展战略的持续推进,江西将全力开足高质量发展的新引擎。

(3) 以大开放促进大发展

"襟三江而带五湖,控蛮荆而引瓯越。"作为内陆省份,江西不靠海、不沿边,但有毗邻长珠闽的区位优势,通江达海十分便利。江西依靠开放,不断发挥区位优势,拓展发展空间,主动融入"一带一路"建设,积极参与长江经济带发展,对接长三角、粤港澳大湾区,实施区域协调发展战略,打造内陆双向开放高地。江西先后设立赣州综合保税区、南昌综合保税区、九江综合保税区、井冈山综合保税区、赣江新区等开放平台,出台《关于全面扩大开放加快开放型经济发展升级的实施意见》《江西省参与丝绸之路经济带和21世纪海上丝绸之路建设实施方案》《关于深入贯彻开放发展新理念构建全面开放新格局的意见》等一批重要文件,提出"一圈引领、两轴驱动、三区协同",从战略上调整优化全省区域发展格局,以大开放促进大发展。

2017年8月15日,随着火车汽笛的一声长鸣,从赣州国际港至波兰的首列中欧班列缓缓开出,标志着江西省对接"丝绸之路经济带"中欧班列正式开通。赣州国际港成为全国内陆第8个永久对外开放口岸、中国内陆首个国检监管试验区、"一带一路"重要物流节点、国家铁路物流重要节点枢纽,与19个国家和地区进出口货物实现互联互通。

中欧班列不仅让"江西制造"纷纷"走出去",也让更多的进口商品"走进来"。2020年,江西企业在"一带一路"沿线国家投资或承建的"江西路"累计已达9560千米、"江西桥"152座、"江西机场"6个、"江西电站"53座……"江西建设"已成为一张亮丽的"名片"。

2019年6月,江西对接粤港澳大湾区投资合作推介会在深圳

中国江西国际经济技术合作有限公司总承包建设的肯尼亚肯雅塔大学教学、科研和转诊医院项目 （选自《江西年鉴2021》）

举行，这是江西首次在深圳、澳门、香港三地同步举办经贸合作活动，江西招商引资层次不断升级，经贸合作"朋友圈"越来越大。

江西持续实施招大引强"三百工程""三请三回""三企入赣"等系列招商活动，不断提升招商引资的质量和效益。如今，江西引进的省外项目资金有80%以上来自长三角、粤港澳大湾区，有80%以上货物从长三角、粤港澳大湾区的港口出境。

加强内陆口岸建设，大力发展多式联运和口岸经济，积极争创国家级内陆双向开放试验区，打造内陆双向开放新高地，是江西全面扩大开放的重要举措。

2017年4月26日，宜春海关开关运营，开通宜春至宁波铁海联运班列，结束了赣西地区没有直接出海通道的历史。

九江，大江大湖恩赐天然良港。过去由于种种原因，九江作为江西唯一开放港口城市的作用没有完全发挥出来。江西省委十四届六次全体（扩大）会议提出要强化长江航运大通道，把九江水港作为重要支点，着力建设具有承载大物流集散、大产业集聚、大商贸活动功能的大开放平台，把九江打造成全省大开放的大门户。

2019年7月，南昌国际快件监管中心在昌北国际机场开通运营。这为江西跨境电商产业的发展搭建了新平台，也为全面打造中国（南昌）跨境电商综合试验区积蓄了新动能，为江西人"买全球""卖全球"提供了极大便利。

推动将赣州打造成为"一带一路"重要节点和国际货物集散中心，将九江打造成为江海直达区域航运中心，将南昌打造成为区域智慧航空货运枢纽……江西以陆、水、空港为基础，以赣州港、南昌港、九江港、上饶港为支撑，加快构建以水陆空运输无缝对接、铁海江海多式联运、通关贸易一体化和绿色环保为特征的现代集疏运体系，打造内陆双向开放新高地。

不以江西为世界，而以世界谋江西。江西秉承开放的胸襟和理念，全面扩大高水平开放，不断增强革命老区高质量发展的动力活力。

（4）努力打造一流营商环境

推动高质量发展，必须有一流的营商环境。

实现企业注销"一网"服务，扎实推进"五型"（忠诚型、创新型、担当型、服务型、过硬型）政府建设，省市县三级依申请类政务服务事项"一次不跑"或"只跑一次"比例分别达到95.3%、75%、70%，企业开办时间压缩至2个工作日，省市县乡四级政务服务大厅实现365天"不打烊"……围绕高质量高标准建设江西内陆开放型经济试验区，打造"政策最优、成本最低、服务最好、办事最快"的一流营商环境，江西密集打出"组合拳"，着力破解老百姓创新创业的痛点、堵点、难点，持续激发市场活力。

依托江西政务服务网和支付宝移动端，打造"赣服通"平台，社保缴费、医保服务、电子证件、汽车违章、水电缴费、教育政策等都可以在"赣服通"查询和办理,成为推进"互联网+政务服务"、推动政务服务一网通办的创新举措,老百姓可实现政务服务"一机在手、走遍江西"。"赣服通"设区市、县级分厅全部建成上线,"掌上办"服务事项达6703项,"掌上查"电子证照达112种,在服务事项数量、证照种类、跨省数据上位居全国前列。

专门建立省非公企业维权中心、发布优化提升营商环境十大行动方案,推动商事制度改革实现"39证合一",出台引进培育创新创业高层次人才"千人计划"实施办法……放眼江西各地,打造一流营商环境、提供"保姆式"服务、引进一流人才已经成为共识,凝聚起加快江西高质量跨越式发展的强大力量。

2019年7月29日,吉安市76个重大工业项目集中开工竣工,项目总投资392.9亿元。吉安市非公有制企业的数量与质量都不断提升,非公有制经济占地区生产总值比重达59.6%,贡献了90%的税收。数字背后,是吉安市诚意造就的稳定、透明、可预期的营商环境。比如,井冈山经开区实行"前台综合受理、后台分类审批、统一窗口出件"的"一窗式"政务服务模式,实现了集中审批、集中服务,建立了全程全科网办服务、全程无偿代办服务体系,一站式政务服务大厅在线审批率高于全国国家级开发区平均水平的18%。

(5)构筑人才聚集高地

小康大业,人才为本。江西省委始终把人才作为第一资源,深入实施人才强省战略,推进重大人才工程,实施更加积极、更加开放、更加有效的人才政策,着力激发人才创新创造活力,基本建成具有一定影响力和较强竞争力、特色鲜明的区域性人才高地,为全面建成小康社会提供了强大智力支撑。

人才发展政策不断健全。江西于2013年出台了《关于进一步推进人才管理改革试验区建设的实施意见》，确定了10个市县、高校、企业、开发区等不同类型的人才管理改革试验区，根据不同的功能定位和发展方向，开展各具特色的人才管理改革探索；2015年出台《关于鼓励省属独立科研院所科技人员创新创业的试点办法》；2017年出台《江西人才发展规划纲要（2016—2020年）》《关于深化人才发展体制机制改革的实施意见》《深化人才发展体制机制改革若干措施》等制度文件，开展机构编制备案制管理试点，探索建立高层次人才引进编制"周转池"，在人才评价发现、人才激励保障、人才流动配置等方面推出系列配套政策和改革举措，切实为各类人才创新创业放权松绑。11个设区市和赣江新区也各自出台人才新政及配套措施，全省人才改革"1+N"的政策体系初步形成，人才集聚效应显现。2020年，全省入选国家级人才工程200余人，入选省级重大人才工程近5000人。

人才平台加快建设。江西省深入实施"百人远航工程"，定期组织专家参加国情研修。2015年以来出台了《江西省高层次人才引进实施办法》《江西省院士后备人才支持计划实施办法》等制度办法，启动实施江西省引进培养创新创业高层次人才"千人计划"，建立江西对接高层次人才联络站，做优做强院士工作站等高端人才平台。同时，江西还与中国科学院共建赣江创新研究院、赣江中药创新中心、庐山植物园、江西产业技术创新与育成中心等一批"国字号"创新平台，改变了江西多年来没有国家级大院大所的历史。2021年，全省已拥有国家重点实验室6个、国家工程技术中心8个、国家级学科创新引智基地1个、国家级制造业创新中心1个、企业技术中心29个、工程研究中心2个。依托南昌高新区创新设立省高层次人才产业园，集聚12位院士、60余名高层次人才以及82个人才项目，成为全省高层次人才创新创业的"新地标"。党的十八大以来，全省各类高层次人才创新创业平台载体新增1463个，达到1783个。

人才贡献更加凸显。坚持以业聚才、以才兴业，着力推动人才与产业深度融合，人才对科技创新、产业发展的贡献率不断提升。至2020年底，全省高新技术企业总数达到7142家，入国家库科技型中小企业6416家。着力推动人才助力脱贫攻坚，全省选派科技特派员8968名，"一村一名大学生工程"学员6.3万人，培训高素质农民18.7万人、农业专业技术人才4.3万人次。

人才服务持续优化。实行省领导联系优秀人才制度，江西省委、省人大、省政府、省政协领导都直接联系一名专家，省领导与专家交朋友，保持经常性联系，帮助其解决困难和问题，广泛听取意见建议。加快推进人力资源服务业发展，人力资源服务新模式、新业态不断涌现，服务产品日益丰富，服务能力进一步提升。创建示范服务基地，为人才创新创业提供落户、签证、科研项目申报等"一站式"贴心服务，省级服务支持人才创新创业示范基地达13家。创新金融服务模式，设立省人才创新创业引导基金，精准解决人才创新创业中的投融资难题，2021年，基金总规模近18亿元，完成14个项目投资，投资规模9.53亿元；成立全国首家专业化人才服务银行，为人才量身定制金融服务，2021年，累计服务高层次人才1405名，投放贷款29.73亿元。打造信息服务平台，建设面向海内外人才的一级门户网站"人才江西网"，集成"人才政策网上查询、人才服务网上办理、人才工程网上申报"等功能，并与"赣服通"互联互通、数据共享,真正实现"数据多跑路、人才少跑腿"。完善生活服务举措,针对人才在住房、医疗、子女入学、交通出行等生活方面的堵点问题,采取建设人才公寓、设立人才专员、发放高层次人才电子服务卡等措施,为高层次人才提供便利服务。

(6)精准施策打赢脱贫攻坚战

中华人民共和国成立后,社会主义制度的建立为消除贫困奠定了制度基础。1955年,毛泽东在《关于农业合作化问题》的报告中明确提出共同富裕的概念。改革开放后,党开启了共同富裕的新实践,进一步丰富了共同富裕思想。党的十八大以来,习近平总书记站在全面建成小康社会、实现中华民族伟大复兴中国梦的战略高度,亲自部署、亲自挂帅、亲自出征、亲自督战脱贫攻坚,提出一系列新思想新观点新论断,创新发展了党的扶贫开发理论,形成新时代中国特色减贫理论,为打赢脱贫攻坚战,不断推进共同富裕提供了科学的理论方法和路径遵循。

江西省委、省政府坚持把脱贫攻坚作为增强"四个意识"、坚定"四个自信"、做到"两个维护"的政治检验,作为践行党的初心使命的实际行动,始终把习近平总书记的谆谆教导作为江西打赢脱贫攻坚战的理论法宝和行动纲领,建立了由江西省委书记、省长任组长的扶贫开发领导小组"双组长制",出台了《关于全力打好精准扶贫攻坚战的决定》《关于坚决打赢脱贫攻坚战的实施意见》等一系列政策文件,形成了"省市县乡村五级书记直接抓、部门行业合力扶、扶贫单位倾心帮、驻村干部和基层党员干部结对包"的攻坚格局。坚持把精准方略贯彻脱贫攻坚始终,按照"核心是精准、关键在落实、实现高质量、确保可持续"总要求,严把精准识

七、党的领导绘蓝图

别关，严格"七步法""七从严""四甄别""群众评议"等识别程序，在全国首创"红黄蓝"三卡精准识别贫困户，对贫困人口建档立卡坚持不设指标、做到应进尽进。探索出"五个一"产业扶贫模式（选准一项主导产业、打造一个龙头、设立一笔扶持资金、建立一套利益联结机制、培育一套服务体系）和"一领办三参与"产业扶贫合作模式（村干部与能人带头领办、村党员主动参与、村民自愿参与、贫困群众统筹参与）。摸索出县城园区、乡镇和中心村三级梯度易地搬迁安置模式。选派脱贫攻坚督察组常驻各设区市，推动脱贫攻坚切实做到"六个精准"，走出了一条经济欠发达地区脱贫攻坚"补短板"和"促长效"同步推进的新路子，创造了一批可借鉴、可复制、可推广的经验做法，助推江西脱贫攻坚工作走在全国前列。至2020年底，江西25个贫困县（市、区）全部实现脱贫摘帽，全省建档立卡贫困人口全部脱贫，"两不愁三保障"问题基本解决，综合保障脱贫措施不断健全落实，致贫返贫现象得到有效遏制，脱贫攻坚与乡村振兴做到有效衔接，全省脱贫攻坚战取得全面胜利。在打赢农村脱贫攻坚战的同时，扎实推进城镇贫困群众全面脱贫解困工作，多措并举提高居民收入，25.58万城镇贫困群众实现脱困退出，城乡居民人均可支配收入提前实现比2010年翻番目标。在这场大战中，党的集中统一领导的制度优势得到极大发挥，党组织的治理效能得到显著提升。

进入新时代，江西以习近平新时代中国特色社会主义思想为指导，找准了适合江西实际的高质量跨越式发展的路子，克服新冠肺炎疫情突发和洪灾带来的影响，与全国同步全面建成小康社会，发展的质量和效益不断提升。党的十八大以来，全省生产总值年均增长8.7%，2017年首次突破2万亿元大关，2020年达到2.57

万亿元,在全国排位由第 19 位前移至第 15 位。三次产业结构比由 11.7∶53.8∶34.5 变为 8.7∶43.2∶48.1。江西城乡面貌全面改善,老区人民的获得感、幸福感和安全感明显提升。如今的江西,从赣江源头到鄱湖之滨,从巍巍井冈到秀美匡庐,满目都是变幻着的亮丽风景。雄关漫道真如铁,而今迈步从头越。江西正以崭新的姿态开启全面建设社会主义现代化江西的新征程。

(三)党的建设:小康建设的压舱石

全面建成小康社会,关键在党。党历来重视自身建设,不断加强和改善党的领导,提高党的战斗力,充分发挥党总揽全局、协调各方的作用,切实担负起全面建成小康社会的政治责任和使命。

1. 以党的政治建设为统领,为全面建成小康社会提供坚强政治保证

党的政治建设是党的根本性建设,决定党的建设方向和效果。旗帜鲜明讲政治,是推进管党治党的根本要求。江西自觉把党的政治建设放在突出位置并贯穿小康社会建设全过程,注重在推进经济社会发展的过程中加强党的政治建设。

坚决维护党中央集中统一领导。坚持党的领导是中国最重大的政治原则,坚持党的领导首先是坚决维护党中央权威和集中统一领导。中华人民共和国成立后特别是改革开放以来,江西省委反复教育广大党员干部要讲政治、顾大局、守纪律,全省党员干部的政治意识不断增强、政治素质不断提高,始终在思想上政治上

七、党的领导绘蓝图

同党中央保持高度一致。

党的十八大以来，以习近平同志为核心的党中央根据世情、国情、党情变化，对广大党员、干部和各级党组织提出要增强"四个意识"、坚定"四个自信"、做到"两个维护"，要求各级党组织和广大党员坚定不移维护党中央权威和集中统一领导，自觉在思想上政治上行动上同党中央保持高度一致，使党更加团结统一、坚强有力，确保党始终成为中国特色社会主义事业的坚强领导核心。江西省委鲜明提出把江西打造成"最讲党性、最讲政治、最讲忠诚"的地方，及时出台《关于加强党的政治建设的若干措施》，大力加强政治忠诚教育，做深做实政治素质考察，强化政治监督政治督查，在思想上行动上全方位向党中央看齐，在贯彻执行中央决策部署上不打折扣、不搞变通，推动各级党组织和广大党员干部不断增强"四个意识"、坚定"四个自信"、做到"两个维护"。

全面加强和规范党内政治生活。严肃党内政治生活是全面从严治党的基础。江西省委坚持以党章为根本遵循，严格执行新形势下党内政治生活的若干准则，切实增强党内政治生活的政治性、时代性、原则性、战斗性。坚持民主集中制，全面落实"三会一课"、党员领导干部双重组织生活、谈心谈话、民主评议党员等制度，积极开展批评和自我批评，不断培育良好政治生态的土壤。加强对严肃党内政治生活措施落实情况的监督检查，推动各级党组织遵守党章党规，坚决贯彻落实党的基本理论、基本路线、基本方略。

不断提高思想觉悟和政治能力。20世纪90年代以来，根据党中央统一部署，全省先后集中开展了以"党的基本理论、基本路线、基本方略"（"三个基本"）和"讲学习、讲政治、讲正气"（"三讲"）为主要内容的党性党风教育以及农村"三个代表"重要思想学习教育活动、保持共产党员先进性教育活动、深入学习实践科学发展观活动试点工作、创先争优活动，等等，着力提高全省党员干部的理论自觉和理论自信。

党的十八大以来，在党中央的统一部署下，江西省委又先后开展党的群众路线教育实践活动、"三严三实"专题教育、"两学一做"学习教育、"不忘初心、牢记使命"主题教育、党史学习教育，持续深化学习习近平新时代中国特色社会主义思想，突出问题导向，坚持与时俱进，强调以学促做，引导广大党员、干部做新时代党的创新理论的坚定信仰者和忠实实践者。在开展专题教育活动中发挥红色资源优势，深挖江西红色资源宝库，搭建特色教育平台，坚持把红色基因教育作为全省领导干部任职培训的重大课题。大力弘扬井冈山精神、苏区精神、长征精神，通过学在平常、抓在经常、融入日常，广大党员干部理想信念更加坚定、党性更加坚强，运用科学理论指导工作、解决实际问题的能力不断提升。

2013年，江西省委召开全省党的群众路线教育实践活动动员大会 （周霖 摄）

2. 持续深化正风肃纪反腐，为全面建成小康社会提供坚强作风保证

锻造一支作风优良、纪律严明的队伍是党取得事业成功的历史经验。1957年，江西省委根据党的八届三中全会精神，深入开展整风运动，通过大整风促进大生产。改革开放以后，根据党中央的统一部署和要求，江西省委自上而下、分批分期开展了整风整党运动，增强党性，端正党风，团结全党把全部精力集中到经济建设上来。党的十八大以来，江西省委紧紧围绕全面建成小康社会，强化党同人民的血肉联系，持之以恒加强作风建设，锲而不舍强化纪律建设。

严格落实中央八项规定精神，持续力纠"四风"。江西省委严格执行中央八项规定，坚决反对"四风"问题，坚持抓早、抓小、抓实，突出经常抓、深入抓、持久抓，不断加大监督检查力度，促使作风建设警钟长鸣。2013年至2016年，开展了以"节前教育提醒、节日明察暗访、节后公示反馈"为主要内容的节日廉情监督活动、"公款送礼、公款吃喝、奢侈浪费"专项整治、"不作为慢作为乱作为"突出问题专项整治，坚决整治"会所中的歪风"，聚焦"不吃公款吃老板"、请吃场所由高档豪华饭店向高档住宅小区"一桌餐"转移等新动向。2017年，全省认真贯彻落实习近平总书记关于进一步纠正"四风"、加强作风建设重要指示精神，从政治高度抓好中央八项规定精神落实，进一步深入查纠"四风"，省市县三级纪委抽调7400余人次，组成2400余个检查组，开展"点穴式"明察暗访4000余次，查处违反中央八项规定精神问题2669起。中央八项规定出台后至2016年底，全省纪检监察机关共查处

违反中央八项规定精神问题4629起，处理6423人，其中纪律处分2915人，省市县公开通报曝光问题2768起，涉及3906人。2018年，整治"怕慢假庸散"作风顽疾，力戒形式主义、官僚主义，切实为基层松绑减负，让干部有更多时间和精力抓落实。党的十九大以来至2021年底，全省共查处违反中央八项规定精神问题3.3万起，处理4.58万人，持续释放"越往后执纪越严"的强烈信号。

深化政治巡视巡察，大力推进政治监督具体化常态化。实现全省巡视巡察全覆盖，完善巡视巡察战略格局。从严从实做好日常监督，聚焦决战脱贫攻坚、决胜全面小康加强监督，推动各级党组织和各级领导干部尽锐出战、善作善成。把中央巡视整改工作作为重大政治任务抓紧抓实抓好，中央第八巡视组向江西省反馈的25个专项整改任务均已完成，109件领导干部问题线索均已处置到位，并积极配合中央巡视组对江西省"回头看"，抓好反馈问题整改，确保党中央各项决策部署在江西落地生根、开花结果。十四届省委巡视共反馈具体问题1.28万个，完成整改1.18万个，完成率为92%，移交问题线索2498件，省纪委、省监委立案审查的省管干部案件中，42%来自巡视移交问题线索。全省各级党组织通过巡视巡察共推动制定完善相关制度机制3.3万项。

坚决整治群众身边的腐败和作风问题，一体推进不敢腐、不能腐、不想腐。2018年，在全省开展为期3年的扶贫领域腐败和作风问题专项治理，抓好脱贫攻坚专项巡视及巡视"回头看"反馈意见整改，以作风攻坚保障脱贫攻坚。围绕"两不愁三保障""四个不摘"等要求的落实情况，加强监督检查，推动巩固拓展脱贫攻坚成果同乡村振兴有效衔接。聚焦教育医疗、养老社保、生态环保、安全生产、食品药品安全、执法司法等领域，着力推动解

七、党的领导绘蓝图

决群众反映强烈的突出问题。

3. 不断夯实党的基层组织,为全面建成小康社会筑强坚实战斗堡垒

党的力量来自组织。改革开放以来,江西以学习型、服务型、廉洁型党组织建设为载体,先后开展"三项创建""十万干部下基层、排忧解难促和谐",不断筑牢基层党组织战斗堡垒根基。党的十八大以来,江西省委统筹推进各领域基层党组织建设,实施"连心、强基、模范"三大工程,深入实施"一村一名大学生工程",因地制宜选优配强村"两委",党的组织优势、组织功能、组织力量得到进一步发挥。

农村和城市基层党建工作实现整体提升。创新实施"一核两委五机制"建设,开展"三培两带两服务""五个好"村党组织创建等活动。在全国首创"三统筹、七同步"换届办法,抓好村(社区)"两委"换届选举工作,完善村(居)务监督委员会等配套组织建设。大力推进村党组织带头人队伍整体优化提升,选优配强村

"党建+"夯实乡村振兴高质量发展之基。
图为井冈山市神山村党群服务中心 (康莉 摄)

党组织书记，选聘高校毕业生到村任职。持续加大基层组织运转经费保障力度，大幅度提高村（社区）党组织书记报酬，保障村（社区）组织工作经费和服务群众专项经费，对破旧村级组织活动场所进行全面维修改造。

国有企业、党政机关、事业单位基层党建工作持续深入推进。在国有企业实施"三培两推"工程，开展"争创'四强'党组织，争做'四优'共产党员"活动，着力打造政治引领力强、推动发展力强、改革创新力强、凝聚保障力强的基层党组织和政治素质优、岗位技能优、工作业绩优、群众评价优的党员干部队伍。全面开展机关效能建设和创业服务活动。在高校、科研院所实施"三培两建"工程，吸收高学历、高职称人员入党。

大力实施"连心、强基、模范"三大工程，全面推行"党建+"工作。2015年7月，江西省委召开全省"连心、强基、模范"三大工程暨农村基层党建工作会议，深刻阐述"党建+"理念。2016

铅山县太源畲族乡畲族村党员重温入党誓词 （中共江西省委宣传部 提供）

年出台《关于全面推行"党建+"工作的实施方案》,全面推进"1+3+X"模式,较好地解决了"两张皮""自我循环"的问题。全省各级党组织着力践行"党建+"理念,推动党建工作与各项工作有机衔接、互动融合、共享共赢,取得突出成效,走出一条具有江西特色的基层党建工作新路子。

通过大抓基层、强基固本,党的基层组织建设取得巨大成效,战斗力显著提升。一是党员规模不断壮大。2020年,全省党员总数为233.1万名,是中华人民共和国成立初期的7.7倍,占全

春耕田头党旗红 (邓江华 摄)

省人口总数的5.2%。二是党员结构持续优化。党员受教育程度显著提高,大专及以上学历党员所占比例从中华人民共和国成立初期的0.41%提高到43.3%;党员队伍职业分布更加广泛,企事业单位、社会组织管理人员和专业技术人员占比21.9%。三是党的吸引力、凝聚力不断增强。各方面先进分子踊跃申请入党,大批年轻优秀分子加入党的组织,生产、工作一线发展党员数量持续增加。四是党员先锋模范作用更加彰显。各个领域、各条战线业务骨干、劳动模范、学科带头人大多是共产党员。五是党的基层组织网络更加严密。全省共有基层党组织11.4万个,是中华人民共和国成立初期的5.33倍;城市街道、乡镇、社区、行政村

党组织覆盖率均超过99%，机关、企事业单位、社会组织基层党组织基本实现应建尽建。六是政治功能更加凸显。以提升组织力为重点，加强基层党组织对其他组织的政治领导。党建引领基层社会治理、发展壮大村级集体经济成效显著，"党建+""红色名村"建设成为江西党建品牌。七是战斗堡垒作用充分发挥。在脱贫攻坚、疫情防控、抗洪抢险等大战大考中，基层党组织和广大党员闻令而动、冲锋在前，成为人民群众最可信赖、最可依靠的力量。在脱贫攻坚战中，全省共有1.2万余名第一书记、3.9万余名驻村工作队员、6336个定点帮扶单位、30.2万名结对帮扶干部奋战在扶贫一线，有60名扶贫干部献出了宝贵的生命。在新冠肺炎疫情防控斗争中，全省共有8.35万个基层党组织143.25万名党员干部奋战疫情防控一线，成立临时党组织1.01万个，组建党员突击队2.5万支，设立党员责任区、示范岗7.8万个，党员

鄱阳县党员干部奋战在抗洪抢险第一线（中共江西省委宣传部 提供）

为民志愿服务 798.8 万余次。

4. 着力建设高素质干部队伍，为全面建成小康社会培育中坚力量

事业兴衰，唯在用人；用人之要，重在导向。推进事业发展，离不开高素质的干部队伍。中华人民共和国成立后，党把又红又专作为培养干部的重要标准。为了满足经济建设需要，1980 年 8 月，中央政治局扩大会议上提出要逐步实现各级领导人员"革命化""年轻化""知识化""专业化"的"四化"要求，这成为此后一段时间内党选拔任用干部的重要标准。

新时代，新要求，新举措。在 2013 年 6 月召开的全国组织工作会议上，习近平总书记提出"信念坚定、为民服务、勤政务实、敢于担当、清正廉洁"的好干部标准；2018 年 7 月，在全国组织工作会议上，习近平总书记明确要求建立素质培养、知事识人、选拔任用、从严管理、正向激励五大体系，为做好新时代党的干部工作指明了方向。江西始终坚持党管干部的根本原则，建立健全五大体系，把决战决胜全面小康作为最好的"赛马场"，切实把敢担当、善作为，关键时刻站得出来、顶得上去的干部选出来用起来。

在素质培养体系建设上，突出思想淬炼、政治历练、实践锻炼，连续开展了贯彻新发展理念、打赢三大攻坚战、高质量发展等专题培训，组织优秀年轻干部上下交流任职，引导干部在岗位实践中、在完成急难险重任务中锻炼成长。大力选拔使用高素质专业化干部，2020 年全省提拔和进一步使用的厅级领导干部中，有相关专业背景的占 54.8%。加大优秀年轻干部培养选拔力度，一大批优秀年轻干部脱颖而出，干部队伍年龄结构进一步年轻化。

在知事识人体系建设上，江西认真落实干部考核工作条例，健全体现高质量发展要求的政绩考核评价体系，完善分类考核办法，突出政治素质考察，坚持在重大任务、重大斗争一线考察识别干部，以精准考核考察推动精准选人用人。

在选拔任用体系建设上，坚持事业为上，严把政治标准，对政治上不合格的"一票否决"，树立重实干、重实绩、重基层的用人导向。2020年，全省各级在脱贫攻坚、疫情防控、抗洪救灾等重大斗争一线提拔重用表现突出的干部5452人。乡镇换届中，有2591名在重大斗争一线表现突出的干部被选进乡镇领导班子，占班子成员总数的15.8%。

在从严管理体系建设上，坚持抓早抓小抓预防，深化"裸官"、干部档案造假、领导干部违规兼职等专项整治，落实领导干部个人有关事项报告制度，加强和改进提醒函询诫勉工作，规范领导干部配偶、子女及其子女配偶经商办企业行为。深入落实防止干部"带病提拔"意见和推进干部能上能下规定，严格执行"凡提四必"，结合巡视开展选人用人专项检查，选人用人风气持续好转。

在正向激励体系建设上，坚持严管和厚爱结合、激励和约束并重，完善和落实政治上激励、工作上支持、待遇上保障、心理上关怀的具体措施，让广大干部安心、安身、安业。2020年，全省共有3.46万名公务员晋升职级，其中县乡机关1.7万名。推行乡镇机关绩效考核，乡镇机关工作人员年工资收入人均增加1.6万元，高于县直机关同职级人员20%以上。拓宽基层干部上升通道，注重从"五方面人员"（乡镇事业编制人员、优秀村党组织书记、到村任职过的选调生、第一书记、驻村工作队员）中择优选拔干部进入乡镇领导班子，这使广大基层干部更有劲头、更有盼头。

八、全面小康闯新路

随着中华人民共和国成立,江西这片红土圣地终于冲破黑暗,迎来光明。江西历史揭开新的篇章,踏上全面建设新的征程。

新征程上,江西省委、省政府在党中央正确领导下,团结带领全省各族人民,通过医治战争创伤、整顿社会秩序、恢复国民经济、实行社会主义改造,开始了社会主义建设道路的探索。党的十一届三中全会后,开启了改革开放和中国特色社会主义建设新时期。2012年,党的十八大召开,明确到2020年全面建成小康社会奋斗目标。江西全省上下咬定这一目标不放松,江西省委于2013年7月下达与全国同步全面建成小康社会的进军令,并勾画出赣鄱大地新一轮大开发、大发展的路线图。以马克思列宁主义、毛泽东思想、邓小平理论、"三个代表"重要思想、科学发展观、习近平新时代中国特色社会主义思想为指导,江西坚持稳中求进工作总基调,统筹推进"五位一体"总体布局,协调推进"四个全面"战略布局,全面贯彻落实"创新、协调、绿色、开放、共享"新发展理念,坚持高质量跨越式发展首要战略,推动全省经济又好又快发展,综合实力实现历史性跨越。至2020年,江西取得脱贫攻坚的伟大胜利,历史性地解决了江西区域性整体贫困和群众绝对贫困问题，同全国人民同步全面建成小康社会。

随着全面建成小康社会第一个百年奋斗目标的胜利完成，在中国共产党的带领下，江西人民正意气风发向着全面建成社会主义现代化强国的第二个百年奋斗目标迈进。

几代人筚路蓝缕艰苦奋斗，七十载风雨兼程春华秋实。勤劳智慧的江西人民能够同步全面建成小康社会，靠的是党中央的坚强领导，靠的是习近平总书记的领航掌舵，靠的是习近平新时代中国特色社会主义思想的科学指引，靠的是全省各族人民的团结奋斗。回顾70余年的奋斗历程，小康社会从梦想到现实，从量的累积到质的飞跃，成就之斐然、意义之重大、影响之深远令世界瞩目。回首建设历程，江西人民在艰苦奋斗砥砺前进中闯出新路，积累了宝贵经验和深刻启示。

（一）毫不动摇：坚持党的全面领导

党政军民学，东西南北中，党是领导一切的。中国共产党成为中国革命和社会主义建设事业的领导核心，是在长期的革命和建设实践历史中形成的，是中国人民经过长期探索与比较，经过无数次的挫折与胜利之后作出的正确选择。全面建成小康社会，是党中央提出的宏伟目标。坚持和改善党的领导、全面从严治党，是关键和根本。中华人民共和国成立70多年来，特别是党的十八大以来，江西省委、省政府坚决贯彻党中央的决策部署和习近平总书记视察江西重要讲话精神，不忘嘱托，牢记使命，坚持党要管党、全面从严治党，坚决服从服务党和国家的工作大局，坚定把中央精神与

八、全面小康闯新路

江西实际紧密结合，通过科学制定和努力实施切实可行的发展战略、发展目标，开创了全省经济社会快速发展、人民生活日益改善的良好局面。

1. 坚持与党中央保持高度一致

中华人民共和国成立以来，江西全省上下始终感党恩、听党话、跟党走，深入学习宣传贯彻落实马克思列宁主义、毛泽东思想、邓小平理论、"三个代表"重要思想、科学发展观、习近平新时代中国特色社会主义思想。特别是党的十八大以来，以习近平同志为核心的党中央对江西革命老区始终饱含深情、关怀备至，习近平总书记于2016年2月、2019年5月先后两次视察江西，对江西工作提出了"作示范、勇争先"的殷切期望和"五个推进"的重要要求。全省上下牢记习近平总书记的殷殷嘱托，感恩奋进、担当实干，在思想上政治上行动上同以习近平同志为核心的党中央保持高度一致，确保中央决策部署在江西不折不扣地贯彻落实。在习近平新时代中国特色社会主义思想指导下，江西省委、省政府团结带领全省人民为全面建设社会主义现代化江西不懈奋斗。

2. 旗帜鲜明加强党的建设

党的建设是中国革命取得胜利的三大法宝之一。坚持党的领导关键在加强党的建设。中华人民共和国成立以来，特别是党的十八大以来，江西在坚决贯彻执行中央决策部署的同时，把推进党的建设工作放在突出位置，走出一条有江西特色的党建之路。江西全省各级党组织以党的政治建设为统领，大力弘扬井冈山精神、苏区精神、长征精神，不断增强"四个意识"、坚定"四个自信"、做

2016年10月22日，江西省纪念红军长征胜利80周年大会在南昌市举行 （梁振堂 摄）

到"两个维护"，自觉传承红色基因，始终坚持以党的自我革命引领伟大社会革命，坚持不懈加强党的政治建设，党内政治生活进一步规范，党内政治文化建设有效推进，充分发挥党的坚强领导核心作用，始终保持先进性和纯洁性，党的创造力、凝聚力、战斗力不断增强。江西省委和各级党组织以党的创新理论引领思想建设，强化理论武装，坚定理论自信，牢牢掌握意识形态工作领导权主动权，开展党的群众路线教育实践活动、"三严三实"专题教育、"两学一做"学习教育、"不忘初心、牢记使命"主题教育、党史学习教育，补足精神之钙。强化"党建+"理念，深入推进"连心、强基、模范"三大工程、推进基层党组织标准化规范化信息化建设等举措，提高基层党建工作水平，通过着力打造高素质专业化干部队伍、大力实施人才强省战略，以改革精神抓好组织建设。作风建设、纪律建设走深走实，坚定不移推进反腐败斗争。通过加强党的

八、全面小康闯新路

建设，充分发挥党的政治优势，促进社会和谐稳定，为江西加快发展、全面建成小康社会提供坚强政治保证。

3. 坚持营造风清气正的政治生态

办好中国的事情，关键在党，关键在人。中华人民共和国成立70多年来，特别是党的十八大以来，党中央把严肃党内政治生活、净化党内政治生态摆在突出的位置。江西省委、省政府坚持全面从严治党、秉承"作风建设永远在路上"的理念，扎实推进反腐败斗争。党的十八大后，江西省委严格执行中央八项规定精神，坚决反对"四风"问题；严格落实各级党委（党组）及其主要负责同志履行全面从严治党主体责任和第一责任人责任，建立具体明确、环环相扣的责任清单；紧盯"关键少数"，加强对"一把手"和领导班子的监督，推动政治谈话规范化、常态化，督促认真履职尽责；坚持正确用人导向，深化干部人事制度改革，改进领导

没有围墙的干部学院——位于莲花县的甘祖昌干部学院（李桂东 摄）

干部政绩考核评价和奖惩机制，营造良好的从政环境，通过支持和保护作风正派、敢作敢为、锐意进取的干部，充分激发各级干部的积极性、主动性和创造性；践行监督执纪"四种形态"，建立标本兼治有效路径；始终弘扬优良革命传统，充分发挥红色资源优势，大力推进红色基因传承，推动理想信念教育常态化制度化，广泛凝聚奋进力量；本着"严管就是厚爱"和"打铁还需自身硬"的理念，促进干部职工注重家庭家教家风，并就领导干部家访制度化、常态化出台实施意见；营造亲清新型政商环境，建立健全民营企业党建工作机制、规范化机制化政企沟通渠道、政府诚信履约机制。风清气正的政治生态为全面建成小康社会、书写全面建设社会主义现代化江西精彩华章提供了重要保障。

（二）坚持不懈：扭住发展第一要务

发展是人类社会永恒的主题。作为世界上最大的发展中国家，发展是党执政兴国的第一要务，是解决中国所有问题的关键。党的十一届三中全会以来，江西省委、省政府始终坚持发展是硬道理是第一要务。特别是党的十八大以来，江西从经济欠发达的省情实际出发，坚持以人为本、全面协调可持续的科学发展观，全面推进经济建设、政治建设、文化建设、社会建设、生态文明建设"五位一体"总体布局，努力探索一条革命老区高质量发展的新路子，努力闯出一条生产发展、生活富裕、生态良好的发展道路。

八、全面小康闯新路

1. 坚持以经济建设为中心

全面小康，经济发展是基础。中华人民共和国成立初期，江西大力发展粮食产业。70多年来，江西积极为国家粮食安全作贡献，是从未间断输出商品粮的两个省份之一。改革开放以来特别是党的十八大以来，江西加速推进农业现代化、新型工业化，现代服务业发展实现历史性突破。三次产业竞相发展：农业由单一种植业为主的传统农业向农林牧渔全面发展转变，农业产业化水平不断提升，绿色生态农业产业体系初步构建，"生态鄱阳湖·绿色农产品"开始唱响全国、走向世界；实施工业化核心战略，引领江西崛起，工业经济

于都县富硒蔬菜种植，引领产业富民路 （林宗健 摄）

大幅提升，工业化进程加速推进、结构不断优化，新型工业化道路越走越宽广，战略性新兴产业不断壮大，绿色工业发展阔步前进；服务业规模持续扩大，实力不断增强，成为全省经济增长的重要动力。服务业实现跨越式发展，主要表现在现代物流迅速壮大、电子商务爆发式增长、金融服务支撑作用不断加强，同时确定旅游强省建设的战略决策，推动江西由旅游资源大省向旅游经济强省跨越。党的十八大以来，江西依托井冈山、瑞金、南昌等地红色资源大力发展红色旅游，成为全国红色旅游的焦点、热点和亮点。此外，

自然人文景观得天独厚,"庐山天下悠、三清天下秀、龙虎天下绝"享誉海内外,"江西风景独好"深入人心。

2. 坚持协调可持续发展

江西的全面小康,是物质文明、政治文明、精神文明、社会文明、生态文明协调发展的小康。江西省委、省政府不断满足人民日益增长的多样化多层次多方面需求,不断促进人的全面发展。将狠抓经济建设、提供坚实的物质保障作为解决一切问题的基础和关键。中华人民共和国成立以来,特别是党的十八大以来,江西在党中央的引领下,加强政治文明建设,以保证人民当家作主为出发点和归宿,全面加强民主法治建设;精神文明建设方面,以大力弘扬社会主义核心价值观和中华优秀传统文化为重点,扎实开展群众性精神文明创建活动,积极传承红色文化基因,不断凝聚团结向上的精气神;社会文明建设方面,把保障和改善民生作为一切工作的出发点和落脚点,持续加大社会民生投入,不断增强群众获得感、幸福感、安全感;生态文明建设方面,以"山江湖工程"为起点,做

吉安市吉州区钓源古村充满庐陵古韵 (李柳生 摄)

好治山理水、显山露水文章，全力打造鄱阳湖生态经济区、美丽中国"江西样板"，"绿色生态"正转化为江西最具有吸引力和竞争力品牌，走出一条经济发展和生态文明水平提高相辅相成、相得益彰的路子。五大建设统筹推进，协调发展，有力促进社会整体进步和全面建成小康社会。

（三）久久为功：用足用好关键一招

改革开放是当代中国发展进步的活力之源，是党和人民事业大踏步赶上时代的重要法宝，是当代中国最显著的特征，也是全面建成小康社会的关键一招。党的十一届三中全会后，江西坚持解放思想、开拓创新，推动各项事业取得了历史性成就。特别是党的十八大以来，江西省委、省政府用足用好改革开放关键一招，全面建成小康社会，使革命老区展现蓬勃生机，一步一步把习近平总书记为江西人民擘画的宏伟蓝图变成美好现实。

1. 坚持正确的改革方向

党的十一届三中全会后,江西始终坚决贯彻党中央决策部署,从农村到城市,从国企到民企,坚持市场化改革方向,坚定不移地走市场经济改革道路,其中林权制度改革领跑全国。特别是党的十八大以来,江西深入贯彻落实新发展理念,向改革开放要动力,坚定不移推进全面深化改革,改革涉及范围之广、出台方案之多、推进力度之大前所未有。江西全省重点领域和关键环节改革取得突破性进展,行政体制改革提高了行政服务效能,经济体制改革为高质量跨越式发展注入了动力活力,生态文明体制改革擦亮了美丽中国"江西样板"品牌,社会事业领域改革办成一大批关系人民群众切身利益的大事实事难事,文化体制改革助力加快建设文化强省,民主法制领域改革推动了社会主义民主政治制度化、规范化、程序化,社会体制改革促进了社会公平正义,党的建设制度改革为各项事业发展提供了坚强的组织保障,纪检监察体制改革巩固了风清气正的政治生态。据统计,党的十八大以来,江西全省累计推出1000多项重要改革举措,以"赣服通""赣政通"为主要标志的"放管服"改革取得明显成效,国资国企、绿色金融、余江宅基地等改革走在全国前列。

2. 坚持推进大开放主战略

江西牢牢抓住国家实行改革开放战略机遇期,利用外资从无到有、从少到多;对外贸易从无到有,从单一到齐全,江西产品逐渐畅销全球。1980年,经国务院批准,九江港被定为国家一类对外贸易口岸,外商投资项目与日俱增。1991年,江西省委、省政

八、全面小康闯新路

府决定对外开放要在引进和利用外资方面迈出更大步伐。"十五"计划明确提出实施大开放主战略,提出要以大开放促进观念大转变,吸引资金投入,促进经济结构大调整、大发展。2005年,江西省委、省政府提出"对接长珠闽,联结港澳台,融入全球化"战略,充分利用区位优势、环境优势和发展潜力,在生产要素大流动中着力打造吸引人才的"高地"、承接产业的"热地",全面提高对外开放水平。党的十八大后,2013年7月,江西省委提出致力于打造具有江西特色开放型经济升级版,以新一轮大开放促进新一轮大发展。江西出台具体举措拓宽陆上、海上、空中、数字四大通道,将江西打造成为"丝绸之路经济带"和"21世纪海上丝绸之路"的连接点和内陆开放型经济高地。2019年5月,习近平总书记视察江西时强调,要充分利用毗邻长珠闽的区位优势,主动融入

抚州海关助推南丰蜜橘扩大出口 (徐骁 摄)

269

共建"一带一路",积极参与长江经济带发展,对接长三角、粤港澳大湾区,以大开放促进大发展。这为江西开放提供了根本遵循。2020年5月,江西省委、省政府再次吹响高标准高质量建设江西内陆开放型经济试验区集结号,作为全国第3个、中部首个国家级内陆开放型经济试验区,江西省委、省政府强调要聚焦聚力构建开放大格局、大通道、大平台、大产业,挖掘合作潜力,推动产业转移,吸引人才技术,增强发展动能、加快转型升级,实现高质量跨越式发展。

(四)不忘初心:始终坚持人民至上

为中国人民谋幸福,为中华民族谋复兴,是中国共产党人的初心和使命。人民对美好生活的向往,就是我们的奋斗目标。中国共产党作为马克思主义政党,始终坚持人民至上,始终贯彻以人民为中心的思想是其与生俱来的优秀品质。习近平总书记在第十三届全国人民代表大会第一次会议上的讲话中指出:"人民是历史的创造者,人民是真正的英雄。"习近平总书记在庆祝中国共产党成立95周年大会上的讲话中指出:"坚持不忘初心、继续前进,就要坚信党的根基在人民、党的力量在人民,坚持一切为了人民、一切依靠人民,充分发挥广大人民群众积极性、主动性、创造性,不断把为人民造福事业推向前进。"

江西省委、省政府在领导江西全面建成小康社会的实践过程中,牢记习近平总书记教导,践行人民至上理念,形成了取得脱贫攻坚伟大胜利、全面建成小康社会的重要经验。

八、全面小康闯新路

1. 坚持发展为了人民

"民者，国之根也。"人民，是全面建成小康社会一切工作的出发点和落脚点。长期以来，我国社会的主要矛盾为人民日益增长的物质文化需要同落后的社会生产力之间的矛盾。不断增强人民的获得感、幸福感、安全感，不断推进全体人民共同富裕，是江西省委、省政府的重大责任。首先，通过大力发展生产特别是粮食生产，解决人民的温饱问题。随着小康社会建设事业的逐步推进，江西省委、省政府将精神文明建设放在更加突出的位置，并在政治权利等方面充分尊重人民主体地位。党的十九大报告中指出，我国社会的主要矛盾转化为人民日益增长的美好生活需要和不平衡不充分的发展之间的矛盾。人民除了高质量的物质生活需要，还在民主法治、公平正义、健康安全等方面有了更高需求。为此，江西省委、

莲花县耕地提质改造，农民喜获丰收 （李桂东 摄）

省政府在食品安全、义务教育、住房和社会治安等人民最关心的领域推出了众多民生工程，实施了多项惠民举措，全方位满足人民对美好生活的迫切需要。2020年，面对突发的新冠肺炎疫情，党和政府强调人民至上、生命至上，为了人民健康不惜一切代价，最大程度防止疫情传播，保障了人民健康安全。疫情稳定后，各级党委、政府有序推进各地复工复产，着重解决就业、农产品滞销等民生问题，尽全力帮助人民群众渡过难关。

2. 坚持发展依靠人民

人是生产力中最活跃的因素，也是全面建成小康社会向前推进的重要推力。全面建成小康社会，是全体人民的共同事业，关乎每个人的福祉，人民发自内心地支持和拥护，人民在参与建设过程中激发出的创造性和能动性成为建成小康社会的不竭动力。群众首创、群众智慧、群众活力贯穿整个过程。江西省委、省政府始终坚持走群众路线，充分尊重、引导人民群众发扬创新创业精神。从1977年开始，江西部分农村开始突破高度集中统一的生产经营体制，自发推行分组作业、联产计酬责任制等多种形式的责任制。党的十一届三中全会以来，中央把改革开放作为基本国策，明确以经济建设为中心，人民群众的蓬勃活力由此全面激发。全面建成小康社会的历程，可以说就是走一条放手发动群众、迸发民间活力、党和政府与人民心连心之路。党的十八大后，江西全省上下认真贯彻落实习近平总书记关于创新创业的重要论述和两次视察江西重要讲话精神，发挥创业带动就业的"倍增效应"，为创业者提供更加公平的竞争环境和更加良好的成长空间，激发出大众创业、万众创新的热情，汇聚起全社会创新创业的滚滚洪流，涌现出各类创新创意，不仅改善了人民生活，还提供了就业岗位，激发了经济发展的活力。历史足以证明：全面建成小康社会是依靠人民的努力奋斗、创新创造而来。脱离了人民群众的创新创造和努力奋斗，那么建设全面小康社会也就无从谈起了。

3. 坚持实现社会公平正义

随着经济的快速发展，城乡差距、地区差距、收入分配差距开始出现，不平衡不充分问题逐渐凸显。江西紧紧抓住促进社会公平与正义这个基本点，既着力做大"蛋糕"，又尽力切好"蛋糕"。从解决人民群众反映的突出问题入手，进一步深化改革，调整相关政策措施，着力健全城乡发展一体化体制机制，推进城乡要素平等交换和公共资源公平配置；通过税收等方法调节社会收入水平，缩小收入差距，努力形成合理有序的收入分配格局；着力抢抓国家从政策、投融资等方面支持欠发达地区的发展机遇，不断实现全省各区域的协调发展、快速发展。江西作为革命老区，贫困发生率较高，贫困人口较多，是全国脱贫攻坚主战场之一。江西省委、省政府牢记习近平总书记的殷殷嘱托，坚持把脱贫攻坚作为重要政治任务和第一民生工程，弘扬伟大脱贫攻坚精神，聚焦重点难点，下足"绣花功夫"，举全省之力，尽锐出战，胜利完成消除绝对贫困的艰巨任务，取得了脱贫攻坚战的伟大胜利，兑现了向党中央签订的"军令状"、向人民立下的"承诺书"。尤其是井冈山市率先在全国脱贫摘帽，成为我国贫困县退出机制建立后首个脱贫摘帽贫困县。脱贫攻坚战的伟大胜利，完成了消除绝对贫困的艰巨任务，极大增强了江西全省人民的自信心和自豪感、凝聚力和向心力。

（五）求真务实：坚持立足省情谋发展

江西从中华人民共和国成立初期的"一穷二白"跨越到改革开放之初的农业大省，但整体经济仍然比较落后，发展不足一直是江西的基本省情。

江西省委、省政府始终立足基本省情，坚持实事求是的思想路线，求真务实、真抓实干，接续探索符合省域和各地区实际的发展路径，特别是党的十八大以后，团结带领全省各族人民攻坚克难、砥砺前行，闯新路、开新局、抢新机、出新绩，为推动全省各项事业发展和进步、取得脱贫攻坚伟大胜利和全面建成小康社会提供坚强保证。

1. 因势利导，接续制定小康省域方案

江西是传统农业大省，江西省委、省政府始终坚持加强农业，尤其是确保粮食安全。随着改革开放和社会主义现代化建设不断推进，江西农业比较效益低、现代化程度低的问题逐渐凸显。1990年9月，江西省第九次党代会提出把江西经济大厦建立在现代农业的基础上，打好农业开发总体战，推进农业工业化。

安福火腿的制作技艺是江西省级非物质文化遗产代表性项目（王源清 摄）

1994年1月，全

八、全面小康闯新路

省经济工作会议提出立足农业、主攻工业、加快发展第三产业的发展思路。1995年8月,江西省第十次党代会作出主攻工业的重大决策,即坚持把江西经济大厦建立在现代农业基础之上,努力提高工业的整体素质,要加强农业,主攻工业,繁荣第三产业,推进基础设施建设,加快县域经济发展,加速工业化、城镇化进程。

进入21世纪,在深入分析研究国内外发展趋势、科学把握江西发展规律的基础上,2001年8月,江西省委召开十届十三次全体(扩大)会议,提出江西要紧紧抓住加快工业化战略核心,紧紧抓住大开放主战略,把江西建设成为沿海发达地区产业梯度转移的承接基地、优质农副产品供应基地、劳务输出基地和沿海地区群众旅游休闲的"后花园"(即"三个基地、一个后花园"),使江西的区位优势和生态优势转化为发展优势,走更加符合江西实际的工业化和农业现代化道路。江西的改革开放和社会主义现代化建设迈入发展快车道。同年12月,江西省第十一次党代会召开,提出江西"实现在中部地区崛起"的奋斗目标,坚持以加快工业化为核心,以大开放为主战略,大力推进农业产业化和农村工业化,加快推进城市化和城市工业现代化,不失时机推进信息化。

2006年12月,江西省第十二次党代会召开,提出深入实施以新型工业化为核心的发展战略,加速从农业大省向工业强省转变,促进城乡和经济社会协调发展。

2011年10月,江西省第十三次党代会召开,提出"推进科学发展 加快绿色崛起 为建设富裕和谐秀美江西而不懈奋斗"的口号,既体现了党的十七大报告的新思想、新观点、新论断,又注重紧密结合江西实际做好文章,体现江西特色。

2012年,党的十八大召开,标志着中国特色社会主义新时代

井冈山国家农业科技园助推现代农业发展 （吴建华 摄）

的到来。2016年2月，习近平总书记视察江西并发表重要讲话，对江西工作提出"新的希望、三个着力、四个坚持"的重要要求。2016年11月，江西省第十四次党代会提出要深入贯彻习近平总书记系列重要讲话精神，走具有江西特色的绿色发展新路，要努力打造美丽中国"江西样板"，为决胜全面建成小康社会、建设富裕美丽幸福江西而奋斗。党的十九大胜利召开后，2019年5月，习近平总书记时隔3年再次视察江西，对江西工作提出了"作示范、勇争先"的目标定位和"五个推进"重要要求。习近平总书记重要讲话深刻洞察江西发展的特征、前景，精辟阐释了关乎江西发展的一系列方向性、战略性、根本性问题，为江西未来勾画了美好蓝图，指明了前进方向，是新时代做好江西各项工作的总方针总遵循。江西省委、省政府带领全省人民牢记嘱托、感恩奋进，坚持把习近平总书记重要讲话精神与江西实际紧密结合并深化、细化、具体化，奋力迈出建设富裕美丽幸福现代化江西新步伐，努力描绘好新时代江西改革发展新画卷。

2. 因地制宜，区域发展协同共进

由于自然条件等方面原因，江西区域之间发展差异大、不平衡，这也是江西实现全面小康的瓶颈问题。党的十一届三中全会后，特别是党的十八大以后，江西省委、省政府从协调发展理念出发，陆续提出一系列区域发展战略，缩小地域差距，构建全面小康社会。改革开放初期，江西省委、省政府从农业大省思路出发，提出区域发展战略以农业农村建设为重点。1988年，随着改革开放进一步深入，江西省委、省政府提出重点建设"南门北港"（即赣州、九江地区），通过南北呼应，打开江西的半封闭状态。1992年初，邓小平南方谈话不久，江西省委、省政府出台一系列政策措施，全力支持昌九工业走廊建设。进入21世纪，江西"十五"计划提出进一步优化全省经济布局，继续推进和完善以南昌为中心、京九铁路和浙赣铁路为主轴的大"十"字生产力布局。2009年，鄱阳湖生态经济区建设上升为国家战略，对实现江西崛起新跨越具有重大意义。2012年，党的十八大召开之年，随着赣南等原中央苏区振兴发展上升为国家战略，全省区域发展格局发生了深刻变化，为江西带来难得的历史发展机遇。同年2月，江西首次正式提出"龙头昂起、两翼齐飞、苏区振兴、绿色崛起"的区域发展战略。党的十八大后，江西延续了这一区域发展战略。进入"十三五"时期，为适应新的发展形势，2016年11月，江西省第十四次党代会进一步提升了全省区域发展格局，把赣江新区建设放在突出地位，提升昌九地区的战略地位和赣州的城市定位，并把培育发展高铁经济带纳入区域发展规划。党的十九大后，面对新形势，江西继续优化区域发展格局。2018年7月，江西省委十四届六次全体（扩大）会议明确提出打造"一圈引领、两轴驱动、三区协同"的区域发展新格局，即以融合一体的大南昌都市圈为引领，以沪昆、京九高铁经济带为驱动轴，以赣南等原中央苏区振兴发展区、赣东北扩大开放合作发展区、赣西转型升级发展区为三大协同发展区，形成层次清晰、各显优势、融合互动、高质量发展的新格局。经过多次完善提升，江西区域发展空间布局更加优化，区域发展协同性持续增强，区域经济发展呈现出多极支撑、各大板块竞相发展的良好局面。各地区协同共进，有力地促进了全面小康社会的建成。

总之，70多年来，江西省委、省政府始终坚持立足江西省情，清醒认识和把握江西经济欠发达这一基本事实，始终与党中央保持高度一致，始终坚持以经济建设为中心，始终咬定发展不放松。历届江西省委、省政府提出的发展战略、发展思路、发展目标和发展任务为江西经济社会的发展进步、全面小康社会的建成提供了强大支持，也为实现第二个百年奋斗目标提供了极其有益的借鉴和参考。

九、奋楫扬帆谋新篇

2021年7月1日,习近平总书记在天安门广场举行的庆祝中国共产党成立100周年大会上庄严宣告,"经过全党全国各族人民持续奋斗,我们实现了第一个百年奋斗目标,在中华大地上全面建成了小康社会,历史性地解决了绝对贫困问题"。从此,包括4500多万赣鄱儿女在内的中华民族实现了几千年来孜孜以求的小康梦想,共同开启全面建设社会主义现代化国家新征程。

站在新起点,面对新征程,全省上下必须始终把习近平新时代中国特色社会主义思想作为强大思想武器和行动指南,不断提高政治判断力、政治领悟力、政治执行力,坚决把"两个维护"落到实处;必须始终把习近平总书记视察江西重要讲话精神作为

南昌市一江两岸建筑灯光秀(海波 摄)

总方针总纲领总遵循，以作示范的担当、勇争先的气魄，一步步把习近平总书记为我们擘画的宏伟蓝图变为美好现实。2021年11月23日至26日，江西省第十五次党代会在南昌隆重举行，会上提出今后5年"全面建设创新江西、全面建设富裕江西、全面建设美丽江西、全面建设幸福江西、全面建设和谐江西、全面建设勤廉江西"的奋斗目标。按照江西省第十五次党代会的部署安排，江西在千帆竞发、百舸争流的时代大潮中奋楫扬帆谋新篇，坚定不移推进高质量跨越式发展，让江西这片红土圣地焕发出更加强大的生机活力，谱写全面建设社会主义现代化国家江西篇章。

（一）创新江西：点燃跨越发展"新引擎"

习近平总书记指出："创新是社会进步的灵魂，创业是推动经济社会发展、改善民生的重要途径。"开启全面建设社会主义现代化江西新征程，必须以习近平新时代中国特色社会主义思想为指导，向创新创业要活力，充分发挥理念创新的引领作用，加快构建有利于全面创新的体制机制，把握制度创新这一最根本、最关键问题，加快打造内陆双向开放新高地，坚持以科技创新支撑高质量跨越式发展，进一步完善高效协同创新体系，深入实施创新驱动发展战略，不断提高关键领域自主创新能力，努力以创新的"率先突破"谋求发展的"全面突破"，为江西高质量跨越式发展提供强大动力和坚实支撑。

1. 发挥理念创新引领作用

全面建设创新江西,必须充分发挥理念创新的引领作用,坚持以理念的"破冰"引领创新实践的"突破",努力提升江西在全国创新版图中的位势。要破除小进即满思想、强化赶超跨越理念,破除因循守旧思想、强化敢为人先理念,破除等待观望思想、强化自强不息理念,大力弘扬江西革命老区敢为人先、敢打第一枪的创新精神,坚持问题导向,紧盯短板弱项,努力以创新江西建设的"一子落"带动整体发展的"满盘活"。

2. 把握制度创新这一最根本、最关键问题

有效制度供给不足是制约创新江西建设最大短板,必须牢牢把握制度创新这个最根本最关键的问题,加快构建有利于全面创新的体制机制,不断激发创新活力。要坚持以改革破题,哪个领域问题突出,制度创新就率先向哪里聚焦用力,哪个环节问题棘手,制度创新就主动向哪里集中发力,坚持把营商环境优化升级作为"一号改革工程",打响"江西办事不用求人、江西办事依法依规、江西办事便捷高效、江西办事暖心爽心"营商环境品牌,争当全国政务服务满意度一等省份。完善"揭榜挂帅"和"赛马"机制,深化科技成果高效转化,提升各类创新平台质量效益。深入实施国资国企改革,着力推动全省国有资本布局和结构更加优化。深化乡村振兴体制机制改革,推动农业农村改革"扩面、提速、集成",健全城乡融合发展制度框架和政策体系,要坚持省市县联动、政产学研用金协同,持续深化"放管服"改革,坚决打破制约创新的市场分割和行业垄断,完善创新公共服务体系……坚持制度创新,向改革

要动力,不断增强江西的创新力、竞争力、发展力、持续力。

3. 打造内陆双向开放新高地

加快打造创新引领、内外并举、全域统筹、量质双高的内陆双向开放新高地,是江西高质量跨越式发展的必由之路。

要构建大开放格局。突出"一带一路",融入全球发展格局。围绕建设"一带一路"内陆腹地重要支撑,打造南昌、赣州"一带一路"节点城市,构建面向欧美日韩等发达经济体和俄罗斯、中亚、中东欧、非洲、东南亚等新兴市场的统筹开放体系;突出"长珠闽",对接重大国家战略。打造中部创新发展试验区和沿江产业聚集区,构建赣粤、赣闽合作经济走廊和产业合作示范区,打造有色、新能源、航空、现代物流和旅游休闲基地,打造省际产业合作示范区和全国重要的装备制造、文化创意、旅游休闲基地;突出"四大门户",优化省内开放布局。打造南昌、赣州、九江、上饶四大开放门户,形成"以大南昌都市圈为引领、省域副中心及区域中心城市为支撑"的城市开放格局。

要建设开放大通道。构建中部国际陆海大通道,向东、向南对接 21 世纪海上丝绸之路国家和地区,向北、向西对接中蒙俄经济走廊、新亚欧大陆桥、中国—中亚—西亚经济走廊和中国—中南半岛经济走廊。打造国际航空枢纽大通道,构建覆盖全球五大洲和国内主要城市的"空中走廊",打造中西部地区重要枢纽机场和航空物流港。推动建设水运大通道。全面提升航道等级,加快港口枢纽建设,连通长江、珠江两大水系,打造服务优质、保障有力、高效智能的内河航运支撑体系,实现内河航运与出海通道有序衔接,形成长江以南地区南北向水上交通大动脉,助力江西省经济发展。

九、奋楫扬帆谋新篇

要提升开放大平台。打造高水平承接平台。深入实施集群式项目满园扩园行动,大力引进"5020"重大项目,力争实现"5020"项目全覆盖。打造高层次经贸平台,办好世界赣商大会、世界VR产业大会等重大经贸活动,充分利用中国国际进口博览会、中部投资贸易博览会等国家级平台宣传推介江西,推进中国外资并购年会等更多的国家级活动平台落户江西,拓展江西省对接联系世界的渠道。打造高能级功能平台,推动综合保税区与大进大出产业、电商平台等有机融合,充分发挥保税功能,助力产业升级。

要培育开放大产业。优化全省产业布局。聚焦航空、电子信息等优势产业,大力实施"2+6+N"产业高质量跨越式发展行动,加速产业集群式发展。做强做优铜、钢铁、稀土、陶瓷等先进基础材料、关键战略材料、前沿材料,建设有国际影响力的新材料产业集群。打造万亿级京九(江西)电子信息产业带、吉泰电子信息产业走廊。围绕光伏、锂电培育国际一流企业,打造世界级新能源产

赣州孚能科技是江西首家独角兽企业 (赣州经济技术开发区 提供)

业集聚区。推动中医药制药关键技术、制药装备、医疗设备等研发及产业化,打造全国中医药产业重要基地。积极融入全球产业链。强化高质量"引进来"畅通外循环,围绕外贸新业态新模式,培育跨境电商、数字贸易、保税贸易、外贸综合服务等新兴贸易产业,推动江西制造融入全球产业链、创新链、价值链和供应链。打造现代枢纽经济。依托昌北国际机场,构建临空经济区。依托九江港和南昌港,构建水港产业体系。依托南昌向塘国际陆港、赣州国际陆港,构建陆港、口岸、物流、商贸、产业、城市"六位一体"陆港经济区。依托京九、沪昆等铁路网络,构建昌吉赣、饶宜萍高铁经济带。

要优化开放大环境。推进投资自由化便利化,支持外资更多投向高新技术产业、高端制造业、现代服务业。推进贸易自由化便利化,复制推广国家自贸区和海南自贸港经验,完善国际贸易"单一窗口"功能,推动数据协同、简化和标准化,实现监管单位"三互"功能。推进数字化综合监管制度创新,探索建设数字化综合保税区。持续推进政务服务优化,推进"五型"政府建设,努力打造"四最"营商环境。深化"放管服"改革,拓展提升"赣服通""赣政通"功能,加快数字政府建设。

4. 以科技创新支撑高质量跨越式发展

实施人才强省战略,坚持人才优先发展,完善人才引进培养体系,优化人才发展环境,加快建设一批国家级创新平台。培养造就一支结构合理、素质优良的创新创业人才队伍。持续开展"才聚江西、智荟赣鄱"等引才活动,实施省"双千计划"和省高层次、高技能领军人才培养工程,进一步加大院士后备人选支持力度,深入开展赣籍人才回归工程,开展赣商名家成长行动,实施新时代赣鄱工匠工程和技工教育强基工程等。到2025年,江西培育本土院士1—2名,力争引进全职院士2—4名,培养具有世界前沿水平的领军人才和团队50个,培育本土学科学术和技术带头人500名,培养创新型博士后人才700名,培训有行业影响力的企业家1000名,形成江西人才济济、俊采星驰的生动局面。

打造高能级创新平台,全面推进鄱阳湖国家自主创新示范区建设,实施国家级创新平台攻坚行动,依托中科院赣江创新研究院积极创建稀土新材料国家实验室,充分发挥高校科研平台作用,创建轨道交通基础设施性能监测与保障、稀土科技与材料等国家重点实验室。按照国家统一部署,谋划建设国家重大科技基础设施。采取多种方式与"大院大所""名校名企"共建高端研发机构。加大省级创新平台的建设力度,实现重点产业、重点学科双覆盖,推动大中型工业企业和规模以上高新技术企业研发机构全覆盖。提升省科学院等省属科研机构创新能力建设。加快新型研发机构培育。高标准争创国家实验室和重要综合性中试基地,支持南昌等创建国家科技成果转移转化示范区。到2025年,在现有国家级创新平台基础上,组建国家重点实验室和国家技术创新中心5个,新增国家企业技术中心15个。

实现全社会研发经费投入持续增长。通过开展全社会研发投入攻坚行动,加快构建以企业为主体的多元化科技投入体系。落实企业研发活动税收优惠等政策,支持"三首"(首台套重大技术装备、首批次新材料和首版次软件)示范应用,探索首购首用风险补偿制度,加强政策效果评估,落实研发经费后补助。支持企业牵头组建创新联合体,承担重大科技项目。支持企业加大研发投入,引导企业建立研发准备金制度。到2025年,力争高新技术企业研发经费占主营业务收入的比例超过2.5%。提升技术创新在国有企业经营业绩考核中的比重,落实和完善国有企业技术开发投入视同利润的鼓励政策。进一步完善财政科技投入机制,加大重点领域基础研究投入。在2020年基础上,实现研发经费投入年均增长14%。到2025年,全省研发经费支出达到900亿元。

稳步提升综合科技创新水平。通过优势领域关键核心技术攻坚行动,聚焦航空领域的飞机及重要零部件,新一代信息技术领域的人工智能、大数据、5G、移动物联网,生物和新医药领域的生物治疗技术,新材料领域的钨和稀土等金属材料及特种陶瓷等非金属新材料,新能源领域的储能技术和LED芯片等关键核心技术,开展关键核心技术攻坚行动,力争在航空复合材料、中医药提取和新药研制、稀有金属新材料、高端精密制造、光学光电、高性能储能材料、陶瓷新材料等领域取得突破,形成一批填补产业链关键环节技术空白的重大成果。完善关键技术核心攻坚机制,推广运用"揭榜挂帅"、择优委托等方式,形成一批专利产品群和高价值专利组合,突破一批产业创新短板和难点。到2025年,实施提升重大科技专项100个,组建科技创新协同体50个左右。

提升重点领域基础研究能力。在信息科学、生命科学、材料科学等领域攻克一批重大科学问题,在纳米科技与新材料、生命科学与医药健康、生物技术与绿色农业等领域攻克若干共性技术。同时,集成跨学科、跨领域、跨单位的优势力量,适度超前开展应用基础研究,推动基础研究、应用研究和技术创新贯通发展。

实施科技成果转移转化能力提升工程,抓好科技成果转化应用"最后一公里"。扎实推进"03专项"试点,协同推进"02专项""04专项"等重大专项成果转化。大力发展服务型制造和工业互联网，推动数字经济与实体经济深度融合，加快实施传统产业转型升级和新一轮企业技术改造行动，推动传统产业智能化、高端化、绿色化、融合化、服务化发展，促进产业链供应链价值链量质双升，提高现代化高级化水平。推进中科院江西产业技术创新与育成中心建设。聚焦全省碳达峰碳中和重点领域，以科技成果转化运用加速全省经济社会发展全面绿色转型，打造全面绿色转型发展的引领之地、标杆之地、示范之地。到2025年，建成综合性、现代化技术市场平台，万人发明专利拥有量达10件，全省技术合同成交额超300亿元。

5. 进一步完善高效协同创新体系

创新江西建设是一项系统工程，需要整合各方力量，优化创新资源布局，集聚创新要素，完善创新协作机制，确保高效协同，整体推进，实现"一加一大于二"的效果。立足"一核十城多链"的区域协同创新布局，从更大空间尺度配置和优化创新格局，让江西在全国创新版图中更有分量和地位。"一核"指紧盯核心引擎建设，强化南昌创新"头雁"地位，吸引长三角、粤港澳大湾区科技创新资源向大南昌都市圈集聚，把大南昌都市圈建成全省创新驱动发展核心引擎、中部地区创新发展重要一极。"十城"指坚持"一市一城，因城施策"，推动创新要素向南昌航空、中国（南昌）中医药、南昌VR、赣州稀金、吉安光电、鹰潭智慧、上饶大数据等科创城集聚，推进九江、景德镇、萍乡、新余、宜春立足本地优势创建科创城。"多链"指实施产业链协同创新工程，强化"一链一策"，做实做优做强做大产业链供应链。聚力实施"2+6+N"产业高质量跨越式发展行动,着力打造有色金属、电子信息 2 个万亿级产业链,装备制造、石化、建材、纺织、食品、汽车 6 个五千亿级产业链,航空、中医药、移动物联网、半导体照明、VR、节能环保等多个千亿级产业链。

实施科技型企业梯次培育行动,壮大高新技术企业梯队。聚焦新技术、新产业、新业态、新模式,培育一批独角兽企业、瞪羚企业。鼓励高新技术企业持续增加研发投入,突破一批核心关键技术,提升自主创新能力,持续壮大高新技术产业。大力培育科技型中小企业,积极构建适应技术型创业企业发展需求的科技孵化生态,形成以独角兽企业、瞪羚企业为突破口,以高新技术企业为主体,以科技型中小企业为生力军的科技型企业梯次发展格局,推动大中小科技型企业融通创新。到 2025 年,培育独角兽企业 20 家以上,高新技术企业总数突破 10000 家。

奋进在军旗升起的地方。图为南昌市八一广场鸟瞰图 (马悦 摄)

（二）富裕江西：小康生活成色更足

全面建设富裕江西既是深入贯彻落实习近平总书记视察江西重要讲话精神，把促进全体人民共同富裕摆在更加重要的位置，让广大人民群众获得感、幸福感、安全感更加充实、更有保障、更可持续的关键所在，也是江西实现高质量跨越式发展的最终目标。

1. 着力打造全国构建新发展格局的重要战略支点

江西是"连南接北、承东启西"之地，在服务构建以国内大循环为主体、国内国际双循环相互促进的新发展格局中，具备坚实基础和良好条件。江西省委、省政府切实找准发展定位，明确提出加快打造全国构建新发展格局重要战略支点。做到坚持系统思维，协调处理好供给与需求、生产与消费、当前与长远、局部与整体的关系，加快推动质量变革、效率变革、动力变革。集中力量发展航空、电子信息、新能源、新材料等新兴产业，不断增创门类齐全的产业优势，推进赣深高铁等通道建设，不断增创"四面逢源"的区位优势。发展壮大新型农村集体经济，全面推进巩固拓展脱贫攻坚成果同乡村振兴有效衔接。加快打造内陆双向开放高地，坚持高质量"引进来"和高水平"走出去"，建设更高水平开放型经济新体制，争创对外开放新优势，把江西打造成全国巩固提升产业链供应链的重要节点、内陆地区聚集要素资源的重要引力场、全国流通体系的重要环节、全国内需重要腹地。

2. 加快建设全国数字经济产业重要基地

深入实施数字经济"一号发展工程",加快推进数字产业化和产业数字化,推动数字经济与实体经济深度融合,持续壮大VR、物联网、人工智能等产业,加快建设"物联江西""智联江西",培育壮大数字经济新业态新模式,推动平台经济持续健康发展。计划到2025年,实现VR及相关产业规模达到1500亿元、移动物联网及相关产业规模突破2000亿元、大数据和云计算产业规模突破1000亿元、集成电路产业规模突破500亿元、人工智能及相关产业规模突破1000亿元,搭建北斗公共服务平台12个,建成国内有影响力的北斗产业基地7个,推动建设南昌、赣州、抚州、吉安4个区块链产业园,招引培育一批优秀区块链龙头企业,打造区块链产业聚集和技术创新应用试验区,在智能制造、金融征信、政务数据共享等领域打造若干个典型应用场景。

江西深入实施数字经济"一号发展工程"。图为2019年江西国际移动物联网博览会现场 （江西省工业和信息化厅 提供）

3. 高质量发展先进制造业

聚焦"江西制造"高质量发展,深入推进产业链链长制,不断提升产业链供应链稳定性和竞争力。打造全国传统产业转型升级高地和新兴产业培育发展高地,做优做强航空、电子信息、装备制造、生物医药等优势新兴产业,加快推进钢铁、石化、建材等传统产业向高端化、绿色化发展,引导食品、纺织服装、家具等传统产业向规模化、品牌化发展,重塑"江西制造"辉煌。

4. 持续推动现代服务业融合发展

推动服务业高端化、品牌化、精细化发展,推动现代服务业与先进制造业、现代农业深度融合,积极培育现代服务业新业态新模式,形成以创新为经济增长原动力、以竞争力强的产业体系为支撑、以完善的市场经济体制为保障的具有江西特色的现代经济体系。

(三)美丽江西:打造美丽中国"江西样板"

习近平总书记视察江西时明确指出,绿色生态是江西最大财富、最大优势、最大品牌,一定要保护好,做好治山理水、显山露水的文章,走出一条经济发展和生态文明水平提高相辅相成、相得益彰的路子,打造美丽中国"江西样板"。实现全面建设美丽江西的奋斗目标,既要始终遵循习近平总书记的指示要求,发挥江西绿色生态优势,使"绿水青山"和"金山银山"双向转化通道更加顺畅,奋力打造全国生态文明建设样板区,也要有力有序推进碳达峰碳中和,高标准打造美丽中国"江西样板"。

1. 生态环境质量继续保持全国一流水平

"十三五"期间,江西生态文明建设走在前列,赣鄱大地天更蓝、山更绿、水更清、生态更优美。"十四五"时期,江西省坚持精准治污、科学治污、依法治污,深入打好污染防治攻坚战,推动全省生态环境质量继续保持全国一流水平。着力打好蓝天保卫战,加强PM2.5和臭氧协同控制,推动多污染物协同控制和区域协同治理,确保全省空气质量总体达到二级标准。着力打好碧水保卫战,开展县级及以上城市集中饮用水水源地达标治理,推动生活污水处理设施覆盖全部建制镇(乡),因地制宜推进农村污水治理,国控断面水质实现"减四保三争二"(减少Ⅳ类水,保持Ⅲ类水,争取Ⅱ类水)。着力打好净土保卫战,开展国土空间全域土地综合整治试点,加强医疗废物和危险废物安全处置,加强塑料污染治理和塑料替代产品推广,持续推进化肥农药减量化,确保土壤环境质量安全稳定。深入实施长江经济带"共抓大保护"攻坚行动,强化沿线整治与岸线生态修复,努力构建长江经济带江西绿色生态廊道。加强光、噪音等新污染物治理。构建集污水、垃圾、固废、危废、医废处理处置设施和监测监管能力于一体的环境基础设施体系,推进环境基础设施网络向镇村延伸覆盖。探索建立符合产业发展实际的多层次节能环保装备标准体系,推动标准化生产、规模化应用,降低企业节能环保成本。

2. 经济社会绿色转型取得明显成效

完善生态产品价值实现机制。坚持以产业化利用、价值化补偿、市场化交易为重点,不断拓宽生态产品价值实现路径。通过实施绿色产业培育工程,支持资源枯竭型城市、老工业基地转型发展。加快发展绿色供应链、节能和环境服务业,推广合同能源管理、环境污染第三方治理等服务模式,构建绿色金融服务体系,推进赣江新区绿色金融改革创新试验区建设。实施绿色技术创新攻关行动等措施,使"绿水青山"和"金山银山"双向转化通道更加顺畅。

大力发展循环经济,构建多层次资源高效循环利用体系。加强园区循环化改造,积极推进国家级资源综合利用基地、循环经济示范市(县)和"无废城市"建设。完善废旧物品回收设施,健全

丰城工业园区内的报废汽车循环生产车间 (朱文标 摄)

城市废旧物品回收分拣体系。推行生产企业"逆向回收"等模式，建立健全线上线下融合、流向可控的资源回收体系，拓展生产者责任延伸制度覆盖范围，推进外卖和快递包装可循环、可降解、易回收等政策措施，使能源配置更加合理，利用效率大幅提升。

加快建立具有江西特色的绿色低碳经济体系，有序推进碳达峰碳中和。实施制造业绿色低碳转型行动，加快传统产业高端化、智能化、绿色化、融合化、服务化转型，开展碳达峰试点园区建设，建设绿色制造体系。加快发展航空、新一代信息技术、生物技术、新能源、新材料等战略性新兴产业，深入实施数字经济做优做强"一号发展工程"，推动数字经济与绿色低碳产业深度融合发展，发展壮大绿色低碳经济新动能。推动重点行业有序碳达峰，制定能源、钢铁等重点行业和领域碳达峰实施方案，深入实施碳汇能力提升工程，大力开展"治污""减排""降碳""碳汇"等专项行动，培育壮大低碳、零碳和负碳产业。产业结构和能源结构持续优化，促进经济社会发展全面绿色转型。

3. 在全国打响山水林田湖草沙生命共同体品牌

实施山水林田湖草沙一体化保护和修复行动，在赣南山地源头区、赣中丘陵区、赣北平原滨湖区等特色生态单元，推动建设山水林田湖草沙生命共同体示范区。开展国土绿化行动，全面深化林长制改革，积极推进低产低效林改造、重点防护林工程和重点区域森林绿化、美化、彩化、珍贵化。大力实施长江经济带"共抓大保护"攻坚行动，全面加强湿地、草地保护修复，推进水土流失治理和矿山生态修复，提升生态服务功能和生态承载力。实施生物多样性保护重大工程，完善生物多样性保护网络，全面落实长江流域重点水域 10 年禁渔，严厉打击破坏野生动植物资源的行为，加强外来物种管控。推行森林河流湖泊休养生息，健全耕地休耕轮作制度，巩固退耕还林成果，有序开展退圩还湖还湿。在尊重自然属性前提下，因地制宜开展河道等生态治理与修复。加强自然保护区能力建设，国土空间开发保护格局全面优化，山水林田湖草沙一体化保护和修复机制更加健全，城乡人民生活环境明显改善，生态系统质量和稳定性不断提高。

4. 基本建成系统完整治理高效的生态文明体系

显著提升全社会生态文明意识。积极弘扬生态文化，普及生态文明知识，倡导绿色生活方式，把生态文明建设纳入国民教育体系和党政领导干部培训体系，推进生态文明宣传教育进学校、进家庭、进社区、进工厂、进机关。创建一批生态文明教育基地。组织好世界环境日、世界水日、植树节等主题宣传活动，办好省生态文明宣传月活动，加大环境公益广告宣传力度，提高全民生态意识。

不断增强生态文明改革整体性、系统性和协调性。生态优先、绿色发展，是实现高质量发展的必然要求。加强顶层设计，明确工作思路，科学制定路线图和时间表，充分衔接国家生态环境保护规划、省规划纲要成果，制定美丽江西建设规划纲要。聚焦重点任务抓落实，精准发力、务求实效，深化绿色有机农产品示范省建设，实施数字经济"一号发展工程"，推动实施全省碳达峰行动计划等，促使江西生态文明改革的整体性、系统性和协调性不断增强。

加快推进生态文明治理体系和治理能力现代化。健全空间管控制度，开展生态系统保护成效监测评估；健全现代环境治理体系，推进生态环境突出问题整改；全面建立资源高效利用制度，全面构建生态文明治理体系和治理能力现代化格局。

（四）幸福江西：满足人民对美好生活的向往

全面建设幸福江西是一项系统工程和长期任务，蕴含了促进全体人民共同富裕的目标要求，体现了全体江西人民对美好生活的向往。要深入践行以人民为中心的发展思想，不断提高人民生活品质，全面增强人民群众的获得感、幸福感、安全感，使幸福江西建设成色更足。

1. 打造新时代乡村振兴样板之地

乡村振兴战略是新时代"三农"工作的总抓手，持续推进巩固拓展脱贫攻坚成果同乡村振兴有效衔接，让农业更强、农村更美、农民更富。巩固拓展脱贫攻坚成果，坚决守住不发生规模性返

于都县通过修建村道，让孩子们告别翻山越岭的上学路 （洪子波 摄）

贫的底线，让农民的安全感更强。

强化监测帮扶，对脱贫不稳定户、边缘易致贫户、突发严重困难户，及时发现、及时识别、及时帮扶，确保不返贫不致贫，即使遭遇突发灾害、意外事故、重大疾病，也确保基本生活无忧。巩固"两不愁"和义务教育、基本医疗、住房安全、饮水安全成果，完善低保兜底、养老托幼、救助救济等社会保障，实现应保尽保、应助尽助、应享尽享。

加强对易地搬迁群众的后续扶持，确保稳得住、有就业、逐步能致富，融入新的生活。大力推进红色基因传承，深化感恩教育行动，让"感党恩、听党话、跟党走"成为江西老区的鲜明气象。坚持产业引领，依托江西丰富的农业资源，统筹推动产业、就业和创业，持续提高农民收入水平，特别是大力提高脱贫地区农民收入、脱贫人口家庭收入，让农民的获得感更强。

突出产业联农带农惠农，以丰收促增收，依托乡村特色产业，完善落实"经营主体带动、小额信贷促动、消费帮扶推动"的利益紧密联结机制，带动脱贫群众增收。突出就业导向，以稳岗促增收，积极对接长三角、融入粤港澳大湾区，畅通就业渠道，推动实施就业技能提升行动，打造江西特色劳务品牌。突出创业引才，以业兴促增收，结合"三请三回"活动，深入实施"万企兴万村"行动，引导各类人才返乡下乡，开展创新创业。推进乡村建设，精益求精做美农村，多措并举富裕农民，既能留住乡愁，又能建设现代文明的美丽乡村，让美丽乡村成为"美丽江西"的亮丽风景，让农民的幸福感可持续。大力推进乡村治理，进一步健全自治、法治、德治相结合的乡村治理体系，培育文明乡风、良好家风、淳朴民风，确保广大农民安居乐业、农村社会安定有序。

2. 显著提升民生保障水平

保障基本生活。健全广覆盖多层次的社会保障体系，改革完善社会保险制度，完善企业职工基本养老保险省级统筹制度，逐步提高城乡居民基础养老金标准。建立全民医疗保障体系，实现人人都有医疗保障的目标，持续优化公共卫生体系，推进健康江西建设。扎实推进就业创业工作，扩大就业容量，突出高校毕业生、农村富余劳动力转移就业，退役军人、困难群体等重点群体就业，健全公共就业服务体系，强化职业技能培训，着力提高劳动者就业能力，优化创业环境，发挥创业带动就业的"倍增效应"，构建和谐劳动关系，切实保障劳动者权益。优化社会救助和慈善制度，推进城镇困难群众解困脱困，促进慈善事业发展。完善住房保障体系，坚持"房子是用来住的、不是用来炒的"定位。健全退役军人工作体系和保障制度，全面推广实施"尊崇工作法"，构建"大双拥"工作格局，稳步提高保障水平。持之以恒提高社会建设水平，扎实推进全体人民共同富裕。

走出棚户区，走进新生活 （江西画报社 提供）

实现富裕生活。不断优化收入分配结构，构建初次分配、再分配、三次分配协调配套的基础性制度安排。初次分配依法保护合法收入，注重效率和公平的统一，着力扩大中等收入群体规模；再分配更加注重公平问题，用好财税政策这一收入分配工具；鼓励和支持慈善事业发展，充分发挥三次分配促进共同富裕的功能。高质量推动基本公共服务均等化，全面深化教育改革创新，推动教育事业高质量发展，健全物质富裕和精神富裕协调统一的发展机制。

提高品质生活。推动城乡之间、区域之间、群体之间基本公共服务均等化，解决历史遗留问题。逐步实现教育、医疗、社保等基本公共服务的普惠化，解决人人享有的普及性问题和人人平等的公平性问题。统筹推进平衡性、协调性、包容性发展，缩小地区差距、群体差距和城乡差距。统筹和协调全省经济社会发展，统筹发展和安全，完善统一的社会主义市场经济体系。发挥好财政转移支付的兜底职责和调节功能，坚持一以贯之实施民生实事工程，多办利民惠民实事，健全完善"我为群众办实事"长效机制，用心用情用力解决就业岗位、托幼园位、上学座位、医疗床位等群众急难愁盼问题，推动民生福祉持续改善。

3.建设更具创造力、创新力、竞争力、影响力的文化强省

全面建设幸福江西不仅蕴含了全体人民共同富裕的目标要求，也体现了人的全面发展的价值取向，包含了物质文明和精神文明共同发展，在人与自然和谐共处基础上促进全体江西人民的全面发展。

建设更具创造力、创新力、竞争力、影响力的文化强省，需

萍乡市举行庆祝中国共产党成立100周年"永远跟党走"群众性主题活动 （李桂东 摄）

要以文化内容建设为支撑。一方面，要弘扬社会主义核心价值观，弘扬革命文化，传承红色基因，加强内容挖掘。悉心盘点梳理省内优势文化资源，在"擅长处"展现自身绝活本领。以长征国家文化公园等项目为牵引，深入挖掘江西故事、展现江西风貌、传递江西声音。既要深入挖掘江西红色、绿色、古色文化富矿，又要重视江西区域文化、美食文化等的开发；既要保护红色遗址，也要重视红色记忆、红色故事等软性资源的保留与挖掘。同时，盘活具有独特性、唯一性的文化资源，避免与其他省份文化特色同质化。另一方面，要拓展思路、创新方法。将江西的优秀文化精华，针对不同地域、年龄、爱好的受众进行分类供给。同时，借助新平台、新形式设置热门话题，紧跟舆情热点，进行二次创作，促进内容传播，加快推动陶瓷文化、书院文化等赣鄱优秀传统文化创造性转化、创新性发展。完善制度体系，通过制度建设确保牢牢掌握意识形态工作领导权,不断强化社会主义核心价值观的引领作用。

(五)和谐江西:小康江西行稳致远

建设和谐江西既是贯彻落实党中央"五位一体"总体布局、"四个全面"战略布局的具体行动,也是全面建设社会主义现代化江西的重要内容,还是满足人民群众对高品质生活向往的现实需要。要提高政治站位,强化使命担当,推动和谐江西建设不断迈出新步伐、开创新局面,为全面建设社会主义现代化江西提供有力支撑和保障。

1. 不断发展全过程人民民主

2021年10月,习近平总书记在中央人大工作会议上强调,坚持和完善人民代表大会制度,不断发展全过程人民民主。党的十九届六中全会通过的《中共中央关于党的百年奋斗重大成就和历史经验的决议》三次提到"发展全过程人民民主"。江西发展全过程人民民主,重点是坚持和完善人民代表大会制度,支持和保证人大及其常委会依法行使职权。健全人大对"一府一委两院"监督制度,完善人大常委会听取审议专项工作报告制度,改进执法检查、专题询问、专项工作评议组织方式,探索运用质询、特定问题调查等监督方式。优化代表结构,适当增加基层人大代表和专业人才数量。落实全省加强新时代人大工作的意见,健全人大组织制度、选举制度和议事规则,完善论证、评估、评议、听证制度,加强各级人大及其常委会建设。

2. 建设更高水平法治江西

江西省深入贯彻习近平法治思想，坚持依法治省、依法执政、依法行政共同推进，法治江西、法治政府、法治社会一体建设，健全完善党内法规，全面推进科学立法、严格执法、公正司法、全民守法。努力建设更高水平的法治江西。加强和改进地方立法，促进创新驱动发展、防范化解重大风险，保障和改善民生。依法全面履行政府职能，深入推进依法行政。深化行政执法体制改革，加大执法重心和执法资源向市县两级政府下移力度，推动行政执法和刑事司法"两法衔接"信息平台建设与应用。坚持严格规范公正文明执法，全面推行行政执法公示制度、执法全过程记录制度、重大执法决定法制审核制度，建设行政执法综合管理监督信息平台。推进公正高效司法，优化三级法院职能定位，健全由院庭长直接审理机制、担任领导职务的检察官直接办案制度等机制制度，完善刑罚执行制约监督。实施公共法律服务体系建设工程。全面建成公共法律服务实体、热线、网络三大平台，完善司法救助制度，推动法律援助制度地方立法。加强队伍建设和人才保障。完善从符合条件的律师、法学专家中招录立法工作者、法官、检察官制度。健全法官检察官员额管理制度，完善法官检察官惩戒制度，严格司法责任追究。深化高等法学教育改革，创新人才培养模式。

3. 加强地方国家安全体系和能力建设

坚决维护集中统一高效权威的国家安全领导体制，健全完善贯彻落实总体国家安全观的地方工作体系和制度体系。强化"大安全"工作格局，进一步完善重点领域国家安全工作协调机制和专项工作机制。落实国家安全审查和监管制度,加强国家安全执法。推进国家安全宣传教育常态化长效化,增强全省人民国家安全意识,巩固国家安全人民防线。坚定维护国家政权安全、制度安全、意识形态安全,全面加强网络安全、信息安全、数据安全保障体系和能力建设。严密防范和严厉打击敌对势力渗透、破坏、颠覆、分裂活动。

4.坚决维护社会和谐稳定

围绕打造共建共治共享的社会治理格局,完善立体化社会治理防控体系,着力解决好人民群众急难愁盼问题,积极妥善防范化解各类风险,加强和创新社会治理,高质量建设平安江西,维护社会和谐稳定。健全社会矛盾综合治理机制,坚持和发展新时代"枫桥经验",畅通和规范群众诉求表达、利益协调、权益保障通道。完善信访制度,严格落实领导干部接访下访包案化解信访矛盾制度,加强信访工作与调解、仲裁、行政裁决、行政复议、诉讼等衔接配合,深化一站式多元解纷和诉讼服务体系建设。完善各类矛盾纠纷调解联动工作制度,落实分类归口工作原则,构建源头防控、排查梳理、纠纷化解、应急处置的社会矛盾综合治理机制。健全社会心理服务体系和危机干预机制。全面落实重大决策社会稳定风险评估制度。加强市县两级行业性、专业性社会矛盾调解平台建设。建立农村土地承包经营纠纷调解仲裁体系,完善"民转刑"案件预防机制,健全人民调解、行政调解、司法调解等多元化解纠纷联动工作体系。做到推进社会治安防控体系现代化。坚持专群结合、群防群治,加强社会治安防控体系建设,推进平安江西建设重点工程建设。在设施匮乏、功能不足、需求集中地区,依托城乡基层综合公共服务平台，完善城市社区、农村社区综合服务设施，到2025年，实现全省五级综治中心全覆盖。

5. 进一步巩固和发展最广泛的爱国统一战线

落实中国共产党领导的多党合作和政治协商制度，发挥社会主义协商民主独特优势，统筹推进政党协商、人大协商、政府协商、政协协商、人民团体协商、基层协商以及社会组织协商，构建程序合理、环节完整的协商民主体系。推进政治协商、民主监督、参政议政制度建设，提高建言资政和凝聚共识水平。健全各民主党派、工商联和无党派人士直接向地方党委提出建议的"直通车"制度。健全发扬民主和增进团结相互贯通、建言资政和凝聚共识双向发力的程序机制。优化界别设置，扩大团结面。完善协商于决策之前和决策实施之中的落实机制，健全协商成果采纳和反馈机制。巩

"三月三"贵溪市畲族群众展示民俗风情（刘新建 摄）

固和发展最广泛的爱国统一战线,完善大统战工作格局,促进政党关系、民族关系、宗教关系、阶层关系、海内外同胞关系和谐,巩固和发展大团结大联合局面。全面贯彻党的民族政策,铸牢中华民族共同体意识,深入持久开展民族团结进步创建,健全城市少数民族群众服务管理机制,支持和帮助民族乡(村)加快发展。全面贯彻党的宗教工作基本方针,依法管理宗教事务,发挥好宗教工作县乡村三级网络、乡村两级责任制作用。健全党外代表人士队伍建设制度。切实做好港澳台统战工作、海外统战工作及侨务工作,充分发挥工会、共青团、妇联等人民团体桥梁纽带作用。

(六)勤廉江西:红土圣地风清气正

政治路线确立之后,干部就是决定因素。全面建设勤廉江西,要坚持不懈把全面从严治党向纵深推进,旗帜鲜明加强党的政治建设,构建更加风清气正、健康向上的良好政治生态,多措并举,激励干部担当作为,让广大干部想干事、能干事、干成事、不出事,使"最讲党性、最讲政治、最讲忠诚、最讲担当"成为红土圣地的鲜明底色,为营造全省上下担当实干、干事创业的浓厚氛围,描绘好新时代江西改革发展新画卷,携手书写全面建设社会主义现代化江西的精彩华章提供坚强保障。

1. 旗帜鲜明加强党的政治建设,让政治生态向上向好

加强党的政治建设是马克思主义政党的根本要求,是党的优良传统和宝贵经验。党的政治建设是党的根本性建设,决定党的建

设的方向和效果。江西省第十五次党代会强调要"旗帜鲜明加强党的政治建设",这为全面建设勤廉江西提供了重要政治保障。

加强党的政治建设,要牢固树立政治意识。牢记保证党的团结统一是党的生命,坚持把讲政治作为第一位要求,深刻领会"两个确立"的决定性意义,切实增强"四个意识"、坚定"四个自信"、做到"两个维护",始终胸怀"两个大局"、心系"国之大者",不折不扣执行党中央的决策部署,确保在政治立场、政治方向、政治原则、政治道路上同以习近平同志为核心的党中央保持高度一致。

加强党的政治建设,要严肃党内政治生活。严肃党内政治生活,既是党的政治建设的重要任务,又是加强党的政治建设的基本途径。要坚决贯彻执行党的政治路线,严守党的政治纪律和政治规矩,加强新时代党内法规制度建设,发展积极健康的党内政治文化,切实把对党忠诚体现在本职岗位、落实到日常言行,做到政治立场更加坚定、政治品格更加纯粹、政治能力更加过硬。

加强党的政治建设,要自觉加强党性锻炼。充分发挥江西红色资源优势,赓续红色血脉,擦亮红色品牌,建设全国红色基因传承示范区,引导党员干部在传承红色基因的过程中加强党性锻炼、汲取信仰力量,努力把江西打造成为最讲党性、最讲政治、最讲忠诚、最讲担当的地方。

2. 多措并举,推动广大干部担当作为

落实全面从严治党主体责任、监督责任。加强党对经济社会发展的领导,贯彻党把方向、谋大局、定政策、促改革的要求,完善上下贯通、执行有力的组织体系,确保党中央决策部署在江西有

效落实。坚持和完善党领导经济社会发展的体制机制，完善党委研究经济社会发展战略、研究重大方针政策的工作机制，切实提升决策科学化水平。全面贯彻新时代党的组织路线，加强干部队伍建设，落实好干部标准，提高各级领导班子和干部适应新时代新要求抓改革、促发展、保稳定水平和专业化能力。完善容错纠错机制，坚持严管与厚爱结合、激励和约束并重，健全干部考核评价机制，让广大干部想干事、能干事、干成事、不出事。坚持党管人才原则，完善人才工作，培养造就大批德才兼备的高素质人才。党组织创造力、凝聚力、战斗力明显增强，党风政风民风社会风气更加昂扬向上，干部队伍的精神面貌焕然一新。

把严的主基调长期坚持下去，锲而不舍落实中央八项规定精神，驰而不息纠治形式主义、官僚主义，深入整治"怕慢假庸散"作风顽疾，切实为基层减负。坚持无禁区、全覆盖、零容忍，一体推进不敢腐、不能腐、不想腐，持续整治群众身边的腐败和不正之风问题。以作风促落实、以环境促发展，推动全省各级党员干部担当实干、奋发有为。持续加强和改进警示教育，做深做实查办案件"后半篇文章"，努力做到查处一案、警示一片、治理一域，以案促改、以案促治。

3. 正风肃纪，为全面建设勤廉江西打下坚实基础

扎紧制度的笼子，让监督更有力。建立政治谈话制度，改进党风廉政建设责任制考核工作，推动出台分管省领导带队反馈巡视情况等制度，推进主体责任和监督责任一体落实，督促以上率下履行"一岗双责"。通过深化开展政治谈话、创新任前廉政谈话、改进函询工作，探索巡视单独形成"一把手"履职情况报告、有针对

作风建设永远在路上,《南昌问政现场》开播 (中共南昌市纪律检查委员会提供)

性加强对县委书记监督等方式,织牢织密监督之网,坚定不移打造风清气正的勤廉之地。

以坚决整治群众身边腐败和不正之风为切入点,持续从严纠治基层"四风"问题。通过持之以恒加强作风建设,党员干部吃喝享乐的心思减少了,干事创业的劲头更足了。同时树立系统思维,强化监督自觉,用好巡视利剑,凝聚监督合力,把主动开展监督、自觉接受监督作为履职尽责的基本要求,强化巡视巡察整改落实和成果运用,推动党内监督与其他各类监督贯通协调,不断完善权力监督制度和执纪执法体系,使各类监督更加规范、更加有力、更加有效,释放更大治理效能,使勤政廉政、担当实干、风清气正、诚信友善成为江西最强音。

主要参考文献

本书除参考《习近平谈治国理政》(第一至三卷)、历次江西省党代会报告、历年江西省人民政府工作报告、历年江西省国民经济和社会发展统计公报、《江西省志》、《江西年鉴》、《江西统计年鉴》等文献资料和有关制度文件、学术论文、新闻媒体报道、纪录小康工程·江西数据库资料外,还参考了以下出版物、网站、公报等的内容:

1. 郭建晖等:《江西文化产业发展报告》,江西人民出版社2019、2020、2021年版。

2. 田延光、史文斌:《不让一个老区群众掉队:奋力书写脱贫攻坚的江西答卷》,江西人民出版社2021年版。

3. 梁勇:《砥砺奋进:江西改革开放40年》,江西人民出版社2018年版。

4. 梁勇:《中国改革开放全景录·江西卷》,江西人民出版社2018年版。

5. 刘上洋:《江西改革开放30年》,江西人民出版社2009年版。

6. 中共江西省委:《中共江西省委关于进一步解放思想加快经

济发展的若干意见》，2001年8月14日。

7. 中共江西省委党史研究室：《中国共产党江西历史》第二卷（1949—1978），中共党史出版社2016年版。

8. 王国强、田延光、蒋金法：《江西蓝皮书 江西经济社会发展报告（2021）》，社会科学文献出版社2021年版。

9. 中华人民共和国国务院新闻办公室：《中国的全面小康》，人民出版社2021年版。

10. 阿克陶县地方志编纂委员会：《阿克陶县志（1994—2015）》，江西人民出版社2020年版。

11. 汶川特大地震四川抗震救灾志编纂委员会：《汶川特大地震四川抗震救灾志·灾后重建》，四川人民出版社2018年版。

12. 张泽兵等：《江西文情报告》，江西美术出版社2012、2013、2014、2015、2016、2017、2018、2019、2020年版。

13. 朱恒夫等：《中国戏曲剧种研究》，人民文学出版社2018年版。

14. 《江西全面建成小康社会凸显八大历史性成就——全面建成小康社会统计报告》，江西省统计局网站。

15. 江西省政府新闻办等："见证改革巨变 继续砥砺前行"专题新闻发布会之三生态建设专题发布会，2018年9月27日。

16. 江西省生态环境厅：《江西省生态环境状况公报》，2018、2019、2020年。

17. 江西省政府新闻办、江西省发展改革委：江西省国家生态文明试验区建设新闻发布会，2020年11月26日。

后　记

2021年2月25日，习近平总书记在全国脱贫攻坚总结表彰大会上庄严宣告，中国"完成了消除绝对贫困的艰巨任务，创造了又一个彪炳史册的人间奇迹"。7月1日，在庆祝中国共产党成立100周年大会上，他又庄严宣告，中国"实现了第一个百年奋斗目标，在中华大地上全面建成了小康社会，历史性地解决了绝对贫困问题"。

千年梦想，今朝梦圆。全面建成小康社会，坚定地迈出了实现中华民族伟大复兴中国梦的关键一步，具有伟大历史意义。为多维度、多视角记录和展现这一伟大历程，总结好伟大成就，阐释好其中蕴含的实践经验、理论创新和制度优势，保存好历史档案，在中共中央宣传部领导下，由中宣部新闻局牵头指导，人民出版社统筹协调，各省（区、市）和新疆生产建设兵团党委宣传部负责，各地方人民出版社具体承担，推出"纪录小康工程"大型丛书。

为贯彻落实中央的决策部署，中共江西省委、江西省人民政府高度重视丛书江西卷（5册）的编写工作。省委常委、宣传部部长庄兆林具体指导，常务副部长郭建晖、副部长傅云具体部署、新闻处、出版印刷发行处具体负责，对江西卷（5册）的编写出版工作给予了大力支持和有力指导，对各册内容进行了审定。

本书既是中央丛书中的一种，也是江西卷（5册）的首册。省社科院原党组书记田延光、省地方志研究院院长甘根华精心组织策划全书的编写工作。熊军、赵岩、孟秀、朱岳、符思念、游桃琴、张志勇、王小军、毛珏珺分别负责本书九个部分的具体编写。蒋金法、戴木才、卢大有、李卫东、钟小武、熊空军、吴黎宏、刘善庆、吴志远、熊小刚等领导、专家对本书提出了宝贵意见。甘根华、杨志华、张棉标、杨沂柳、陈斌、黄诗惠对全书进行了统稿并收集、整理了图片。省委党史研究室、省发改委、省水利厅、江西日报社、江西铜业集团公司等部门和单位对本书编写提供了大力支持。江西人民出版社张德意、梁菁、余晖、李月华等承担了本书编辑出版方面的大量工作。本书还借鉴和参考了相关研究成果和资料，在此一并表示诚挚的谢意！

江西始终牢记习近平总书记视察江西的殷殷嘱托，坚持解放思想、开拓进取，最终胜利实现与全国同步全面建成小康社会。充分展示全面建成小康社会的江西成就，科学总结其中蕴含的江西经验，将助推江西"作示范、勇争先"，奋力书写全面建设社会主义现代化江西的精彩华章。70多年江西小康社会建设史波澜壮阔、时间跨度大，在本书编写过程中，我们虽然查阅了大量资料，精心撰写，几易其稿，但由于时间紧张、水平有限和资料欠缺等，书中难免存在疏漏，敬请读者朋友不吝指正。

本书编写组

2022年6月9日